Series Editor
Joseph Sievers - Pontifical Biblical Institute

REINHARD NEUDECKER

I molteplici volti del Dio unico

DIALOGO EBRAICO-CRISTIANO:
una sfida all'esegesi,
alla teologia e alla spiritualità

Edizione italiana a cura di Federico Contardi

Traduzione a cura di Roberto Piani e Irene Vogt, basata sulla traduzione dell'edizione precedente a cura della Comunità di Bose.

Impaginazione: Lisanti srl - Roma

Progetto grafico di copertina: Serena Aureli

© 2012 Pontificio Istituto Biblico
Gregorian & Biblical Press
Piazza della Pilotta, 35 - 00187 Roma, Italy
www.gbpress.net - books@biblicum.com

ISBN: 978-88-7653-**656**-4

Für Ortwin Guhl
zu seinem 70. Geburtstag

Prefazione

"Sono Giuseppe, vostro fratello!". Con queste parole, nel 1960, Giovanni XXIII salutava in Vaticano alcuni ebrei in visita. Alludendo al suo nome di battesimo, egli richiamava in primo luogo alla memoria quel racconto biblico in cui le stesse parole avevano posto fine a un'amara storia di inimicizia ed isolamento tra fratelli. Ciò che il papa espresse in quell'incontro ebbe in seguito risonanza mondiale nel Concilio da lui stesso convocato. La dichiarazione conciliare sulle relazioni della Chiesa con le religioni non cristiane, *Nostra Aetate*, è un invito rivolto a tutti gli uomini a dialogare e a riconoscersi reciprocamente fratelli e sorelle.

Personalmente, fin da giovane sono stato commosso e colpito dalla storia del popolo ebraico. Sono nato in Germania immediatamente prima della guerra; porto anch'io la colpa e sento anch'io la necessità di espiare l'indicibile che è avvenuto negli anni della mia infanzia. Il desiderio, a lungo accarezzato, di conoscere il "mondo ebraico", si è realizzato al termine dei miei studi filosofico-teologici. Ho trascorso quasi sette anni all'Hebrew Union College – Jewish Institute of Religion di Cincinnati. La possibilità, offertami da questa celebre istituzione, di studiare insieme con i futuri rabbini, abitare con loro nel seminario rabbinico e partecipare alla liturgia ebraica, esprime la straordinaria generosità e ampiezza di vedute di tale istituzione. Molti ebrei sono diventati per me fratelli, sorelle ed amici, non solo a Cincinnati e negli Stati Uniti, ma anche in Israele e in Europa. Ad essi va il mio sincero ringraziamento.

Ciò che mi sta da anni a cuore, a livello personale e scientifico, e che ha suscitato l'interesse di tutta la Chiesa negli ultimi decenni, trova espressione in questo libro. Una prima versione di questa ricerca, che comprende il periodo dal Concilio Vaticano Secondo fino alla visita della Sinagoga romana di Giovanni Paolo II (1986), fu pubblicata nel 1989 con il titolo "Die vielen Gesichter des einen Gottes: Christen und Juden im Gespräch" (Chr. Kaiser Verlag, München; edizione italiana: "I vari volti del Dio unico: cristiani ed ebrei in dialogo" - Marietti 1990) ed è da lungo tempo esaurita.

In questa nuova edizione ho ampliato il libro in due prospettive. Da una parte riferisco gli eventi più significativi successivi alla visita di Giovanni Paolo II alla sinagoga fino ai primi anni di pontificato di Benedetto XVI. Dall'altra parte – vista la scarsa eco che il dialogo ebraico-cristiano ha avuto nell'ambito della teologia cristiana e dell'esegesi – mi sono impegnato a dare maggior enfasi alle domande e agli stimoli teologici ed esegetici sin qui emersi da tale dialogo. Il Concilio, infatti, sperava che la partecipazione al dialogo venisse innanzi tutto da teologi ed esegeti.

Alla luce di ciò che 'dialogo' propriamente significa, ho cercato di presentare adeguatamente i punti di vista più importanti della controparte ebraica, pur con la dovuta brevità. Ho dato voce anche a molti ebrei, tra cui tre dei miei maestri di un tempo: Alexander Guttmann, Jakob J. Petuchowski e Samuel Sandmel.

Mi è sembrato opportuno non trattare più estesamente il periodo riguardante l'attuale papa Benedetto XVI, che si riconosce inequivocabilmente nel Concilio Vaticano II e nel magistero del suo predecessore. Alcune delle difficoltà e dei problemi (come p. es. la remissione della scomunica ai vescovi della Fraternità San Pio X, fondata dall'arcivescovo Lefebvre, inclusa quella di Richard Williamson, che ha negato l'Olocausto, e la programmata beatificazione di papa Pio XII) potranno essere valutati in maniera adeguata solo a maggiore distanza di tempo. Parleremo però della visita di Benedetto XVI alla comunità ebraica di Roma avvenuta il 17 gennaio 2010. Rivolgeremo la nostra attenzione anche ad alcune sue dichiarazioni avvenute in altri contesti.

Roma, primavera 2011

Reinhard Neudecker

INTRODUZIONE

Non vi è dubbio: la dichiarazione *Nostra Aetate* del Concilio Vaticano II rappresenta una pietra miliare nella travagliata e sovente dolorosa storia delle relazioni ebraico-cristiane. Non sorprende quindi, che si prenda avvio da questo significativo testo conciliare, per poi seguire, da un punto di vista cattolico, le tappe più importanti del dialogo con gli ebrei fino ai primi anni del pontificato di Benedetto XVI.

Al centro della prima parte sono collocati, oltre alla dichiarazione conciliare, due significativi documenti pubblicati dalla commissione vaticana competente per i rapporti ebraico-cattolici. Nel mio commento a questi tre documenti – allegati in Appendice – indirizzati all'intera Chiesa cattolica intendo introdurre le lettrici e i lettori alle molteplici e spesso complesse tematiche e problematiche inerenti alle relazioni ebraico-cristiane. A questo riguardo, non mi limiterò agli sviluppi recenti, ma sarà necessario risalire alla storia precedente e spesso a quella remota, seguendo la traccia suggerita dai documenti. Soprattutto in questa prima parte risulterà evidente come per i cristiani i rapporti con gli ebrei "hanno una speciale dimensione teologica e morale[1], a causa della convinzione della Chiesa espressa nel documento che stiamo rievocando (*Nostra Aetate*), 'che essa ha ricevuto la rivelazione dell'Antico Testamento

---

[1] Nel sottotitolo del libro nomino esegesi, teologia e spiritualità, ambiti da cui – come accennato – il Concilio sperava di ricevere degli stimoli importanti per il dialogo ebraico-cristiano. Anche in altre discipline l'incontro ebraico-cristiano dovrebbe portare frutto. Si pensi, ad esempio, al dialogo tra specialisti cristiani di diritto canonico e autorità ebraiche della Halakhah, tra professori cristiani di omiletica e maestri ebrei del Midrash, tra patrologi cristiani ed esperti ebrei della letteratura rabbinica, tra esperti cristiani ed ebrei di liturgia e tra storici cristiani ed ebrei.

per mezzo di quel popolo [...] e che si nutre della radice dell'olivo buono su cui sono stati innestati i rami dell'olivo selvaggio che sono i Gentili (cfr. Rm 11,17-24)".[2]

La seconda parte della nostra presentazione è dedicata ad alcune significative iniziative di Giovanni Paolo II, che testimoniano la disponibilità della Chiesa, "a riesaminare e rinnovare tutto ciò che, nei suoi atteggiamenti e nei suoi modi di espressione, è meno conforme alla sua propria identità [...]".[3] Papa Benedetto XVI ha riconfermato la via del dialogo fino ad ora intrapresa ed ha anche invitato ad approfondirla ulteriormente.

Il secondo dei documenti esorta a vedere la realtà ebraica così come gli ebrei stessi la vivono e ne fanno esperienza. Seguendo questo principio, nella terza parte verrà tracciato un quadro dell'esperienza ebraica di Dio, sulla base di alcune impressionanti testimonianze della tradizione rabbinica. Tali testimonianze, alle quali anche l'odierno ebraismo sempre più spesso si riferisce, testimoniano il Dio *unico* nei molteplici volti in cui si manifesta e sono in grado di interpellare e muovere sia gli ebrei, sia i cristiani, anzi ogni uomo in ricerca religiosa.

Le note, infine, talora estese, intendono agevolare il lettore nell'approfondimento ora di questo, ora di quel tema, a seconda dell'interesse di ciascuno. E chi in questa materia, relativamente complessa, abbisognasse di un sussidio per orientarsi potrà servir-

---

[2] Così Giovanni Paolo II nel suo discorso ai partecipanti ad un colloquio per il 20° anniversario della *Nostra Aetate* (19 aprile 1985): *L'Osservatore Romano*, 20 aprile 1985, 1. Papa Benedetto XVI ha parlato dell'immagine dell'olivo nel suo discorso di commiato all'aeroporto di Tel Aviv (15 maggio 2009). Nella sua interpretazione del brano di Paolo egli ha posto un accento leggermente diverso: ebrei e cristiani sono rami dello stesso olivo che traggono il loro "nutrimento dalle medesime radici spirituali", *L'Osservatore Romano*, 16 maggio 2009, 1.

[3] Dal discorso di Giovanni Paolo II del 28 ottobre 1985 al Comitato Internazionale di Collegamento tra Chiesa Cattolica ed Ebraismo (*Insegnamenti di Giovanni Paolo II*, VIII, 2, 1148).

si degli indici di persone e temi. Per il grande spettro dei temi trattati ho rinunciato ad una bibliografia. Alcuni autori sono nominati nell'indice analitico o possono essere rintracciati attraverso le parole-chiave[4].

---

[4] I riferimenti alle mie pubblicazioni cui accenno in questa ricerca, si trovano nelle note a pagina 47, 49, 50, 51, 57, 63, 71, 91, 119, 141.

Prima Parte

Tappe del dialogo ebraico-cristiano
alla luce dei documenti vaticani

In questa prima parte si propone di delineare le tappe del dialogo ebraico-cristiano così come esso emerge innanzitutto dalla Dichiarazione conciliare e dai due documenti ufficiali vaticani. Se ci si sofferma in maniera abbastanza dettagliata su di essi, è perché l'esperienza insegna che le dichiarazioni ecclesiali incontrano sovente scarsa considerazione, in particolare quando vengono da Roma. Sulla base di inchieste svolte, risulta in effetti che i documenti citati sono talora pressoché sconosciuti persino negli ambienti che per motivi professionali dovrebbero conoscerli. Chi voglia tuttavia entrare in dialogo con gli ebrei, o chi in ogni caso abbia a cuore il rapporto dei cristiani con il popolo ebraico, trarrà grande profitto dalla dimestichezza con questi testi, anche se ciò comporta a volte una certa fatica.

I. GUARDARE A CIÒ CHE CRISTIANI ED EBREI HANNO IN COMUNE
LA DICHIARAZIONE CONCILIARE *NOSTRA AETATE* (NR. 4)

Promuovere l'unità e l'amore fra gli uomini e di conseguenza anche tra i popoli, e soprattutto fissare lo sguardo su ciò che gli uomini hanno in comune e li porta alla comunione: questo il programma in cui si sono riconosciuti, seppur dopo una lunga disputa, a metà degli anni Sessanta i vescovi convenuti a Roma da tutto il mondo per il Concilio.

La confessione – non si può chiamarla diversamente – si trova nell'introduzione alla dichiarazione conciliare sulle relazioni della Chiesa con le religioni non cristiane. Questa dichiarazione inizia non a caso con le parole "Nel nostro tempo" (*Nostra Aetate*), che sono poi le stesse da cui essa prende il nome. L'ecumenismo mondiale è un obbligo per questo nostro tempo, in cui un numero sempre crescente di uomini sperimenta il mondo come unità e vede con favore ogni intesa fra popoli e religioni.

Al nostro tema, vale a dire all'incontro della Chiesa cattolica con il popolo ebraico, è dedicato il quarto capitolo della dichiarazione. Qual è stato l'iter formativo della dichiarazione sugli ebrei? Qual è il suo contenuto? Quale valutazione se ne può dare? Quale processo ha avviato?

1. I PRODROMI DELLA DICHIARAZIONE CONCILIARE

Dopo lo shock provocato dallo sterminio di sei milioni di ebrei, ebrei e cristiani hanno fatto udire la loro voce e hanno spinto le Chiese cristiane a combattere con fermezza l'antisemitismo e a instaurare finalmente un rapporto positivo con il popolo ebraico. Particolare importanza e un vasto influsso, anche sulla dichiarazione conciliare e su altri documenti cattolici concernenti le relazioni ebraico-cristiane, hanno avuto i *Dieci punti di Seelisberg*, indirizzati nel 1947 a tutte le Chiese da una conferenza internazionale ebraico-cristiana. Seguirono altre dichiarazioni, fra le più importanti il documento della prima assemblea generale del Consiglio ecumenico delle Chiese sull'atteggiamento cristiano nei confronti degli ebrei (Amsterdam 1948), le *Tesi di Bad Schwalbach* (1950), redatte da teologi cattolici e protestanti, la risoluzione della terza assemblea generale del Consiglio ecumenico delle Chiese relativa all'antisemitismo (Nuova Delhi 1961) e la dichiarazione sul tema Chiesa e antisemitismo da parte della sezione Missione della Federazione luterana mondiale (Løgumkloster 1964).[1]

---

[1] I più importanti documenti pre- e postconciliari si possono trovare nelle seguenti raccolte: H. Croner (ed.), *Stepping Stones to Further Jewish-Christian Relations: An Unabridged Collection of Christian Documents* (London-New York 1977); H. Croner (ed.), *More Stepping Stones to Jewish-Christian Relations: An Unabridged Collection of Christian Documents* 1975-1983 (New York 1985); M.-T. Hoch et B. Dupuy (ed.), *Les Églises devant le Judaïsme: Documents officiels 1948-1978* (Paris 1980); in lingua tedesca esistono tre raccolte: K. Richter (ed.), *Die katholische Kirche und das Judentum: Dokumente von 1945-1982* (Freiburg-Basel-Wien 1982); R. Rendtorff – H. H. Henrix (ed.), *Die Kirchen und das Judentum I: Dokumente von 1945 bis 1985* (Paderborn-München 1988); d'ora in poi abbreviato semplicemente con Rendtorff-Henrix; H. H. Henrix – W. Kraus (ed.), *Die Kirchen und das Judentum II: Dokumente von 1986 bis 2000* (Paderborn-Gütersloh 2001); d'ora in poi abbreviato semplicemente con Henrix – Kraus. Per faciliatre il reperimento dei documenti nelle loro lingue originarie è data spesso la referenza alle due opere di raccolta curate rispettivamente da Rendtorff-Henrix e da Henrix-Krauss. In italiano esiste la raccolta G. Cereti, L. Sestieri (ed.), *Le Chiese cristiane e l'ebraismo 1947-1982* (Casale Monferrato 1983); d'ora in poi abbreviato con *Le Chiese cristiane e l'ebraismo*. A Roma si può prendere visione dei documenti presso il centro di documentazione SIDIC (Service International de Documentation Judéo-Chrétienne), che pubblica un'omonima rivista in francese e in inglese (le mie citazioni si riferiscono all'edizione inglese). Alle collaboratrici del centro va il mio più vivo ringraziamento per la loro gentilezza e disponibilità. Per quanto riguarda invece gli immediati antecedenti della dichiarazione conciliare, sono da menzionare soprattutto le seguenti tre richieste indirizzate al Concilio: la petizione del Pontificio Istituto Biblico del 24 aprile 1960, la richiesta dell'Istituto per gli studi ebraico-cristiani, presso la Seton Hall University, del 24 giugno 1960 e l'ampio *memorandum*, tuttora meritevole di considerazione, del gruppo di lavoro Apeldoorn del 28-31 agosto 1960; cfr. J. Oesterreicher, "Kommentierende Einleitung" (introduzione e commento alla dichiarazione conciliare sulle relazioni della Chiesa con le religioni non cristiane), *Lexikon für Theologie und Kirche, Das Zweite Vatikanische Konzil II* (Freiburg-Basel-Wien 1967), 409-414.

L'impulso decisivo a una dichiarazione conciliare venne dall'iniziatore e promotore del Concilio, papa Giovanni XXIII, soprannominato "Giovanni il Buono" anche dagli ebrei.[2] Nel periodo del terrore nazista, quando era delegato apostolico in Bulgaria e in Turchia, aveva salvato dalla deportazione migliaia di ebrei. Durante il suo pontificato aveva fatto togliere dalla preghiera universale per gli ebrei del venerdì santo, i termini *perfidus* (miscredente = non credente in Cristo)[3] e *perfidia giudaica*, e dalla preghiera di consacrazione al sacro cuore di Gesù un brano che suonava negativo nei riguardi degli ebrei. Nel giugno del 1960 egli ricevette lo storico ebreo Jules Isaac, che aveva avuto un peso decisivo nella stesura dei *Dieci punti di Seelisberg*. E nell'ottobre dello stesso anno salutò un gruppo di ebrei americani con le parole bibliche: "Sono Giuseppe, vostro fratello!". Già prima, il 18 settembre 1960, aveva affidato al presidente del segretariato per l'unità dei cristiani, il cardinale tedesco Augustin Bea, l'incarico di preparare la bozza di una dichiarazione sul rapporto interno tra Chiesa e popolo ebraico. Ma il papa non fece in tempo a vedere il successo di questa iniziativa; morì il 3 giugno 1963.

Al Concilio, le vicende della dichiarazione sugli ebrei furono estremamente movimentate: ricordano un po' la tragica storia bimillenaria dei rapporti tra cristiani ed ebrei.[4] Indiscrezioni, intrighi, malintesi, paura di conseguenze negative per i cristiani nei paesi arabi in seguito al miglioramento dei rapporti fra cristiani ed ebrei, furono tutte componenti che ebbero un loro peso. A ciò si aggiunse quella che si potrebbe definire "ostinazione cristiana", vale a dire una certa incapacità di capire, da parte di alcuni partecipanti al Concilio. Costoro non erano interiormente prepa-

---

[2] Oesterreicher, "Kommentierende Einleitung", 406-409.
[3] Cfr. H. de Lubac, *Eségèse médiévale: Les quatre sens de l'Écriture* II, 1 (Paris 1961) 153-181; J. Isaac, *Jesus und Israel* (Wien-Zürich 1968), 287. Per quanto concerne il testo della preghiera nel Missale Romanum del 1570 e i vari testi dall'inizio della riforma liturgica (1948 ovvero 1955), cfr. Rendtorff – Henrix, 56-60.
[4] Oesterreicher, "Kommentierende Einleitung", 414-478.

rati alla dichiarazione, essendo ancora figli di un'epoca in cui il rapporto tra Chiesa e Sinagoga era stato "il figliastro della teologia" (J. Oesterreicher). Tutto questo fece sì che il testo subisse continue modifiche, senza peraltro mai rientrare nella cornice prevista. La prima bozza, presentata alla commissione centrale nel giugno del 1962 con il titolo *Decretum de Iudaeis*, apparve nel novembre 1963 come capitolo IV dello schema sull'ecumenismo; nella primavera del 1964 la dichiarazione andò a finire addirittura nell'appendice di questo schema; sotto la spinta degli oppositori, fu più tardi fortemente ridotta ed incorporata ancora in un altro schema, quello sulla Chiesa. Se la dichiarazione sulla "questione ebraica" divenne alla fine il nucleo centrale di una nuova dichiarazione conciliare, quella sulle relazioni della Chiesa con le religioni non cristiane, si deve principalmente al Cardinale Bea, che in quei giorni burrascosi si rivelò come "l'autentico padrino della dichiarazione" (J. Oesterreicher), e alla visione dell'umanità come famiglia di fratelli e di sorelle, figli dell'unico Dio, propria di papa Paolo VI.

La votazione finale ebbe luogo il 28 ottobre 1965 e diede il seguente risultato: 2.221 voti favorevoli, 88 contrari e tre schede nulle. Lo straordinario significato che Paolo VI attribuiva a questa dichiarazione si nota nelle parole che egli ha pronunciato in quello stesso giorno in occasione della sua promulgazione: "La Chiesa vive! Eccone la prova; eccone il respiro, la voce, il canto". Il papa ha parlato dei seguaci di altre religioni e ha nominato poi in particolare gli ebrei; essi non devono mai essere disapprovati o trattati con diffidenza dai cattolici, bensì con rispetto, amore e speranza.[5]

---

[5] *Ivi*, 474. *Insegnamenti di Paolo VI*, III, 1965, 583 e 585.

2. Il contenuto della dichiarazione conciliare

La movimentata storia della dichiarazione, cui si è ora brevemente accennato, ha lasciato le sue tracce nel documento e rappresenta allo stesso tempo un primo importante commento alla medesima. Confrontandola con la prima bozza[6], risulta subito evidente che alcune espressioni stentoree – come "Con cuore pieno di gratitudine la Chiesa, sposa di Cristo, riconosce [...]"; "Essa si rallegra [...]"; "La Chiesa ama questo popolo"; "Chi disprezza o perseguita questo popolo arreca dolore alla Chiesa cattolica" – sono venute a mancare. La redazione finale si presenta in maniera sobria, talora fin troppo posata. Tuttavia il documento, nel suo complesso, è preferibile al testo precedente, grazie al processo di maturazione che ha attraversato. Inoltre questa dichiarazione è ora appropriatamente collocata nella più ampia cornice della dichiarazione sulle religioni del mondo; un fatto, questo, cui già abbiamo fatto cenno e di cui è necessario tenere conto quando si interpreta questo testo.

Le affermazioni della *Nostra Aetate* (Nr. 4) possono essere sintetizzate all'incirca così:

– *Un vincolo particolare lega la Chiesa al popolo ebraico.* La Chiesa riconosce che gli inizi della sua fede e della sua elezione si trovano già nei patriarchi, in Mosè e nei profeti; che nell'esodo di Israele dall'Egitto la salvezza della Chiesa è misteriosamente prefigurata; che dal popolo ebraico ha ricevuto l'Antico Testamento [...]. La Chiesa, inoltre, riconosce che: Dio ha operato nei confronti degli ebrei l'adozione a figli; a essi appartengono l'alleanza e la legge, il culto e le promesse; dal popolo ebraico provengono non solo gli apostoli e la maggior parte dei primi discepoli, ma anche Maria e, attraverso di lei, Gesù Cristo, il quale ha riconciliato mediante la croce ebrei e pagani e li ha uniti in se stesso.

---

[6] Oesterreicher, "Kommentierende Einleitung", 426.

- *Gli ebrei sono amati da Dio in grazia dei Padri.* Nonostante il rifiuto del Vangelo da parte di una grande porzione di ebrei, essi sono sempre amati da Dio in grazia dei Padri.

- *Speranza di una riunificazione escatologica di tutti i popoli.* Insieme con i profeti e con l'apostolo Paolo la Chiesa attende il giorno in cui "tutti i popoli acclameranno il Signore con *una sola* voce e lo serviranno appoggiandosi spalla a spalla" (Sof 3,9).

- *Imparare a conoscere ed apprezzare il patrimonio comune.* Gli studi biblici e teologici e un dialogo fraterno devono mirare a questo scopo.

- *La questione della responsabilità per la morte di Gesù.* La passione e la morte di Gesù non possono essere imputate indistintamente a tutti gli ebrei allora viventi, e tanto meno agli ebrei dei giorni nostri, così come non si possono presentare gli ebrei come rigettati da Dio, "anche se le autorità giudaiche con i propri seguaci si sono adoperate per la morte di Cristo".

- *Condanna dell'antisemitismo.* La Chiesa, che esecra ogni forma di persecuzione contro qualsiasi essere umano, deplora tutti gli eccessi d'odio, le persecuzioni e le manifestazioni dell'antisemitismo dirette contro gli ebrei, indipendentemente da quando e da chi siano state messe in atto.

3. Osservazioni e interrogativi alla dichiarazione conciliare

La dichiarazione è stata salutata come una pietra miliare nella storia delle relazioni ebraico-cristiane. Per la prima volta un Concilio ha parlato per esteso e in maniera riconoscente del popolo ebraico e del vincolo particolare che lo lega alla Chiesa. Che nel documento ci fossero delle lacune lo sapeva anche il Cardinale Bea, quando scriveva: "Non pensiamo infatti per nulla che si tratti di un documento perfetto in tutti i sensi, cosa del resto umanamente impossibile, e che sia perciò da difendere ad ogni costo in tutto e per tutto[7]." In questo senso, in relazione ai singoli punti sucitati, vorremmo rilevare quanto segue:

– Per quanto concerne il vincolo particolare che lega la Chiesa al popolo ebraico, il documento afferma che la Chiesa ha ricevuto dal popolo ebraico quello che i cristiani chiamano l'Antico Testamento – più precisamente, a mio avviso, si dovrebbe dire l'Antico e il Nuovo Testamento[8]; ma, insieme con la Scrittura, essa non ha in qualche modo ricevuto anche i metodi di interpretazione? In ogni caso la Chiesa primitiva ha ricevuto l'Antico Testamento nella forma in cui gli ebrei di quel tempo lo vivevano e comprendevano. E quando Gesù paragona l'"esegeta", cioè colui che sa trattare correttamente la Bibbia, a un padrone di casa che trae fuori dal suo tesoro cose nuove e cose vecchie (Mt 13,52), egli in sostanza fa suo il metodo farisaico-rabbinico di interpretare la Scrittura; metodo che mira ad accogliere, in dialogo con il testo biblico, rivelazioni vecchie e sempre nuove.[9] Se si prendesse maggiormente in considerazione questa comprensione ebraica della Scrittura, potrebbe rivelarsi particolarmente vero il fatto che la Chiesa, secondo Rm 11,17-24, viene ancora oggi nutrita dalla radice dell'olivo buono.

– Da parte ebraica c'è chi è stato contrariato dall'espressione "in grazia dei Padri". In effetti, un'accentuazione unilaterale di questa espressione, diffusa anche nella letteratura ebraica[10], può indurre a cercare il motivo dell'amore di Dio solo in un lontano passato, senza vedere la fedeltà fino al martirio di tanti ebrei fino ai nostri

---

[7] A. Bea, *La Chiesa e il popolo ebraico* (Brescia 1966), 11.

[8] Così nella dichiarazione della sezione Missione mondiale della Federazione luterana mondiale nel monastero di Løgum (*Le Chiese cristiane e l'ebraismo*, 64). Nella dichiarazione del Concilio pastorale della Chiesa cattolica olandese si afferma che "non soltanto l'Antico Testamento, ma anche il Nuovo, deve essere considerato come scritto ebraico" (*ivi*, 139).

[9] Cfr. *infra*, pp. 68-70.

[10] L'espressione "in grazia dei Padri" corrisponde nell'ebraismo al concetto di "merito dei Padri": cfr. l'ancora significativo studio di S. Schechter, *Some Aspects of Rabbinic Theology* (New York 1910; diverse ristampe), 170-189.

giorni. Perfino nell'inferno di Auschwitz degli ebrei hanno nominato e invocato il Nome di Dio. Pure in virtù di costoro e di altri ebrei contemporanei, e non solo in grazia dei Padri, Dio ama il popolo ebraico.

– La speranza che un giorno tutti i popoli si uniranno sotto la signoria di Dio per i cristiani trova il suo fondamento nel pensiero di Rm 11,11-32. Il punto di vista paolino, che nella prima stesura della dichiarazione era espresso ancora più chiaramente, non deve essere inteso nel senso che la Chiesa, come afferma la bozza, "attende il ritorno di questo popolo" senza riconoscere nel contempo che ritorno e conversione devono avvenire anche da parte sua. Oltre alla visione di Rm 11, che persino un esegeta cattolico una volta ha definito "un po' ingenua", il Nuovo Testamento conosce anche altre immagini. La parabola dei due figli (Lc 15,11-32), che già i Padri della Chiesa, in particolare Agostino, hanno riferito ai cristiani e agli ebrei[11], esprimerebbe in modo più chiaro, per esempio, la condizione di parziale realizzazione in cui si trova tuttora anche il fratello minore, il cristiano. Non vi è salvezza individuale: il banchetto può raggiungere il culmine della gioia solo quando anche il fratello maggiore, l'ebreo, prende posto a tavola; solo allora è presente del tutto anche il padre, che adesso deve ancora dividere il suo cuore e andare dall'uno all'altro per conquistarli e riconciliarli a vicenda.[12]

---

[11] Cfr. K. Thieme, "Augustinus und der 'ältere Bruder': Zur patristischen Auslegung von Lk 15,25-32", in *Universitas: Festschrift für Bischof Dr. A. Stohr* (a cura di L. Lenhart), Bd. I (Mainz 1960), 79-85.

[12] Nel LXXV "Katholikentag", tenutosi a Berlino nel 1952, in relazione alla domanda: "Dov'è tuo fratello?", la parabola è stata così prolungata: "Il figlio maggiore non diede alcuna risposta all'insistente invito del padre a partecipare al banchetto di festa per il fratello perduto ritornato a casa, anzi se ne andò e murò la porta tra le stanze assegnategli dal padre e il resto della fattoria, recintò la sua parte di terreno e in seguito non mise più piede negli altri campi. I due fratelli si sposarono e si trovarono ad abitare l'uno accanto all'altro; ma l'estraneità fra di loro divenne via via astiosa inimicizia. E poiché la famiglia di colui che un tempo

Peraltro – e ciò sia detto pensando all'ecumenismo mondiale – il punto di vista di Lc 15 ha bisogno di essere dilatato fino a includere anche i fratelli e le sorelle di tutte le altre religioni non cristiane.

– Per quanto concerne la riflessione sul patrimonio comune, in un altro passo del documento *Nostra Aetate* (nr. 2) si chiede che il dialogo e la collaborazione avvengano con prudenza e carità, e che questo impegno sia caratterizzato dalla testimonianza della fede e della vita cristiana. Questo accento posto sulla testimonianza cristiana fa sempre sorgere tra gli ebrei il sospetto che nel dialogo ebraico-cristiano la Chiesa miri in definitiva alla conversione degli ebrei. Interpretazione, questa, da escludere, come risulta anche da molti documenti postconciliari.[13] La motivazione è da ricercare –

---

si era perduto si accrebbe molto più di quella del fratello maggiore, quest'ultima si ritrasse sempre più intimidita; quell'altra dal canto suo dimenticò a poco a poco i legami di parentela e finì per non provare che disprezzo per quegli altri poiché riteneva che tra questi e il padre regnasse ormai una totale inimicizia. – E accadde che un giorno il figlio minore di colui che si era perduto, in un cieco eccesso di rabbia, uccise, come aveva fatto un tempo Caino con Abele, uno dei giovani cugini di cui aveva sentito parlare così male.

Il vecchio padre a questa notizia si alzò, andò alla porta della casa e ad alta voce gridò: *Dov'è tuo fratello?* – Un brivido percorse la famiglia di colui che si era perduto: essa si convertì e con amore cominciò ad accattivarsi l'amore dei suoi fratelli separati. E alla fine dei giorni l'intera famiglia si riconciliò e si riunì nel perfetto convito di gioia che non ha mai fine per i secoli dei secoli. Amen" (Il testo è citato da K. Thieme, *Augustinus*, 84-85; anche in *Freiburger Rundbrief* 13 [1960/61], 26).

[13] Alcuni esempi: nel dialogo "ogni proselitismo deve essere accuratamente evitato" (Conferenza episcopale degli Stati Uniti: *Le Chiese cristiane e l'ebraismo*, 122; Croner, *Stepping Stones*, 18); "qualsiasi intenzione o progetto di proselitismo deve essere rigettato come contrario alla dignità umana e alle convinzioni cristiane" (Concilio pastorale della Chiesa cattolica olandese: *Le Chiese cristiane e l'ebraismo*, 135; Katholiek Archief [ed.], *Pastoraal Concilie van de Nederlandse Kerkprovincie 7* [Amersfoort 1970], 95); "[tale intenzione] di voler slealmente separare una persona dalla sua comunità per annetterla alla propria […] dev'essere esclusa, non soltanto a causa del rispetto che si deve agli altri, ma anche a causa di un motivo particolare […]. Il motivo è che il popolo ebraico è stato oggetto, in quanto popolo, di un'alleanza eterna'" (Conferenza episcopale francese: *Le Chiese cristiane e l'ebraismo*, 185; Rendtorff – Henrix, 155); "[…] agli ebrei come ai cristiani è assolutamente vietato spingere l'altro a tradire

non ultima – nella visione paolina, già riportata, secondo la quale alla fine dei tempi il popolo ebraico si unirà spontaneamente alla Chiesa (Rm 11,11-12).[14]

– E quanto alla responsabilità per la morte di Gesù? Tenuto conto delle difficili situazioni politico-religiose e delle questioni di competenza sovente poco trasparenti nel territorio occupato dai romani, e tenuto conto della questione del cosiddetto antigiudaismo nel Nuovo Testamento[15], è dibattuta l'espressione "le autorità giudaiche con i propri seguaci", riferita al contesto della morte di Gesù. "Dal punto di vista storico, sono responsabili della morte di Gesù 'un piccolo gruppo di ebrei, un romano[16] e un manipolo di siri appartenenti alla decima coorte che stazionava in Palestina' (cardinale F. König). E il Signore in croce ha perdonato tutti costoro[17]."

– Il tema dell'antisemitismo viene ripreso nella *Nostra Aetate* (nr. 4), rigettando ogni discriminazione e ogni atto di violenza; al contempo si motiva con decisione: l'antisemita, anzi colui che si rifiuta di comportarsi da fratello nei confronti di qualsiasi uomo, non può invocare Dio, che è il Padre di tutti; costui non ha capito nulla di Dio, poiché "chi non ama, non conosce Dio" (1 Gv 4,8).

---

la vocazione divina ricevuta" (Gruppo di discussione "Ebrei e cristiani" presso il Comitato centrale dei cattolici tedeschi: *Le Chiese cristiane e l'ebraismo*, 295; Rendtorff – Henrix, 257). La domanda su come si ponga la Chiesa cattolica riguardo alla questione della missione nei confronti degli ebrei è stata risolvevata dopo l'ammissione allargata della messa tridentina da parte di papa Benedetto XVI e la riformulazione della preghiera del venerdì santo ("[...] affinché riconoscano Gesù Cristo"); cfr. C. M. Rutishauser, "2009 – ein bewegtes Jahr jüdisch-christlichen Gesprächs", *Stimmen der Zeit* 227 (2009), 811-814.

[14] Tale concezione si può trovare anche nella letteratura ebraica, per esempio nello scritto rabbinico *Tanḥuma B.*, Bemidbar 3, "Quando nel mondo a venire i popoli del mondo vedranno come il Santo, benedetto Egli sia, è con [il popolo di] Israele, verranno a unirsi a esso".

[15] Cfr. *infra*, pp. 76-79.

[16] Ci si riferisce a Pilato, che aveva il potere di condannare alla crocifissione (cfr. Gv 18,31).

[17] K. Rahner – H. Vorgrimler (ed.), *Kleines Konzilskompendium* (Freiburg-Basel-Wien 1966), 352.

In occasione di un grande dibattito conciliare tenutosi il 28-29 settembre 1964 alcuni padri si erano espressi a favore di una confessione di colpa da parte della Chiesa nei riguardi del popolo ebraico. Così dichiarò il vescovo Elchinger di Strasburgo: "Perché non possiamo attingere dall'Evangelo quella magnanimità che ci rende capaci di chiedere perdono, in nome di così tanti cristiani, per così tante e così gravi ingiustizie?".[18] Anche il Cardinal Bea riprese questo tema in un discorso tenuto il 15 gennaio 1964 a Roma. Egli ricordò che papa Paolo VI chiese perdono ai cristiani non cattolici per tutte le dolorose scissioni di cui si è resa responsabile la Chiesa cattolica. In riferimento agli ebrei osservò poi: "Qui forse dovremmo confessare molte colpe anche della Chiesa stessa[19]." Una tale confessione del peccato espressa dalla Chiesa ufficiale con la connessa domanda di perdono si è fatta a lungo attendere.[20] Si è concretizzata durante l'anno 2000, l'anno del grande giubileo, e ha realizzato una preghiera che stava a cuore a papa Giovanni Paolo II dall'inizio del suo pontificato.

4. UNA RISPOSTA EBRAICA ALLA DICHIARAZIONE CONCILIARE

Finora abbiamo preso in considerazione la dichiarazione conciliare nella sua genesi e nel suo contenuto, essenzialmente dal punto di vista cristiano. Ma ora intendiamo porre esplicitamente la domanda: com'è stata accolta la dichiarazione dalla controparte

---

[18] Oesterreicher, "Kommentierende Einleitung", 445.

[19] *Le Chiese cristiane e l'ebraismo*, 54.

[20] Confessioni di peccato e domande di perdono sono state espresse prima a livello regionale. Così dice una dichiarazione dei vescovi tedeschi del 28 aprile 1980: "In Germania abbiamo un motivo speciale per chiedere perdono a Dio e ai nostri fratelli ebrei" (*Le Chiese cristiane e l'ebraismo*, 321; Rendtorff – Henrix, 278). Il perdono per colpe così immense lo può concedere solamente Dio; nessun uomo e nessuna istituzione umana è abilitata per questo, neanche il Presidente di una nazione.

ebraica? Come risposta vorrei lasciare espressamente la parola a un mio stimato maestro, Rabbi Samuel Sandmel. Sono convinto che quanto egli dice sul rapporto tra la Sinagoga e il popolo cristiano potrebbe essere sottoscritto da molti altri ebrei.

La Sinagoga ritiene che il popolo cristiano faccia parte della sua discendenza. Essa riconosce che i cristiani hanno diffuso in modo lodevole il messaggio della Sinagoga fra i popoli e in aree del mondo in cui la Sinagoga non era penetrata. I cristiani hanno adattato questo messaggio al proprio carattere e ai propri modi di pensare e di parlare, hanno conservato molto di ciò che è familiare alla Sinagoga e creato molto che alla Sinagoga è sconosciuto.

L'uomo, nella sua debolezza, era incapace di custodire intatta l'unità. Né la Sinagoga né la Chiesa sono state in sé esenti da divisione; ecco un prodotto collaterale di tale divisione: odio che contraddice la religione, recriminazioni amare e persecuzioni, sia verso l'interno sia verso l'esterno. Poiché odio, recriminazione e persecuzione contraddicono profondamente la religione, la Sinagoga deplora tutte le manifestazioni del genere avvenute nel corso del suo passato; per quanto riguarda il presente e il futuro, essa le rigetta come qualcosa di estraneo all'autentico spirito dell'ebraismo. La Sinagoga ritiene che il suo messaggio non debba diffondersi attraverso il potere o la forza, bensì unicamente mediante lo spirito di Dio e l'amore verso l'umanità.

La Sinagoga è consapevole che alcune assemblee cristiane in tempi recenti si sono espresse, dal canto loro, con toni analoghi e che, con dichiarazioni significative, deplorano e sconfessano la persecuzione degli ebrei da parte dei cristiani. La Sinagoga accoglie con simpatia queste espressioni pionieristiche.

Tutti gli uomini sono soliti ricordare le ingiustizie subite, ed è da qui che hanno origine gli atteggiamenti di vendetta; perciò la Sinagoga richiama alla memoria dei propri figli la pressante ammonizione biblica: "Non ti vendicherai e non serberai rancore contro i figli del tuo popolo, ma amerai il prossimo tuo come te stesso" (Lev 19,18). La Sinagoga non può – e non lo fa – attribuire la responsabilità delle persecuzioni del passato a dei cristiani innocenti di oggi e non può in ugual misura considerare tutti i cristiani responsabili dei misfatti che potranno essere commessi da alcuni nel presente o nel futuro.

La Sinagoga continua a volgere lo sguardo verso quel giorno in cui tutti gli uomini, di ogni paese, razza e credenza, saranno spiritualmente uniti. E poiché l'unità universale viene raggiunta unicamente attraverso la diversità, la Sinagoga è tenuta a lottare contro ogni forma di disgregazione e a garantire la propria sopravvivenza. L'"elezione di Israele" è da essa intesa come un impegno più gravoso nei confronti di Dio, e non come una preferenza sostanzialmente indebita. Essa accoglie nel suo seno tutti coloro che desiderano entrarvi di loro spontanea volontà. Non mira a dissolvere le comunità dei cristiani che da essa traggono origine né ha come obiettivo prossimo o remoto l'abbandono, da parte dei cristiani, dei loro legami con il cristianesimo. Anzi, essa desidera che i cristiani raggiungano e mantengano quell'alto livello spirituale che spesso hanno nobilmente espresso.

La Sinagoga intravede l'unità del genere umano come un legame spirituale superiore che mette gli uomini in grado di preservare le istituzioni da essi ritenute sacre e nel contempo di trascenderle (in vista di una comunione più grande).[21]

Nel proseguire a esporre le tappe che hanno contrassegnato il dialogo ebraico-cristiano, è bene non perdere di vista questo testo, così da tener presente l'interlocutore ebraico.

---

[21] S. Sandmel, *We Jews and You Christians* (Philadelphia-New York 1967), 144-146.

5. La dichiarazione conciliare: inizio di un percorso promettente

La dichiarazione conciliare non costituisce un risultato finale oltre il quale non si possa andare. Nella conferenza stampa che ebbe luogo il giorno stesso della sua promulgazione, il cardinale Bea disse: "La dichiarazione sulle religioni non cristiane è di fatto un inizio importante e molto promettente, ma niente di più che l'inizio di un lungo ed esigente cammino verso l'ardua meta di un'umanità i cui membri si sentano veramente figli dello stesso padre che è nei cieli e agiscano come tali[22]."

Su questo "lungo ed esigente cammino" la Chiesa ha fatto ulteriori passi dopo il Concilio. A livello nazionale e regionale sono sorti gruppi di dialogo, segretariati, commissioni che hanno elaborato – spesso come frutto del dialogo iniziato – numerosi documenti.[23]

Di questi lavori preparatori si è giovata anche la "Commissione per le relazioni religiose con l'ebraismo" istituita da Paolo VI. Essa il 22 ottobre 1974 ha pubblicato tre documenti che continuano a descrivere gli sviluppi più recenti delle relazioni tra cristiani ed ebrei. In questa prima parte della nostra ricerca mi dedicherò ai primi due documenti della Commissione.

---

[22] Oesterreicher, "Kommentierende Einleitung", 475.

[23] Cfr. *supra*, p. 18 nota 1. Da alcuni di questi documenti, e anche da altri più recenti, si ha però l'impressione che gli autori a tutt'oggi siano entrati poco in dialogo con gli ebrei. Va detto pure che a volte viene ancora delineato, con scarso riferimento alla realtà, un quadro ideale di ciò che gli ebrei dovrebbero essere in base alle concezioni cristiane; in tal senso si mette talora l'accento sul concetto di "popolo eletto". Nel dialogo con altre religioni e culture dovrà essere ripensato il concetto tradizionale di "elezione". Tra le domande che ci si pone in questo ambito si accennano solo le seguenti: Può essere eletto più di un popolo, ovvero una religione? Può corrispondere alla volontà di Dio una tradizione religiosa con altre convinzioni di fede e altri modi di atteggiarsi, rispetto alla propria? Cfr. per questo R. Firestone, *Who are the Real Chosen People? The Meaning of Chosenness in Judaism, Christianity and Islam* (Woodstock, VT 2008).

II. Guardare a ciò che per gli ebrei è essenziale secondo il loro punto di vista
Orientamenti e suggerimenti per l'applicazione della dichiarazione conciliare Nostra Aetate (Nr. 4)

Il documento, pubblicato il 1° dicembre 1974, inizia riprendendo le indicazioni del Concilio, con alcune considerazioni di fondo: è soprattutto in un contesto profondamente segnato dalle persecuzioni e dai massacri subiti dagli ebrei prima e durante la seconda guerra mondiale che il Concilio ha operato una svolta decisiva nella storia dei rapporti tra cattolici ed ebrei; una storia contrassegnata troppo spesso da reciproca ignoranza e da aperta ostilità. È ora che i cristiani superino ogni forma di antisemitismo e di discriminazione, in quanto ciò è in contraddizione con lo spirito stesso del cristianesimo[1], e cerchino di capire meglio la tradizione religiosa dell'ebraismo e di cogliere ciò che è essenziale per la realtà religiosa vissuta, alla luce dell'autocomprensione degli ebrei stessi.

Dopo queste considerazioni introduttive seguono quattro punti programmatici che riassumo qui brevemente.

---

[1] Questo pensiero è espresso in molti documenti – tra l'altro in due testimonianze di altre Chiese cristiane: "Gesù di Nazareth viene tradito, quando si disprezzano dei membri del popolo ebraico [...] in quanto ebrei" (*X Kirchentag degli evangelici tedeschi, Berlino 1961*, in *Le Chiese cristiane e l'ebraismo*, 22). L'antisemitismo "rappresenta una forma demoniaca di rivolta contro il Dio di Abramo, di Isacco e di Giacobbe. È in ultima istanza un ripudio di Gesù, l'ebreo, ripudio che prende le forme di un attacco al suo popolo. L'antisemitismo 'cristiano' è un suicidio spirituale" (*Federazione luterana mondiale, Løgumkloster 1964; Le Chiese cristiane e l'ebraismo*, 63).

1. Un programma in quattro punti

– *Il dialogo*. Finora i rapporti tra ebrei e cristiani, laddove esistono, non hanno quasi mai superato lo stadio del monologo. Il dialogo auspicato presuppone la volontà di conoscersi reciprocamente e la disponibilità a rispettare la particolarità dell'altro. Così i cristiani dovrebbero capire le difficoltà "che l'anima ebraica prova davanti al mistero del Verbo incarnato, data la nozione molto alta e molto pura che essa possiede della trascendenza divina". La testimonianza resa a Gesù Cristo, che la Chiesa per sua stessa natura deve dare al mondo, non deve apparire agli occhi degli ebrei come un'aggressione.[2] Questo atteggiamento è tanto più necessario dal momento che predomina un clima di sospetto, largamente diffuso. Da parte dei cristiani, afferma il documento, questo sospetto potrebbe essere demolito nella misura in cui essi riconoscano la loro parte di responsabilità per un passato da deplorare.[3] Si devono promuovere colloqui fraterni e incontri di esperti, ma per essi sono indispensabili "grande apertura spirituale, diffidenza verso i propri pregiudizi, tatto e sensibilità". Qualora le circostanze lo permettano, si favorisca un incontro in comune, davanti a Dio,

---

[2] Secondo il significativo rapporto sulla Chiesa e il popolo ebraico, pubblicato dalla Commissione Fede e Costituzione del Consiglio ecumenico delle Chiese (Bristol 1967), la migliore e talvolta addirittura l'unica via della testimonianza cristiana "non può più consistere tanto in espressioni verbali quanto piuttosto nel servizio" (*Bristol 1967, Beiheft zur ökumenischen Rundschau*, Nr. 7/8 [Stuttgart ³1968], 105; *Le Chiese cristiane e l'ebraismo*, cit., 113; Rendtorff – Henrix, 359). "Come potrebbero [i cristiani d'Europa] predicare 'Cristo crocifisso' al misero gruppo dei parenti sopravvissuti dei sei milioni di ebrei martirizzati?! Come potrebbero portare l'"Evangelo dell'amore' nel nome di colui che un tempo disse: 'Dai loro frutti li riconoscerete'!?" (J.J. Petuchowski, "The Christian-Jewish Dialogue", in J.J. Petuchowski, *Heirs of the Pharisees*, [New York-London 1970] 154; l'articolo è apparso dapprima in *Lutheran World* 10 [1963], 373-384).

[3] Questo invito è indubbiamente rivolto in primo luogo alle massime autorità ecclesiastiche, che possono parlare a nome delle Chiese nazionali, o della Chiesa intera.

nella preghiera e nella meditazione silenziosa[4]; da esso nascono quell'umiltà e quell'apertura dello spirito e del cuore che sono necessarie per una conoscenza profonda.

– *La liturgia*. Il tema della liturgia è di particolare importanza per il dialogo ebraico-cristiano in virtù degli elementi comuni (testi di preghiera, feste, riti, ecc.). Per quanto concerne le letture veterotestamentarie, ci si dovrebbe sforzare di capire ciò che nell'Antico Testamento conserva un *valore proprio e perpetuo* indipendentemente dall'ulteriore interpretazione alla luce del Nuovo Testamento che, come afferma il documento, dà all'Antico Testamento il suo significato pieno.[5] Quando si ha a che fare con brani che sembrano porre il popolo ebraico come tale in una luce sfavorevole, si dovrebbe cercare di darne una giusta interpretazione. Un'attenzione tutta particolare si dovrà porre nella traduzione di singole espressioni e di interi brani che si potrebbero prestare a malintesi (per esempio, l'espressione "i giudei" nel Vangelo di Giovanni o il termine "i farisei").

– *Insegnamento ed educazione*. Il documento prende atto con soddisfazione che in diversi punti si è già giunti, negli ultimi anni, a una migliore comprensione: si riconosce che nell'Antico come nel Nuovo Testamento è il medesimo Dio che parla; si è imparato a vedere il giudaismo dell'epoca del Nuovo Testamento come una realtà complessa; si considera l'Antico Testamento e la tradizione

---

[4] Quanto sia difficile la preghiera in comune lo mostra, per esempio, il seguente episodio: quando la Xavier University di Cincinnati, che è diretta dai gesuiti, nel 1976 conferì il dottorato *honoris causa* a Samuel Sandmel, la proposta fatta dai cristiani di recitare il Padre nostro durante la cerimonia fu rifiutata. Alcune indicazioni per la celebrazione di una liturgia comune sono date dagli orientamenti pubblicati dal National Council of Churches degli Stati Uniti e dalla Union of American Hebrew Congregations: "Jews and Christians in Joint Worship: Some Planning Principles and Guidelines", *Ecumenical Bulletin* 44 (1980) 36-39. La visita alla Sinagoga di Roma da parte di Giovanni Paolo II, presentata all'inizio della seconda parte, illustrerà quanto sia delicata la situazione quando si tratta di organizzare una cerimonia religiosa comune.

[5] Cfr. *infra*, pp. 42-49.

ebraica che su di esso si fonda non come una religione della sola giustizia, del timore e del legalismo; ci si rende conto che l'ebraismo dopo Gesù ha sviluppato una tradizione religiosa la cui portata è ricca di valori religiosi, "pur assumendo, crediamo noi, un significato profondamente diverso dopo Cristo[6]."

Su queste questioni e su altre ancora, già trattate nel testo conciliare *Nostra Aetate*, si dovrebbe dare una sufficiente informazione nei manuali di catechesi, nei libri di storia e attraverso i mezzi di comunicazione di massa come pure nelle scuole, nei seminari e nelle università. Si deve promuovere la ricerca scientifica sui problemi relativi all'ebraismo e alle relazioni ebraico-cristiane, soprattutto nell'ambito dell'esegesi, della teologia, della storia e della sociologia. Per quanto possibile, si istituiscano delle cattedre per lo studio dell'ebraismo e si incoraggi la collaborazione con studiosi ebrei.

L'invito a istituire delle cattedre e a promuovere la collaborazione con studiosi ebrei ha trovato terreno fertile in molti paesi.[7] Non è di poca importanza per il processo della comprensione reciproca, il fatto che presso alcune università ebraiche siano state istituite cattedre per studi ebraico-cristiani e che in alcuni semi-

---

[6] L'espressione "crediamo noi" starebbe ad indicare che, secondo la visione cristiana, è stato levato, per così dire, il terreno sotto i piedi alla dimensione di attesa presente nella teologia ebraica *post Christum*.

[7] Per quanto riguarda la Germania, il gruppo di discussione "Ebrei e cristiani" presso il comitato centrale dei cattolici tedeschi ha un ruolo significativo. A Roma è da menzionare il Centro Cardinal Bea per gli studi giudaici presso la Pontificia Università Gregoriana. Fu fondato ufficialmente nel 2001, mentre le sue origini risalgono al 1978. Il centro è in stretto contatto con il Centro per gli Studi Cristiani (Center for the Study of Christianity) all'Università Ebraica (Gerusalemme) e collabora inoltre con istituzioni negli U.S.A. e in altri paesi. Il Comitato internazionale di collegamento tra la Chiesa cattolica e l'ebraismo (ILC) è responsabile per il reciproco dialogo formale e istituzionale. Questo comitato, che si incontra annualmente, pubblica relazioni e comunicati stampa, che però finora hanno riscontrato scarsa attenzione.

nari rabbinici vengano addirittura offerti insegnamenti sul Nuovo Testamento e sulla letteratura cristiana antica.

– *Azione sociale e comune*. La comune convinzione sia dei cristiani che degli ebrei circa il valore della persona umana e nel contempo l'amore per il medesimo Dio costituiscono, secondo gli *Orientamenti*, la base per un'efficace azione comune a favore dell'uomo. Testualmente il documento si esprime così: "In accordo con lo spirito dei profeti, ebrei e cristiani dovrebbero collaborare volentieri per la promozione della giustizia e della pace a livello locale, nazionale e internazionale".

Nella *Conclusione* si sottolinea l'importanza dei rapporti ebraico-cristiani per la Chiesa stessa: essa si avvicina al proprio mistero, quando incontra il mistero di Israele. Ma questo comporta anche un aspetto ecumenico all'interno del cristianesimo: "Il ritorno dei cristiani alle sorgenti e alle origini della loro fede [...] è una parte sostanziale della ricerca dell'unità in Cristo, pietra angolare[8]."

2. Valutazione critica degli *Orientamenti*

Gli *Orientamenti* si distinguono per la loro profondità spirituale e il loro sapiente equilibrio. Dalla stessa parte ebraica, in sostanza, sono state mosse critiche solamente a due punti del documento. Da un lato l'accenno alla missione affidata da Dio alla Chiesa di annunciare Gesù Cristo al mondo ha suscitato, ancora una volta, il sospetto che per la Chiesa il dialogo signifíchi, alla fin

---

[8] Karl Barth, in una conversazione con il Cardinale Bea avvenuta a Roma alla fine del 1966, disse: "Il movimento ecumenico è contrassegnato dalla spinta dello Spirito di Dio. Ma non dimentichiamo, non v'è che un'unica domanda di importanza realmente fondamentale: Qual è la nostra relazione con Israele?" ("SIDIC" 1, Nr. 3 [1968] 17). Nello stesso senso si è espressa la Commissione Fede e Costituzione ecclesiale del Consiglio ecumenico delle Chiese (*Bristol 1967*, 106-107; *Le Chiese cristiane e l'ebraismo*, 115; Rendtorff – Henrix, 360-361).

fine, evangelizzazione degli ebrei. Dall'altro, alcuni critici ebrei hanno lamentato l'assenza di una dichiarazione sul legame fra il popolo ebraico, la terra e lo Stato di Israele, su cui si erano già pronunciati, fra altri, il Concilio pastorale della Chiesa cattolica olandese e il Comitato della Conferenza episcopale francese.[9] In effetti, se il documento si fosse attenuto al principio che si era posto, di presentare cioè la realtà ebraica secondo la comprensione che gli ebrei stessi hanno di essa, non avrebbe dovuto ignorare questo punto. Questa omissione è tanto più sorprendente se si tiene conto che in un abbozzo di documento in vista di un comunicato ufficiale la "questione della terra" era presa chiaramente in considerazione: "La fedeltà all'alleanza era collegata con il dono di una terra, che nell'anima degli ebrei ha continuato ad esistere come oggetto di anelito che i cristiani dovrebbero cercare di capire. Nel corso di lunghe generazioni di doloroso esilio, troppo spesso aggravato da persecuzioni e pressioni morali, per le quali i cristiani chiedono ai loro fratelli ebrei perdono, gli ebrei hanno espresso in mille modi il loro attaccamento alla terra, promessa ai loro padri fin dai giorni della chiamata di Abramo. I cristiani dovrebbero, per quanto la cosa possa riuscire loro difficile, cercare di capire e di rispettare il significato religioso di questo legame fra un popolo e una terra. L'esistenza dello Stato di Israele dovrebbe essere analizzato anche sotto questa prospettiva; il che non implica di per sé alcun giudizio su avvenimenti storici o su decisioni di ordine puramente politico[10]."

Come mai questa dichiarazione, elaborata su incarico del Segretariato per l'unità dei cristiani, non è stata tenuta presente

---

[9] *Le Chiese cristiane e l'ebraismo*, 133s., 184s. Fonte originale: Katholiek Archief (ed.), *Pastoraal Concilie van de Nederlandse Kerkprovincie* 7 (Amersfoort 1970), 93-94; Rendtorff-Henrix, 154.

[10] Il testo di questo documento di lavoro è stato pubblicato dall'Istituto per gli affari ebraici (Institute of Jewish Affairs) in collegamento con il Congresso mondiale giudaico (*Christian Attitudes on Jews and Judaism: A Periodical Survey* 10 [1970], 8; estratti nel *Freiburger Rundbrief* 21 (1969), 139-141).

negli *Orientamenti*? I motivi sono da ricercare, a quanto pare, in una indiscrezione: il *New York Times* aveva pubblicato (già l'11 dicembre 1969), senza autorizzazione, il documento di lavoro con il rispettivo passo riguardante la terra e lo Stato di Israele. A questa indiscrezione è presumibilmente da ascrivere anche il fatto che gli *Orientamenti* siano apparsi relativamente tardi, vale a dire quasi dieci anni dopo la dichiarazione conciliare *Nostra Aetate*. Comunque, il documento nel suo insieme è stato giudicato dai cristiani e dagli ebrei come un autentico passo avanti.

Ora però, com'è valutato il documento che ha come contenuto la presentazione della "questione ebraica" nella predicazione e nella catechesi, e che intende quindi far sì che la base ecclesiale prenda familiarità con il nostro tema?

III. MEDIAZIONE PER LA BASE
SUSSIDI PER UNA CORRETTA PRESENTAZIONE DEGLI EBRAISMO NELLA PREDICAZIONE E NELLA CATECHESI DELLA CHIESA CATTOLICA

Diciamolo subito: questo nuovo documento, pubblicato il 24 giugno 1985, pur essendo "il risultato di un lungo e paziente lavoro di stesura",[1] in diversi punti ha suscitato delusione e talora anche una forte critica sia da parte ebraica, sia da parte cristiana. Si ha anche l'impressione che sia mancato il confronto necessario e che la pubblicazione abbia risentito all'ultimo momento della ristrettezza di tempo, per cui già nella conferenza stampa dovettero essere apportati alcuni ritocchi. Eppure va detto che il documento può vantare notevoli progressi, specialmente là dove tratta delle radici ebraiche del cristianesimo, del rapporto di Gesù con i farisei, della posizione dei giudei nel Nuovo Testamento e del significato dello Stato di Israele. Anche Giovanni Paolo II ha sottolineato in un discorso ai membri del Comitato Internazionale di collegamento tra la Chiesa cattolica e l'Ebraismo (28 ottobre 1985) l'importanza del documento. Ha detto: "Riguardo [...] le Note, pubblicate lo scorso giugno, sono sicuro che esse aiuteranno notevolmente i nostri insegnamenti religiosi e catechetici a liberarsi della negativa presentazione degli ebrei e del giudaismo, nel contesto della fede cattolica. Essi contribuiranno, inoltre, a promuovere rispetto, ammirazione e vero

---

[1] Così si esprimeva il Cardinale J. Mejía, allora segretario della Commissione per le relazioni religiose con l'ebraismo, nella conferenza stampa del giorno stesso della pubblicazione del documento ("Viva coscienza del patrimonio comune a tutti i livelli", in *L'Osservatore Romano*, 24-25 giugno 1985, 7). Alla conferenza stampa fu distribuito anche un testo in inglese; ma esso non concorda del tutto con la traduzione inglese del testo italiano pubblicata in *SIDIC* 19 Nr. 2 (1986), 5-7.

amore l'uno verso l'altro, in quanto entrambi sono nel disegno impenetrabile di Dio, che 'non rifiuta il suo popolo' (cfr. Sal 94,14; Rm 11,2)".[2]

I *Sussidi* iniziano con alcune "Considerazioni preliminari" e si articolano poi in sette parti, diverse sia per lunghezza, sia per l'utilità. Mi soffermerò a commentare in particolare due di essi: la terza parte, che tratta delle radici del Cristianesimo, e la sesta parte, che affronta le relazioni tra Ebraismo e Cristianesimo nella storia.

1. Insegnamento della religione ed ebraismo

Poiché nella presentazione degli ebrei e dell'ebraismo l'imprecisione e la mediocrità sono di grande danno, il documento richiede che ci si sforzi di essere onesti, obiettivi, senza prevenzioni. Si faccia perciò attenzione a come gli ebrei presentano se stessi alla luce della loro esperienza religiosa.

Questi bei principi non vengono però rispettati a pieno nel documento stesso. Quando, per esempio, si afferma che gli ebrei sono stati eletti da Dio per preparare la venuta di Cristo e che il senso definitivo dell'elezione di Israele appare solo alla luce dell'adempimento totale, in tali affermazioni gli ebrei si vedono definiti secondo categorie cristiane e non sono presentati così come loro stessi si definiscono alla luce della loro esperienza religiosa.

Secondo il punto di vista degli ebrei, la loro religione non è considerata qui come una via legittima di salvezza e agli ebrei viene negata la loro propria identità.[3] Se infatti l'elezione degli

---

[2] Per la traduzione in lingua italiana del documento:
http://www.vatican.va/holy_father/john_paul_ii/speeches/1985/october/documents/hf _jp-ii_spe_19851028_chiesa-cattolica-ebraismo_it.html.

[3] Comunicato stampa del Jewish Council in Israel on Interreligious Consultations del 24 giugno 1985; cfr. *Christian Life in Israel*, 17 (autunno 1985), 4.

ebrei consiste unicamente nel fatto di preparare la venuta di Cristo, essi sono esclusi dalla salvezza fintantoché non accettano Gesù, e rimangono in uno stato di inferiorità.[4] Gli ebrei vedono in questo un ritorno al precedente trionfalismo ecclesiale e si sentono richiamare alla memoria l'*Extra ecclesiam nulla salus* (non vi è salvezza fuori della Chiesa), espressione, secondo W. Kasper, altamente equivoca, che può essere "fraintesa nel senso di un gretto particolarismo della salvezza[5]."

Il dibattito mostra ancora una volta la necessità del dialogo tra cristiani ed ebrei anche a livello teologico. Ciò porterebbe presumibilmente a un nuovo linguaggio teologico, a "vino nuovo in otri nuovi". Un tale linguaggio, tuttavia, si può udire già oggi. Significative formulazioni sono state coniate dallo stesso Giovanni Paolo II. Nel discorso da lui tenuto il 6 marzo 1982 ai delegati delle conferenze episcopali per i rapporti con l'ebraismo, disse: "Per diverse vie, ma finalmente convergenti, noi potremo con l'aiuto del Signore, che non ha mai cessato di amare il suo popolo (cfr. Rm 11,1), raggiungere una vera fraternità nella riconciliazione, nel rispetto e nella piena realizzazione dei disegni di Dio nella storia[6]." Nel discorso tenuto il 19 aprile 1985 ai partecipanti a un colloquio sulla *Nostra Aetate*, il papa parlò delle "nostre rispettive vocazioni in quanto cristiani e in quanto ebrei".[7] È un linguaggio teologico che incontra il consenso ebraico.

---

[4] G. Wigoder, "Retreat by the Vatican", *The Jerusalem Post*, 25 giugno 1985 (edizione internazionale, 6 luglio 1985, 13).

[5] W. Kasper (ed.), *Absolutheit des Christentums* (Quaestiones Disputatae 79 [Freiburg-Basel-Wien 1977]), 7.

[6] *Le Chiese cristiane e l'ebraismo*, 340.

[7] *L'Osservatore Romano*, 20 aprile 1985, 5; Rendtorff – Henrix, 92. Anche a livello regionale si può riscontrare un nuovo linguaggio teologico: è ricordata l'"alleanza eterna" che Dio ha stabilito con il popolo ebraico (Gn 17,7; cfr. Rm 11,29); "per il cristianesimo l'alleanza è stata rinnovata in Gesù Cristo" (*Comitato episcopale francese per le relazioni con l'ebraismo*, in *Le Chiese cristiane e l'ebraismo*, 181); "per mezzo di Cristo la Chiesa partecipa dell'elezione di Israele senza sostituirsi ad esso" (Israel Study Group, composto da membri di varie confessioni cristiane negli Stati

2. Rapporti tra Antico e Nuovo Testamento

2.1 "Unità della rivelazione biblica"

Il documento riprende innanzitutto il consolidato concetto dell'unità della Scrittura. Questo approccio può essere certo di aiuto ai cristiani che trovano il loro patrimonio spirituale nell'Antico e nel Nuovo Testamento.

Alla base dell'unità della Scrittura si trova il piano divino, secondo il quale ogni singolo evento storico riceve il suo senso, "solo se considerato nella totalità di questa storia, dalla creazione al compimento". Pertanto il senso definitivo dell'elezione d'Israele si rivela solo alla luce dell'adempimento escatologico (Rm 9-11).

Inoltre viene illustrato come gli eventi dell'Antico Testamento non riguardino soltanto gli ebrei, ma anche noi personalmente. "Abramo è veramente il padre della nostra fede (cfr. Rm 4,11-12)". In 1Cor 10,1 si legge: "I nostri padri furono tutti sotto la nuvola, tutti attraversarono il mare[8]."

Uniti: *Le Chiese cristiane e l'ebraismo*, 188; SIDIC 6, Nr. 3 [1973] 33); ebrei e cristiani si trovano in un "cammino comune" verso l'"obiettivo comune del regno salvifico" (Gruppo di discussione "Ebrei e cristiani" presso il Comitato centrale dei cattolici tedeschi: *Le Chiese cristiane e l'ebraismo*, 294; Rendtorff – Henrix, 256). Nel suo incontro con i rappresentanti della comunità ebraica in Germania, avvenuto il 17 novembre 1980 a Magonza, Giovanni Paolo II parlò degli ebrei come del "popolo di Dio dell'antica alleanza, che non è mai stata revocata da Dio (cfr. Rm 11,29)", e questo mostra chiaramente che anche il Papa dà come presupposta la realtà permanente di tale alleanza (*Le Chiese cristiane e l'ebraismo*, 333). Sul tema dell'alleanza, cfr. anche N. Lohfink, *Der niemals gekündigte Bund: Esegetische Gedanken zum christlich-jüdischen Dialog* (Freiburg-Basel-Wien 1989).

[8] Un documento pubblicato nel 1997 dal Comitato della Conferenza Episcopale Francese per i rapporti con l'ebraismo (Comité épiscopal français pour les relations avec le judaisme, Lire l'Ancien Testament. Contribution à une lecture catholique de l'Ancien Testament pour permettre le dialogue entre juifs et chrétiens, Paris 1997; Henrix – Kraus, 266-284) applica il concetto dell'Unità della Scrittura alle letture veterotestamentarie nella liturgia cristiana e constata: "Dobbiamo contestualizzare questi testi liturgici in una visione complessiva, che riconosce all'Antico Testamento il suo pieno significato" (p. 283). Come è da intendere tale proposito? Un commento che utilizza un

2.2 L'interpretazione tipologica dell'Antico Testamento

Dall'unità del piano divino emerge, secondo il documento, il problema delle relazioni tra Antico e Nuovo Testamento. Ciò dovrebbe essere risolto, secondo la tradizione cristiana, soprattutto attraverso la tipologia. In tal modo si sottolinea l'importanza fondamentale che l'Antico Testamento ha in prospettiva cristiana. Però – così si riconosce – la tipologia suscita in molti un "disagio; questo è forse un segno che il problema non è stato risolto".[9] Questa osservazione merita attenzione.[10]

I paragrafi 5-7 illustrano che cosa si intende per tipologia; lo riportiamo per estratti: "È importante anche sottolineare che l'in-

---

un testo dell'Antico Testamento per chiarire il Nuovo Testamento, dovrebbe fondarsi sull'unità della Scrittura. "Questa mostra come il contesto del piano salvifico divino sia già presente nell'Antico Testamento e come esso si riveli in pienezza per i cristiani in Gesù e nella sua Chiesa" (p. 268). L'unità della Scrittura permette che "ogni brano della Scrittura (possegga) un proprio senso, che non è né da contestare né da respingere. Ogni evento possiede una sua propria ricchezza e un valore permanente: la chiamata di Abramo, l'esodo, l'alleanza al Sinai, gli eventi della vita di Gesù. Tutto ciò che si aggiunge di nuovo, non sostituisce quello che è già avvenuto, ma dimostra proprio in tal modo la capacità di rinnovamento e di apertura al futuro. Nessuna parola svaluta ciò che la precede. Ciascuna contribuisce alla comprensione dell'insieme" (p. 269).

[9] Lo storico e critico cattolico F. Heer ha scritto riguardo alla tipologia, esagerando un po': "Vista dalla parte degli ebrei (e il vero cristiano, che prende sul serio se stesso, deve tenerne conto), questa è la più grande razzia nella storia del mondo, dal momento che trasferisce l'Antico Testamento al servizio della Chiesa cristiana: ciò che i profeti degli ebrei hanno creato in più di mille anni [...], diventa ora, in quanto preda del 'nuovo Israele', della Chiesa, l'intoccabile patrimonio della Chiesa" (F. Heer, *Gottes erste Liebe* [München 1967], 54).

[10] Il Gruppo di discussione "Ebrei e Cristiani" presso il Comitato centrale dei cattolici tedeschi ha richiamato l'attenzione sulla mancata risoluzione del problema anche nel *Catechismo della Chiesa cattolica* pubblicato nel 1992. Nel documento del Gruppo di discussione del 29 gennaio 1996 "Juden und Judentum im neuen Katechismus der Katholischen Kirche: ein Zwischenruf" (Ebrei e Ebraismo nel nuovo Catechismo della Chiesa cattolica: un intervento) si legge: "La relazione tra i due testamenti dell'unica Bibbia cristiana appare in una penombra indistinta. Da una parte si rafforza ripetutamente il valore di rivelazione proprio

terpretazione tipologica consiste nel leggere l'Antico Testamento come preparazione e, sotto certi aspetti, come il primo delinearsi e come l'annuncio del Nuovo (cfr. p. es. Ebr 5,5-10 ecc.). Cristo è oramai il riferimento-chiave delle Scritture [...]. È dunque vero ed è bene sottolinearlo, che la Chiesa e i cristiani leggono l'Antico Testamento alla luce dell'avvenimento del Cristo morto e risorto, e che a questo titolo esiste una lettura cristiana dell'Antico Testamento, che non coincide necessariamente con la lettura ebraica. Identità cristiana e identità ebraica debbono essere pertanto accuratamente distinte nella loro rispettiva lettura della Bibbia [...].[11] La lettura tipologica non fa altro che manifestare le insondabili ricchezze dell'Antico Testamento, il suo contenuto inesauribile, il mistero che lo pervade".

---

dell'Antico Testamento. Dall'altra parte esso è generalmente relativizzato. Ciò dipende soprattutto dal fatto che l'Antico Testamento, a causa del metodo d'interpretazione 'tipologico', che lo presenta in maniera predominante come preforma (*typos*) imperfetta, e pertanto in contrasto con l'affermazione del suo valore, trova la sua perfezione solo nel Nuovo Testamento" (Henrix – Kraus, 390).

[11] Ecco come S. Sandmel ha espresso con toni più accesi tale pensiero: "Pur avendo in comune l'Antico Testamento, le due tradizioni lo comprendono in modo totalmente diverso, quasi non fosse lo stesso libro" (S. Sandmel, *Two Living Traditions: Essays on Religion and the Bible* [Detroit 1972], 117. L'interpretazione tipologica della Scrittura ha anche contribuito, come sarà ricordato in seguito, a far sì che l'Antico Testamento, fondamento centrale in comune per gli ebrei e i cristiani, sia diventato uno dei fattori della dolorosa separazione tra gli ebrei e i primi cristiani.

Una comprensione unitaria dell'Antico Testamento, che dunque non è né "ebraico" né "cristiano", è ciò a cui mirano oggi alcuni ebrei, soprattutto per mezzo del metodo storico-critico. Questo metodo ha l'obiettivo fondamentale di interpretare un testo così com'era compreso dai primi autori e dal pubblico originario (ovvero come doveva essere inteso). Questo è un obiettivo limitato e, tenuto conto di come si configura una letteratura come quella biblica, un obiettivo troppo limitato, che spesso tra l'altro non è raggiungibile. Sui limiti del metodo storico-critico hanno già richiamato l'attenzione, fra gli altri, due autori ebraici: R. Alter, "A Literary Approach to the Bible", in R. Alter, *The Art of Biblical Narrative* (New York 1981), 3-22; M. Sternberg, "Literary Text, Literary Approach", in M. Sternberg, *The Poetics of Biblical Narrative: Ideological Literature and the Drama of Reading* (Bloomington, IN 1985), 1-57.

Sebbene il documento accentui così fortemente la tipologia, non la propone come unica via d'accesso alla comprensione dell'Antico Testamento. Si sottolinea anche il valore proprio dell'Antico Testamento come rivelazione; in riferimento ai vari modi della comprensione ebraica della Scrittura, si legge come ai cristiani non creerebbe alcun problema accogliere, in maniera differenziata e con profitto, le tradizioni di lettura ebraica.

In riferimento a quest'ultimo punto, la diocesi di Roma nel gennaio del 1983 si è espressa in maniera più chiara e coraggiosa: "Si raccomanda in particolare la lettura comune dell'Antico Testamento anche alla luce della tradizione ebraica nei suoi vari filoni (normativa, narrativa e mistica), per abituarsi ad un approccio al testo sacro che può essere di particolare aiuto per percepire l'insondabile risonanza della Parola di Dio[12]." Non si può che essere d'accordo con tale affermazione. Gesù non aveva forse un simile rapporto con la sua Bibbia, l'Antico Testamento, con le sue insondabili ricchezze (cfr. Mt 13,52)? In ogni caso l'Antico Testamento non è mai "antico", nemmeno per i cristiani. La sua rivelazione è sempre nuova.[13]

Che cosa dicono rispetto a tutto ciò gli esperti della Pontificia Commissione Biblica?

---

[12] Nr. 142d dei Consigli pubblicati dalla Commissione diocesana ecumenica (*Verso l'unità dei cristiani: Sussidio per una pastorale ecumenica nella diocesi di Roma* [Roma 1983], 38).
[13] Tra l'altro nella sezione sesta del documento si parla dell'"ininterrotta creatività spirituale" anche dell'ebraismo post-biblico. Gli autori del documento si sono resi conto che così elogiavano anche l'interpretazione ebraica della Scrittura, che trae dall'Antico Testamento cose antiche e cose nuove?

2.3 Due documenti della Pontificia Commissione Biblica

Durante il pontificato di Giovanni Paolo II, la Commissione biblica ha pubblicato due estesi documenti, rilevanti nel nostro contesto. Il primo (aprile 1993) è intitolato *L'interpretazione della Bibbia nella Chiesa* e contiene il capitolo *Approccio mediante il ricorso alle tradizioni interpretative giudaiche*, sul quale intendo soffermarmi brevemente.[14]

Il capitolo riconosce come l'ebraismo abbia accumulato "un insieme prodigioso di procedimenti eruditi per la conservazione del testo dell'Antico Testamento e per la spiegazione del senso dei testi biblici. Da sempre i migliori esegeti cristiani, fin da Origene e san Girolamo, hanno cercato di trarre profitto dall'erudizione biblica giudaica per una migliore comprensione della Scrittura. Numerosi esegeti moderni seguono il loro esempio[15]." Tra il ricco e svariato materiale ebraico viene richiamata l'attenzione soprattutto sulla letteratura intertestamentaria dei Targumim e Midrashim, così come su commentatori ebraici, grammatici e lessicografi del medioevo e dei tempi più recenti. Segue: "Più numerosi di prima appaiono oggi nella discussione esegetica i riferimenti a queste opere giudaiche. La ricchezza dell'erudizione giudaica messa a servizio della Bibbia, dalle sue origini nell'antichità fino ai nostri giorni, è un aiuto di primaria importanza per l'esegesi dei due Testamenti, a condizione però di usarla con discernimento[16]."

Si può soltanto essere d'accordo con questa affermazione.

Il documento accenna poi al problema della datazione delle tradizioni farisaico-rabbiniche – io le considero come il *milieu* decisi-

---

[14] *L'interpretazione della Bibbia nella Chiesa*, Libreria Editrice Vaticana, Città del Vaticano 1993, 47-49.
[15] *Ivi*, 48.
[16] *Ivi*, 49.

vo nel quale Gesù visse e insegnò – e osserva che sarebbe importante, situarle "cronologicamente prima di procedere a confronti".[17]

Verso la fine della sezione si indica un ulteriore problema: "Soprattutto è fondamentalmente diverso il contesto d'insieme delle due comunità, ebraica e cristiana: in forme molto varie, la religione ebraica definisce un popolo e una pratica di vita a partire da uno scritto rivelato e da una tradizione orale[18], mentre a radunare la comunità cristiana è la fede nel Signore Gesù, morto, risorto e ora vivo, Messia e Figlio di Dio. Questi due punti di partenza creano, per l'interpretazione delle Scritture, due contesti che, nonostante molti contatti e similitudini, sono radicalmente diversi." Qui il lettore è ovviamente rimandato alla tipologia, che rappresenta *una*, ma di gran lunga non l'unica possibilità di interpretazione dell'Antico Testamento.[19] Appare sorprendente la constatazione della differenza radicale tra contesto ebraico e cristiano. Consiglio di confrontare queste affermazioni con quello che dicono i *Sussidi* nella terza sezione su Gesù come ebreo e sui suoi metodi di interpretazione della Scrittura.

---

[17] È risaputo come tali tradizioni siano contenute in opere rabbiniche, le cui redazioni finali sono da datare nel periodo dall'inizio del III secolo dopo Cristo fino al VI secolo (o addirittura anche successivamente). L'epoca tardiva di redazione delle opere rabbiniche non è però un argomento contro una datazione precedente delle tradizioni che esse contengono. Queste risalgono in parte al periodo del Nuovo Testamento o ad un'epoca ancora precedente. Cfr. R. Neudecker, "Rabbinic Literature and the Gospels: The Case of the Antithesis of Love for One's Enemies", *Biblical Exegesis in Progress: Old and New Testament Essays* (ed. J.N. Aletti – J.L. Ska), [Pontificio Istituto Biblico, Roma 2009], 278-279.

[18] Per una migliore comprensione dei concetti "tradizione orale" o "Torah orale" vorrei far osservare come la tradizione, originariamente orale, è stata messa per iscritto nella Mishna e di seguito anche in altre opere ebraiche a partire dal III secolo. Cfr. anche M.D. Herr, "Oral Law", *Encyclopaedia Judaica* 12, 1439-1442.

[19] Nella discussione tra la primitiva comunità cristiana e le correnti principali dell'ebraismo, la tipologia aveva un ruolo maggiore di oggi, visto che attualmente si prendono sul serio le radici ebraiche del Cristianesimo. Nel suo insieme, l'Antico Testamento contiene, a mio parere, solo pochi testi che si possono interpretare tipologicamente.

Il secondo documento della Pontificia Commissione Biblica, pubblicato nel 2001, è intitolato: *Il popolo ebraico e le sue Sacre Scritture nella Bibbia cristiana.*[20]

Il documento è stato stilato, come dice la Commissione, "nello spirito" del Concilio Vaticano II, che invita cristiani ed ebrei a una "mutua conoscenza e stima". "Questa conoscenza e questa stima si ottengono", secondo la comprensione del Concilio, "'soprattutto dagli studi biblici e teologici e da un fraterno dialogo'[21]." Si fa riferimento anche a varie dichiarazioni di Giovanni Paolo II, così come alle sue parole durante l'incontro con i rappresentanti degli ebrei a Magonza (1980): "L'incontro tra il popolo di Dio dell'Antica Alleanza, che non è stata mai abrogata da Dio (cfr. Rm 11,29) e quello della Nuova Alleanza, è al tempo stesso un dialogo *interno* alla nostra Chiesa, in qualche modo tra la prima e la seconda parte della sua Bibbia[22]."

Ai risultati dell'ampio studio appartiene la convinzione di un nesso tra l'Antico e il Nuovo Testamento: "Infatti, le sacre Scritture del popolo ebraico costituiscono una parte essenziale della Bibbia cristiana e sono presenti, in molti modi, nell'altra parte. Senza l'Antico Testamento, il Nuovo Testamento sarebbe un libro indecifrabile, una pianta privata delle sue radici e destinata a seccarsi[23]." Si deve essere d'accordo con queste frasi, purché consapevoli che il

---

[20] *Il popolo ebraico e le sue Sacre Scritture nella Bibbia cristiana*, Libreria Editrice Vaticana, Città del Vaticano 2001.

[21] *Ivi*, 202.

[22] Il testo in lingua italiana è consultabile in:
http://www.vatican.va/holy_father/john_paul_ii/speeches/1980/november/documents/hf_jp_ii_spe_19801117_ebrei-magonza_it.html.

[23] *Il popolo ebraico e le sue Sacre Scritture nella Bibbia cristiana*, 199. In questo contesto vorrei ricordare anche le parole di Giovanni Paolo II, pronunciate nel 1997 in un colloquio sulle radici dell'antigiudaismo nel Cristianesimo. Il papa parlò del "legame necessario con l'Antico Testamento" e sottolineò: "senza questo il Nuovo Testamento stesso è svuotato del suo senso" (*Insegnamenti di Giovanni Paolo II*, XX,2, 1997, 725).

Nuovo Testamento comprende l'Antico Testamento così come questo era vissuto e inteso durante il periodo del Nuovo. L'Antico Testamento, così come lo cerca di interpretare oggi il metodo storico-critico, spesso non corrisponde alla comprensione presupposta dal Nuovo Testamento.

In riferimento all'esegesi ebraica, questo documento riconosce che i cristiani possono imparare molto da essa, praticata da più di duemila anni e che, nel corso della storia, essi hanno in effetti imparato tanto.[24] Anche per i testi del Nuovo Testamento vale il principio secondo il quale per la loro corretta interpretazione "è spesso necessaria la conoscenza del giudaismo di questa epoca".[25] Per quanto concerne l'interpretazione della Scrittura da parte dei contemporanei di Gesù, il documento ritiene i manoscritti del Mar Morto come "la manifestazione più chiara del modo in cui i contemporanei di Gesù interpretavano le Scritture".[26] A partire da questa affermazione, che non posso condividere, si ha l'impressione che tra gli autori del testo mancasse un esperto di letteratura rabbinica; la descrizione scarsa e imprecisa dei metodi rabbinici di interpretazione presenti nel Nuovo Testamento[27] confermano questo sospetto.

La commissione biblica attribuisce all'interpretazione tipologica ancora una grande importanza: le promesse escatologiche dei profeti non valgono semplicemente per il futuro[28]; il loro compimento è già iniziato con Gesù di Nazareth, il Cristo. "È di lui che parlano in ultima istanza le Scritture del popolo ebraico [...] ed è alla sua luce che esse devono essere lette per poter essere pienamente comprese[29]."

---

[24] *Il popolo ebraico e le sue Sacre Scritture nella Bibbia cristiana*, 55.
[25] *Ivi*, 200; cfr. ad esempio R. Neudecker, "Studi rabbinici e Nuovo Testamento", *La Civiltà Cattolica* 3857 (marzo 2011), 457-463.
[26] *Il popolo ebraico e le sue Sacre Scritture nella Bibbia cristiana*, 34.
[27] *Ivi*, 37-38.
[28] Questo vale del resto anche nell'ebraismo; cfr. l'"oggi" compreso rabbinicamente; cfr. *infra*, pp. 62-64.
[29] *Ivi*, 34.

2.4. Orizzonti di comprensione molto personali e adatti a ogni popolo

Non dobbiamo però lasciar passare inosservato il fatto che esistano anche orizzonti di comprensione dell'Antico (e del Nuovo) Testamento che sono restii ad accettare un'interpretazione univoca (come per esempio quella tipologica). Vorrei soffermarmi su due aspetti cui fa cenno la Conferenza episcopale olandese (1999).[30]

1. Nella letteratura rabbinica si sottolinea spesso il fatto che Dio rivolge a noi la sua parola non in conformità al suo potere, bensì in conformità ai bisogni, alla situazione e alla ricettività di ognuno.[31] Questo insegnamento è stato desunto soprattutto dal Decalogo; durante la sua promulgazione Dio si rivolge al popolo con la forma singolare: "Io sono il Signore, *tuo* Dio [...] *Tu* non avrai altri dèi di fronte a me [...] " (Es 20,2-17; Dt 5,6-21). Perché Dio al Sinai non parla al plurale, rivolgendosi in effetti a tutto il popolo? In una delle spiegazioni si richiama l'attenzione alla manna che Dio dà da mangiare agli israeliti durante il cammino nel deserto; sul suo gusto la Bibbia stranamente fornisce informazioni differenti. Segue il commento rabbinico:

> Se già la manna aveva per i singoli un gusto ogni volta differente[32], quanto più questo era valido per la parola divina! Ciascuno la ascoltava secondo le sue capacità di comprensione. Davide disse: "La voce del Signore tuona con potenza" (Sal 29,4). Non c'è scritto: "La voce

---

[30] Henrix – Kraus, 314.
[31] Cfr. R. Neudecker, "'Ich bin der Herr, dein Gott': Das erste Gebot des Dekalogs in rabbinischer Auslegung", *Judaica* 52 (1996), 183-184; R. Neudecker, "Der Lehrer-Gott vom Berg Sinai: ein interreligiöser Zugang", *Biblical and Oriental Essays in Memory of William L. Moran* (ed. A. Gianto) [Pontificio Istituto Biblico, Roma 2005], 81-83.
[32] Secondo Nm 11,8 per i neonati era come il latte con cui vengono allattati al seno delle loro madri; per i giovani era come pane (Ez 16,19), per i vecchi come torta di miele (Es 16,31); cfr. *infra*, p. 76.

del Signore tuona con la *sua* (di Dio) potenza", ma "La voce del Signore tuona con potenza", cioè, con la potenza adeguata a ciascun singolo. *(PesK 12,25 [I, 224])*

2. Allo stesso modo, riguardo alla rivelazione del Sinai, in altri testi rabbinici si dice che la Torah fu annunciata in 70 lingue, affinché tutti i 70 popoli della terra la potessero comprendere.[33] Dio consegnò la Torah nel deserto, dunque in un luogo che, come dicono i rabbini, è accessibile a tutti gli uomini. Da ciò segue: "Chiunque voglia accogliere la Torah, venga e la accetti[34]." Sembra che oggi questa idea si realizzi sempre più. Molte persone che non si professano né ebree né cristiane, si dedicano seriamente alla Bibbia, la affrontano con domande nuove e aprono nuovi e fruttuosi orizzonti di comprensione. Quanto una tale lettura della Scrittura possa essere incentivante e arricchente in tali ambienti, l'ho potuto sperimentare spesso nei seminari biblici che ho guidato in Giappone.

Nella prossima sezione riguardante i *Sussidi* vorrei dare spazio alle relazioni tra l'Antico e il Nuovo Testamento e all'interpretazione dell'Antico Testamento al tempo del Nuovo Testamento. Alcuni esempi concreti intendono dare un'impressione di come Gesù, gli evangelisti e gli scribi del primo giudaismo si sono relazionati all'Antico Testamento, la loro Sacra Scrittura.

3. RADICI EBRAICHE DEL CRISTIANESIMO

Questa è una delle parti più importanti dei *Sussidi*. Già l'affermazione contenuta nel titolo – radici "ebraiche", non "veterotestamentarie" – è significativa. Contrariamente a certe opinioni tutto-

---

[33] Questa concezione si basa soprattutto sul fatto che in Es 20,1 non si dice a chi Dio si rivolgesse: "E Dio disse tutte queste parole (a chi?)".

[34] MekJ, Jitro (p. 205). Cfr. R. Neudecker, *The Voice of God on Mount Sinai: Rabbinic Commentaries on Exodus 20:1 in the Light of Sufi and Zen-Buddhist Texts* (Roma [4]2012), 129-132.

ra largamente diffuse, non si può equiparare superficialmente la religione ebraica a quella dell'Antico Testamento, come se dopo la stesura definitiva dei testi veterotestamentari non ci fosse stato un ulteriore sviluppo nell'ebraismo. Allo stesso modo, anche il Nuovo Testamento non ha come fondamento l'Antico Testamento in quanto tale (così come proposto oggi dal metodo storico-critico), bensì l'Antico Testamento così come l'hanno letto, vissuto e interpretato gli ebrei dell'epoca del Nuovo Testamento.[35]

È necessario tuttavia evidenziare come il documento prenda in esame soltanto le principali correnti dell'ambiente palestinese. Quest'ultimo rappresenta indubbiamente lo sfondo decisivo del cristianesimo primitivo, però anche altri movimenti come il giudaismo ellenistico, l'apocalittica o Qumran, hanno lasciato tracce nel Nuovo Testamento e devono essere presi in considerazione in questo contesto. Nonostante tale limite, le affermazioni contenute in questa sezione costituiscono le parti migliori del documento.

Per sottolineare ulteriormente quanto sia rilevante questa sezione, ne riporto in maniera più estesa le affermazioni fondamentali; sarebbe tuttavia opportuno leggere e studiare tutto il testo in Appendice. I punti, sui quali in seguito mi soffermerò, sono tratteggiati nella seguente citazione:

> Gesù è ebreo e lo è per sempre [...] Gesù è pienamente un uomo del suo tempo e del suo ambiente ebraico palestinese del I secolo, di cui ha condiviso angosce e speranze. [3.1.]

---

[35] Quale importanza rivesta lo sfondo giudaico del Nuovo Testamento, lo prova il *Kommentar zum Neuen Testament aus Talmud und Midrash* di H. L. Strack e P. Billerbeck, che, se utilizzato in modo critico, rappresenta tuttora uno dei più importanti sussidi per la comprensione del Nuovo Testamento; cfr. R. Neudecker, "Rabbinic Literature and the Gospels", 271-274. Gli autori ebrei che scrivono su Gesù danno spesso notevole valore alla descrizione del contesto giudaico di quel tempo. Secondo il card. Daniélou, tra i libri contemporanei su Gesù, quelli scritti da ebrei hanno maggiormente contribuito a farlo conoscere (*Encounter Today* 7 [1972], 108).

Le relazioni di Gesù con la legge biblica e con le sue interpretazioni più o meno tradizionali [3.2] sono indubbiamente complesse ed Egli ha dimostrato al riguardo una grande libertà (cf. le "antitesi" del discorso della montagna, in Mt 5,21-48, tenendo conto delle difficoltà esegetiche [3.2.1]; l'atteggiamento di Gesù di fronte all'osservanza rigorosa del sabato [3.2.2]). Non vi è alcun dubbio, tuttavia, che Egli voglia sottomettersi alla Legge [...]. Egli ha raccomandato il rispetto della legge (cf. Mt 5,17-20) e l'obbedienza ad essa (cf. Mt 8,4). Il ritmo della sua vita è scandito, sin dall'infanzia, dai pellegrinaggi in occasione delle grandi feste [...]. Si è rilevata spesso l'importanza, nel Vangelo di Giovanni, del ciclo delle feste ebraiche [...]. [3.3]

Si deve anche notare che Gesù insegna spesso nelle sinagoghe [...] e nel Tempio [...] che Egli frequentava [...]. Egli ha voluto inserire nel contesto del culto della sinagoga l'annuncio della sua messianità (cf. Lc 4,16-21). [3.4]

I suoi rapporti con i farisei [3.5] non furono né del tutto né sempre polemici, come lo illustrano numerosi esempi, tra i quali i seguenti: sono dei farisei che avvertono Gesù del pericolo che corre (Lc 13,31) [...]; Gesù mangia assieme ai farisei (Lc 7,36; 14,1).

Gesù condivide con la maggioranza degli ebrei palestinesi di quel tempo, alcune dottrine farisaiche: la resurrezione dei corpi [3.6]; le forme di pietà: elemosina, preghiera, digiuno [...] e l'abitudine liturgica di rivolgersi a Dio come Padre [3.7]; la priorità del comandamento dell'amore di Dio e del prossimo.

Gesù stesso, ha adoperato metodi di lettura e di interpretazione della Scrittura [3.8] e metodi di insegnamento ai discepoli [3.9] che erano comuni a quelli dei farisei.

Si deve anche notare che i farisei non sono menzionati nei racconti della Passione. Gamaliele (cf. At 5,34-39) difende gli Apostoli in una riunione del Sinedrio. Una presentazione solo negativa dei farisei corre il rischio di essere inesatta e ingiusta [...]. Sebbene si riscontrino nei Vangeli e in altre parti del Nuovo Testamento ogni sorta di riferimenti a loro sfavorevoli, essi debbono essere colti nello sfondo di un movimento complesso e diversificato. Le critiche mosse a vari tipi di farisei non mancano d'altra parte nelle fonti rabbiniche (cf. Talmud babilonese, trattato Sotah 22b ecc). [3.10.]

3.1 Gesù è ebreo e lo è per sempre[36]

Il Segretariato per le relazioni cattolico-ebraiche della Conferenza episcopale degli Stati Uniti, nel tentativo di diffondere e rendere fruttuoso per la propria società ciò che i *Sussidi* hanno a cuore, si è espresso in modo chiaro e sintetico riguardo all'essere-ebreo di Gesù; lo ha fatto commentando il testo dei *Sussidi* e dando loro concretizzazione a livello catechetico, come dimostra il seguente esempio: "Gesù è nato come ebreo. Ha vissuto ed è morto come ebreo del suo tempo. Lui, la sua famiglia e i primi discepoli osservavano le leggi, le tradizioni e le usanze del suo popolo. Perciò i concetti centrali della dottrina di Gesù non possono essere intesi indipendentemente dal patrimonio ebraico. Anche dopo la risurrezione, i discepoli di Gesù hanno interpretato l'evento di Cristo essenzialmente secondo un punto di vista ebraico, attingendo dalla tradizione ebraica e dalla prassi liturgica. Un'interpretazione adeguata della missione di Gesù, del suo annuncio e della Chiesa in generale, presuppone la comprensione del giudaismo post-esilico e in generale dell'epoca del secondo tempio[37]."

Dal punto di vista ebraico David Flusser, Ex-docente di Cristianesimo delle origini e di Ebraismo nel periodo del secondo tempio (Università ebraica, Gerusalemme), ha scritto: "Alcuni teologi moderni oggi tentano sempre più spesso di delimitare net-

---

[36] Nella *Dichiarazione della Conferenza episcopale tedesca del 28 aprile 1980* è detto: "Chi incontra Gesù Cristo incontra l'ebraismo" (*Le Chiese cristiane e l'ebraismo*, 301). Tali affermazioni, però, sono da prendere con circospezione. Il Gesù storico era ebreo. Il Cristo del dogma cristiano non è già più, in larga misura, ebreo. Il Cristo risorto, quello incontrato da Paolo e di cui i mistici fanno l'esperienza ancora al giorno di oggi, non può essere colto con le categorie "ebreo" o "cristiano" (cfr. Col 3, 10-11).
[37] *Guidelines for the Catechetical Presentation of Jews and Judaism in the New Testament*, Washington D.C. 1987; Henrix – Kraus, 166.

tamente il messaggio di Gesù rispetto al giudaismo. Gesù avrebbe insegnato qualcosa di completamente diverso, qualcosa di originale che era inaccettabile per tutti gli altri ebrei. Si accentua in maniera unilaterale la forte resistenza ebraica contro la predicazione di Gesù. La trattazione di tale visione non fa parte degli studi neo-testamentari, ma sarebbe un tema che riguarda piuttosto le ideologie moderne. I paralleli giudaici alle parole di Gesù, e il modo in cui Gesù ha elaborato il materiale ricevuto, smentiscono inequivocabilmente tali punti di vista. Anche se Gesù ha attribuito alle concezioni giudaiche una sua interpretazione, anche se operava delle selezioni, o commentava ciò che aveva ripreso e lo reinterpretava – non c'è, sinceramente, alcuna parola di Gesù che avrebbe seriamente esasperato un ebreo ben disposto. Anche la critica di Gesù ai farisei non è in linea di principio da biasimare. Essa ha infatti dei significativi paralleli negli scritti rabbinici [...][38] Gesù pertanto nel suo pensiero e nel suo messaggio era un figlio fedele del suo popolo e un rappresentante della sua fede e delle sue speranze. Sarebbe stolto e in qualche modo malevolo presentare un'opposizione, lì dove non c'era[39]."

Questo giudizio, con il quale sostanzialmente concordo, è in contrasto con la concezione di J. Neusner, espressa nel suo famoso libro: *A Rabbi Talks with Jesus*.[40] Sebbene Neusner volesse aiutare i lettori cristiani a diventare cristiani migliori (p. 5), il libro per lunghi tratti suscita disagio e indignazione non solo tra i cristiani, ma anche per chiunque abbia familiarità con il metodo storico-critico. Neusner, per esempio, afferma che nel vangelo di Matteo Gesù avrebbe insegnato a trasgredire almeno tre dei Dieci Comandamenti (p. 23). La tesi di Neusner è semplice:

---

[38] Cfr. *infra*, pp. 73-74.
[39] "Bemerkungen eines Juden zur christlichen Theologie des Judentums", in C. Thoma, *Christliche Theologie des Judentums* (Aschaffenburg 1978), 27-28.
[40] J. Neusner, *A Rabbi talks with Jesus*, Revised Edition, McGillQueen's University Press, 2000. Traduzione italiana: J. Neusner, *Un rabbino parla con Gesù*, San Paolo Edizioni, 2007.

"Molto di ciò che Gesù ha detto è falso, secondo la verità della Torah" (p. 5).[41]

Per quanto concerne il "contrasto tra Mosè e Gesù", evidente secondo Neusner nell'interpretazione dell'"occhio per occhio, dente per dente" e nella posizione sul divorzio, bisogna considerare come anche l'esegesi rabbinica (*derasch*) possa entrare in contrasto con il senso letterale di un passo biblico (*peschat*),[42] senza diminuire in tal modo l'autorità di Mosè o creare ulteriori difficoltà.[43]

Non vi è alcun dubbio: il Gesù storico, di cui narrano soprattutto i vangeli sinottici, era ebreo. Il Cristo risorto, che Paolo incontrò e che i mistici incontrano anche ai giorni nostri, non può essere compreso con categorie di questo genere (cfr. Col 3,10-11).

3.2 Il rapporto di Gesù con la legge biblica e le sue interpretazioni

Secondo il documento questo rapporto si esprime soprattutto nelle "antitesi" del discorso della montagna e nell'impostazione di Gesù rispetto alla rigida osservanza delle leggi del sabato. In questo contesto vorrei sottolineare ciò che segue:

---

[41] *"My point is simple. By the truth of the Torah, much that Jesus said is wrong"* (corsivo di Neusner). La traduzione tedesca è molto imprecisa: "La mia tesi è semplice. La verità della Torah fa sembrare false alcune cose che ha detto Gesù" (J. Neusner, *Ein Rabbi spricht mit Jesus: ein jüdisch-christlicher Dialog* [Freiburg-Basel-Wien 2007], 9).

[42] Cfr. la Baraita del R. Ishmael (II sec.): "In tre pericopi la legge pratica trasgredisce il testo biblico [...]; la Torah dice, [che la lettera di divorzio dovrebbe essere scritta] su un 'libro' (cioè su una pergamena) [Dt 24,1]; la Halakhah invece dice: su qualcosa di distinto [dal terreno]..." (jQid 1,2 [59d]). Vedi anche I. Kalimi, "Targumic and Midrashic Exegesis in Contradiction to the Peshat of Biblical Text", in I. Kalimi – P. J. Haas (ed.), *Biblical Interpretation in Judaism and Christianity* (New York-London 2006), 13-32.

[43] Cfr. anche *infra*, pp. 156 ss.

3.2.1 *Le antitesi*

Per quanto riguarda le antitesi, dobbiamo tener presente che si tratta di una costruzione di Matteo. L'evangelista colloca le parole di Gesù riguardo a una legge biblica in diretto contrasto con le interpretazioni o disposizioni degli "scribi e farisei". Probabilmente, se si eccettua l'antitesi riguardo alle parole "occhio per occhio, dente per dente" – che Gesù intende, così come anche i farisei e i rabbini di epoca più recente,[44] non nel senso letterale, ma come un principio di fondo che richiede un compenso finanziario corrispondente al danno inflitto – Gesù non contraddice la volontà di Dio espressa nella Torah (cfr. Mt 5,17). Ciò vale anche per l'antitesi sul divorzio: la volontà di Dio che Gesù vuole sostenere, cioè l'indissolubilità del matrimonio, è la base per la narrazione biblica della creazione (Gn 1-2); in Dt 24, 1-4 si tratta invece di una concessione alla durezza d'animo umana, che risale a Mosè (Mt 19,8).

In merito alle antitesi bisogna osservare che – come in molti testi antichi – una traduzione letterale spesso non comunica il necessario orizzonte interpretativo. Per tale ragione amplio le mie traduzioni delle antitesi con alcuni commenti chiarificatori. Ad esempio in Mt 5,43: "Avete inteso che fu detto: 'Ama il tuo prossimo [...]' (Lev 19,18b) e [che gli scribi e i farisei deducono da ciò:] odia il tuo nemico, [che appunto non è il tuo prossimo]."[45]

3.2.2 *Gesù e il sabato*

Per quanto concerne la posizione di Gesù rispetto alla rigida osservanza delle leggi del sabato, dobbiamo distinguere tra le affermazioni dei vangeli sinottici e quelle del vangelo di Giovanni. Nei

---

[44] Secondo le fonti rabbiniche solo R. Elieser ben Hyrkanus (fine del I – inizio del II sec.) sostiene il significato letterale.
[45] Cfr. R. Neudecker, "Rabbinic Literature and the Gospels", 265-297. Nel mio libro (di prossima pubblicazione) *Moses Interpreted by the Pharisees and Jesus: Matthew 5:17-48 in the Light of Early Rabbinic Literature* applico questo modo di tradurre a tutte le antitesi.

sinottici non vi è alcun dubbio che Gesù adempia il sabato, rifiutando però la "rigida osservanza" prevista da alcune norme farisaiche. Da parte dei farisei una cosa era certa: in caso di pericolo di morte incombente le severe prescrizioni erano sospese: "Salvare una vita umana sostituisce il sabato[46]." Uno degli argomenti per rafforzare questo principio di base era questo: "Vi è stato consegnato il sabato, non siete stati consegnati al sabato[47]."

Gesù applicò questo principio di base non soltanto per salvare una vita umana, ma anche in situazioni in cui un uomo si trovava in stato di bisogno; perché "il sabato è stato fatto per l'uomo e non l'uomo per il sabato" (Mc 2,27). Il comandamento dell'amore verso il prossimo deve essere osservato; le norme umane concernenti il sabato erano di secondo rango. Alla domanda: "È lecito guarire durante il sabato?" (Mt 12,10) Gesù rispose ponendo altre domande; non avendo ricevuto una risposta, constata: "Perciò è lecito fare del bene in giorno di sabato" (Mt 12,12; cfr. Mc 3,4; Lc 6,9). Quando i suoi discepoli avevano fame e avevano strappato delle spighe, Gesù glielo permise nonostante il sabato. I farisei invece consideravano una tale attività come una forma di raccolto, che andava vietata secondo la Mishna (mShab 8,2), in quanto faceva parte delle 39 categorie principiali di attività vietate di sabato. Filone di Alessandria (ca. 20 a.C. – 50 d.C.) conferma una tale visione rigorosa: "Non è permesso né tagliare un germoglio, né un ramo, e nemmeno una foglia, o raccogliere un qualsiasi frutto" (*De vita Mosis*, 2,22).

Dobbiamo però tener presente che tra i farisei ai tempi di Gesù si discuteva ancora su quali attività fossero proibite durante il sabato.[48] Si può perfettamente immaginare che una guarigione

---

[46] MekJ su Es 31,13 (pp. 340-341).

[47] *Ivi*, 341. Nelle fonti rabbiniche il principio di base è ascritto a due autorità del II sec. dopo Cristo: Rabbi Simeon ben Menasja (MekJ) e Rabbi Jonatan ben Joseph (bJom 85b).

[48] Per le diverse concezioni delle scuole di Hillel e Shammai nel I sec. d.C., cfr. per esempio MekS su Es 20,9 (p. 149).

attraverso una sola parola (Mt 12,13; Mc 3,5; Lc 6,10) o una parola stendendo la mano (Lc 13,12-13; cfr. Lc 14,4) non suscitasse di per sé un'obiezione.

Il rimprovero del capo della sinagoga (Lc 13,14: "Sono sei i giorni in cui si deve lavorare: venite dunque a farvi guarire in quelli e non durante il sabato!") non è infatti rivolto a Gesù, ma alla gente che, senza che ci fosse un pericolo di vita, secondo lui non osservava il sabato, portando malati su barelle, o trasgrediva i limiti relativi a fin dove ci si poteva allontanare dalla propria abitazione durante il sabato.[49]

Dal vangelo di Giovanni veniamo a sapere poco riguardo a che cosa fosse storicamente rilevante per il conflitto di Gesù con i farisei, riguardo all'osservanza del sabato. Il vangelo si rivolgerebbe soprattutto alle comunità della zona greco-romana, che in quel momento erano probabilmente già escluse dall'ordine delle sinagoghe (cfr. Gv 9,22; 12,42; 16,2) e non osservavano più il sabato, ma piuttosto la domenica. Le infrazioni dei precetti del sabato saranno forse servite, letterariamente, a giustificare un conflitto tra il Gesù del quarto vangelo e i "farisei", ovvero i "giudei". Per la guarigione di cui si narra in Gv 9,1-12, in cui Gesù ha impastato un po' di terra con la saliva e l'ha spalmata sugli occhi del cieco (9,6), Gesù avrebbe eseguito un atto proibito nella Mishna (mShab 8,2); con l'ordine al paralitico: "Prendi il tuo lettuccio e cammina!" (5,8) avrebbe addirittura infranto lui stesso il comandamento biblico del sabato.[50]

---

[49] Per una maggior comprensione di ciò che aveva a cuore il capo della sinagoga, pongo la seguente domanda: non accade forse anche al giorno d'oggi che di domenica in molti ospedali cristiani i pazienti non vengano accettati e curati se non per casi urgenti?

[50] Chi vuole individuare un nucleo storico, dovrebbe supporre dietro alla narrazione una tradizione di origine ebraica/aramaica, secondo la quale Gesù avrebbe detto al guarito: "Prendi il tuo bastone (*mtth*, pronunciato *matteh*) e cammina!" Siccome un paralitico, o una persona che da lungo tempo lo era, non fa (subito) a meno di un appoggio per camminare, gli era permesso l'uso di un bastone

3.3 Gesù e le feste ebraiche

Le feste ebraiche cui Gesù ha partecipato si contraddistinguono per la grande varietà e ciascuna di esse ha un suo carattere particolare. Esse toccano tutta la persona in corpo, anima e spirito; comprendono l'uomo come individuo e al contempo come membro della società; hanno luogo nel tempio (fino alla sua distruzione nel 70 d.C.) e nella sinagoga, e allo stesso tempo in famiglia, a tavola oppure in una capanna – una ricchezza di forme d'espressione, che fanno apparire quasi un po' povere le feste religiose cristiane. Molto nella vita di Gesù e molte delle sue parole si comprendono meglio sullo sfondo delle feste ebraiche. Un esempio per illustrare quanto detto:

Gv 7,37-38 riporta le parole sulle fonti di acqua viva, pronunciate da Gesù l'ultimo giorno della festa delle capanne,[51] una festa lunga sette giorni, che la tradizione ha collegato con una festa dell'acqua (ringraziamento e preghiera per la pioggia). Su questo carattere della festa richiamava l'attenzione la cerimonia quotidiana dell'attingere l'acqua, con l'annesso sacrificio della stessa. Allo spuntar del giorno i sacerdoti riempivano una brocca d'oro con l'acqua della fonte di Siloe; dopo la breve processione fino al tempio ne versavano poi un po' in un'apertura apportata vicino all'altare. Le parole: "Attingerete acqua con gioia alle sorgenti della salvezza" (Is 12,3) ispiravano queste cerimonie, così come la festa che aveva luogo la sera nell'atrio,

---

durante il sabato. Nella traduzione in greco si sarebbe però poi letto erroneamente *mtth* non vocalizzato come *mittah* ("barella"); da ciò sarebbe scaturito il conflitto con il precetto del sabato. Secondo un'altra possibile spiegazione, Gesù avrebbe congedato il guarito con le parole *"tol wet-se"* (letteralmente: "Prendi [ti] su e cammina!"). Nel Greco non si sarebbe più capita la formula di congedo e sarebbe stato inserito il termine "barella" come oggetto mancante del verbo prendere; cfr. E.E. Hirsch, *The Jewish Encyclopedia*, 10 (New York-London 1907), 597. Queste interpretazioni un po' artificiose non dovrebbero aver avuto alcun peso per Giovanni, visto il suo interesse letterario.

[51] Su questa festa cfr. le fonti rabbiniche in Billerbeck, *Kommentar zum Neuen Testament aus Talmud und Midrasch*, II (München 1924), 774-812, in particolare 799-807.

della quale si dice nella Mishna: "Chi non ha fatto esperienza della gioia del luogo ove si attinge [l'acqua], nella sua vita non ha mai fatto esperienza di [vera] gioia" (mSuk 5,1). L'atmosfera gioiosa con danza, canti e musica (mSuk 5,4) poteva contribuire a destare una vera ispirazione dello spirito santo: "Perché questo sito è stato chiamato 'luogo dell'attingere'? Perché lì si attingeva lo spirito santo, secondo [Is 12,3:] 'Attingerete acqua pieni di gioia alle fonti della salvezza'" (jSuk 5,1 [55a]).[52] In questo contesto si collocano le parole di Gv 7,37-38: "Nell'ultimo giorno, il grande giorno della festa, Gesù, ritto in piedi, gridò: 'Se qualcuno ha sete, venga a me, e beva chi crede in me. Come dice la Scrittura: 'Dal suo grembo sgorgheranno fiumi di acqua viva'[53]."

Di Hillel (fine del I sec. a.C./inizio del I sec. d.C.) viene raccontato il seguente episodio: "Quando Hillel il vecchio si rallegrò per la gioia del luogo dell'attingere [l'acqua], disse: 'Quando Io sono qui, tutto è qui. Quando Io però non sono qui, chi c'è poi qui?' Era solito dire: 'Al luogo che amo Mi portano i Miei piedi. Se tu vieni nella Mia casa, vengo Io in casa tua. Se tu non vieni nella Mia casa, Io non vengo in casa tua'; come sta scritto (Es 20,24): 'In ogni luogo ove Io farò ricordare il Mio nome, Io verrò da te e ti benedirò'" (bSuk 53a).

La struttura dei racconti su Gesù e Hillel è la stessa: le rispettive parole sono espresse sotto l'ispirazione dello spirito santo; segue poi una citazione della Scrittura. Il Talmud non interpreta ulteriormente le parole di Hillel; dovrebbe intenderle come parole di Dio. Gv 7,39 interpreta le parole di Gesù in senso cristologico.

---

[52] In questo senso si dice che per la festa della gioia il profeta Giona si sarebbe recato al luogo ove si attinge [l'acqua]. "Lì giaceva lo spirito santo su di lui. Questo ti voglio insegnare, che il santo spirito giace solo su un cuore sereno" (ibid.).

[53] La citazione, che non è documentata con una precisa parola della scrittura, rievoca la ricca simbologia che la Bibbia connette con l'acqua, per esempio nel passo seguente. Sal 1,3: "Egli (il giusto) è come un albero piantato lungo corsi d'acqua". Sal 23,2: "Ad acque tranquille Egli mi conduce". Ger 17,13: "Il Signore, fonte di acqua viva".

3.4 L'omelia a Nazareth

Come esempio per l'insegnamento di Gesù nelle sinagoghe vogliamo soffermarci brevemente sulla predicazione a Nazareth (Lc 4,16-21). Secondo i *Sussidi*, Gesù ha interpretato tipologicamente il testo di Is 61,1-2 che è alla base della sua omelia, nella quale ha annunciato la sua messianità. Ci si meraviglia che questa interpretazione abbia suscitato una reazione positiva negli ascoltatori: "Tutti gli davano testimonianza ed erano meravigliati delle parole di grazia che uscivano dalla sua bocca [...]" (Lc 4,22a). È difficile conciliare questa posizione benevola verso Gesù con il rifiuto immediatamente successivo (4,22b-29). I paralleli in Mt 13,54-58 e Mc 6,2-6 non accennano all'omelia e all'odio scaturito immediatamente dopo da parte di "tutte" le persone nella sinagoga (4,28), che volevano addirittura spingerlo giù dal precipizio. L'omelia di Gesù su Is 61,1-2 si può interpretare anche diversamente?

Il riepilogo, dunque l'essenziale della predicazione, è presentato in Lc 4,21. La traduzione italiana CEI così lo rende: "Oggi si è compiuta questa Scrittura che voi avete ascoltato". Questa resa è un'interpretazione. La traduzione letterale sarebbe: "Oggi questa parola della Scrittura si è compiuta nelle vostre orecchie".

La parola "oggi" occupa un posto importante nella letteratura biblica e rabbinica.[54] Tra i brani biblici citiamo: Es 19,1 e Sal 95,7.

Il versetto Es 19,1, che introduce gli eventi del monte Sinai, contiene una parola che desta l'attenzione di chi ascolta: "Il terzo

---

[54] Cfr. F. Michaeli, *Le livre de l'Esode* (Neuchâtel-Paris 1974), 163-164; J.-P. Sonnet, "Le Sinaï dans l'événement de sa lecture", *La nouvelle revue théologique* 111 (1989), 323. Su "in questo giorno (oggi)" cfr. l'espressione enfatica "proprio in questo giorno", che viene usata nel contesto delle feste bibliche: Es 12,17.51 (Pasqua); Lev 23,31 (festa delle settimane); Lev 23,28.29.30 (festa della riconciliazione); cfr. Sonnet, 323, nota 8.

mese dopo l'esodo degli israeliti dall'Egitto – in *questo* (vale a dire proprio in questo) giorno – arrivarono nel deserto del Sinai". Non dovrebbe esserci scritto "in *quel* giorno", siccome l'evento del Sinai evidentemente ha avuto luogo nel passato?

Questo peculiare "oggi" potrebbe essere un'introduzione liturgica, come suggerisce il seguente testo rabbinico. Risalirebbe a un uso della pericope di Es 19,1ss. in certi giorni festivi, quindi probabilmente alla festa delle settimane, durante la quale viene ricordata la rivelazione del Sinai e se ne rifà esperienza. Il testo rabbinico dice:

> Sta scritto: "[...] in *questo* giorno arrivarono nel deserto del Sinai" [...] [La Scrittura] ti vuole insegnare che l'uomo si deve considerare ogni anno [alla festa delle settimane] così come se stesse lui [personalmente] al Sinai. Perciò sta scritto in riferimento alla consegna della Torah[55]: "in *questo* giorno[56]."

Un'altra interpretazione di Es 19,1 applica l'"oggi" allo studio personale della Torah e della meditazione sulla Torah:

> Non c'è scritto "In *quel* giorno", ma "in *questo* giorno", come se arrivassero in questo giorno (oggi) nel deserto del Sinai. [La Scrittura ti vuole insegnare:] In ogni giorno, poiché ti occupi della Torah, dovresti dire: È come se io la ricevessi in questo giorno (oggi) dal Sinai. *(TanB, Jitro 7)*

Su un tale sfondo l'omelia di Gesù si potrebbe interpretare come un'attualizzazione di Is 61,1-2: "Oggi questa parola della Scrittura si è compiuta nelle vostre orecchie" (Lc 4,21). "Nelle vostre orecchie" avrebbe allora il significato: in voi, quando voi "ascoltate",

---

[55] Tradotto come "insegnamento", "indicazione".
[56] Pesikta Hadta: *Bet ha-Midrasch* 6,40. Sulla festa delle settimane/pentecoste come attualizzazione cfr. anche R. Neudecker, "Das ganze Volk sah die Stimmen...: haggadische Auslegung und Pfingstbericht", *Biblica* 78 (1997), 342-349; R. Neudecker, "'Die Stimmen sehen können': Bibel und Zen", *Edith Stein Jahrbuch* 7 (2001), 65-70. Cfr. anche l'*Exultet* della notte di Pasqua con il ritornello: "*Questa* è la notte".

cioè quando vi è concesso di comprendere le parole profetiche.[57] In ogni caso, Lc 4,21, a chiunque abbia confidenza con la Bibbia, richiama il Sal 95,7. Questo versetto, secondo il testo originale (diverso da molte traduzioni moderne), recita: "Poiché egli è il nostro Dio, noi siamo il popolo del suo pascolo, il gregge condotto dalla sua mano – [quando?] oggi, *se ascoltate la sua voce*[58]."

3.5 Chi erano i farisei?

Le risposte a questa domanda si ricevono soprattutto da tre fonti: lo storico giudaico Giuseppe Flavio (ca. 38-100 d.C.), il Nuovo Testamento e la letteratura proto-rabbinica.[59] Non possediamo alcun documento scritto dagli stessi farisei.

Giuseppe Flavio parla dei farisei come di un partito politico che esercitava una grande influenza soprattutto sotto gli asmonei. Gli scritti neotestamentari, che si distinguono notevolmente tra loro per l'evidenza storica e l'affidabilità, considerano i farisei come autorità del I secolo e come contemporanei a Gesù. Le fonti proto-rabbiniche[60] contengono informazioni che possiamo giustamente collegare con i farisei grazie a ciò che sappiamo da Giuseppe Flavio

---

[57] Il tema dell'omelia si potrebbe comparare ad esempio con le parole di Gesù: "Il regno di Dio è in mezzo a voi" (Lc 17,21).

[58] M. Buber e F. Rosenzweig traducono: "Poiché egli è il nostro Dio e noi il popolo del suo pascolo, il gregge di pecore della sua mano, ancora oggi, ascoltate voi solo la sua voce [...]"; altre traduzioni ebraiche simili, per esempio in *The Art Scroll Tanach Series* (Brooklyn, N.Y.). Sal 95,7 appare anche nel Talmud con la domanda: Quando arriva il Messia? Tra le varie risposte un testo profondo fa rispondere il messia stesso: "Oggi!" La risposta non viene capita in un primo momento, finché poi la spiega il profeta Elia: "Oggi, *se ascoltate la sua voce!*" (bSan 98a).

[59] Cfr. J. Neusner – B. D. Chilton (ed.), *In Quest of the Historical Pharisees* (Waco 2007).

[60] Mishna, Tosefta, Midrashim "tannaiti" e Beraitot (tradizioni proto-rabbiniche, che sono contenute nella letteratura rabbinica più recente, come per esempio nei Midrashim dell'epoca amoraica e in entrambi i Talmud).

e dal Nuovo Testamento, anche se le fonti in questo contesto non fanno cenno al nome "farisei".[61]

In virtù delle tre fonti principali sopra nominate consideriamo i farisei un'organizzazione laica che godeva di un grande prestigio presso il popolo e i cui insegnamenti in ambito legislativo erano considerati normativi e vincolanti dalla maggioranza degli ebrei nella terra d'Israele. I farisei erano coloro che trasmettevano con autorità la "tradizione dei Padri" extra-biblica, che dava particolare peso all'osservanza minuziosa dei precetti rituali concernenti la purità, che ebbe come conseguenza l'evitare la comunità di tavola con certi gruppi giudaici come i "pubblicani e peccatori" di cui si accenna nel Nuovo Testamento. Altri punti chiave dell'insegnamento farisaico concernevano i voti, il precetto della decima e la corretta osservanza del sabato. Tra gli insegnamenti non legislativi la fede nella risurrezione corporea dei morti e la vita nell'al di là occupavano un posto centrale.

Le conseguenze della prima guerra giudaica contro Roma, soprattutto la distruzione del tempio (70 d.C.) rendevano necessaria una riorganizzazione del giudaismo. Per superare le scissioni interne e affrontare i pericoli provenienti dall'esterno (in particolare da parte della forza romana d'occupazione), era necessario raccogliere tutte le forze e far nascere una coalizione che fosse più grande possibile e che comprendesse i raggruppamenti più significativi, che avevano sopravvissuto alla guerra. Con la nascita di tale coalizione, il periodo classico dei farisei volse al termine.[62]

---

[61] Ciò è legato probabilmente alla connotazione negativa del nome *perushim* ("separati"), con cui i sadducei tentavano di squalificare i farisei come loro nemici. Su altre spiegazioni del nome farisei, cfr. A. Guttmann, *Rabbinic Judaism in the Making* (Detroit 1970), 161-175 = *Studies in Rabbinic Judaism* (New York 1976), 206-223; A. I. Baumgarten, "The Name of the Pharisees", *Journal of Biblical Literature* 102 (1983), 411, n. 1.

[62] Cfr. S. J. D. Cohen, "The Significance of Yahveh: Pharisees, Rabbis, and the End of Jewish Sectarianism", *Hebrew Union College Annual* 55 (1984), 27-53.

Il nuovo inizio prese il via nella città di Javne (Jamnia) dove, tra gli anni 70 e 130, si recarono i capi dei farisei con scribi, sacerdoti e probabilmente anche alcuni sadducei per dibattiti accademici e per pervenire a decisioni congiunte. Il periodo di Javne e – dopo la guerra di Bar-Kokba – il periodo di Usha (140-170) rappresentarono le tappe più significative per il riordino del giudaismo. In questo periodo furono raccolte, formulate e sviluppate le tradizioni farisaiche e altre tradizioni, finché furono poi riprese ca. nel 210 d.C. nella Mishna e in seguito anche in altre opere proto-rabbiniche.

3.6 Risurrezione dei morti

Nella sua argomentazione contro i sadducei, che non ammettevano la risurrezione dei morti (Mt 22,31-32 e paralleli)[63], Gesù motiva la sua posizione con le parole del racconto del roveto ardente: "Io sono il Dio di Abramo e il Dio di Isacco e il Dio di Giacobbe" (Es 3,6). La spiegazione del passo: "Egli non è un Dio dei morti, ma dei vivi" rende sensata la prova per gli ascoltatori di allora. Dio non sarebbe più il Dio vivo e creatore se si lasciasse chiamare 'Dio dei morti'. Es 3,6 si può allora intendere così: Dio ha rianimato i tre patriarchi dopo la loro morte corporea e dunque i morti vivono.[64] La questione su quando l'"anima" di un morto sia riunita al suo "corpo", o su dove si soffermi l'anima nel frattempo, non è approfondita. Tali domande si sottraggono al sapere razionale e non trovano risposte univoche neanche nella letteratura rabbinica[65]; esse appartengono piuttosto all'ambito di una visione più profonda oppure dell'esperienza mistica. Le paro-

---

[63] In base all'ebraico propriamente: la "rianimazione (resurrezione) dei morti" (*tehiyyat ha-metim*).

[64] Cfr. la domanda di Mosè in riferimento ad Abramo, Isacco e Giacobbe e la risposta di Dio: "'Signore del mondo, vivono i morti?' Egli (Dio) gli rispose: 'Sì!'" (EsR 44,7).

[65] Cfr. *Encyclopaedia Judaica*, prima ed., vol. 14, 99-100 = seconda ed., vol. 17, 242.

le di Gesù: "Oggi stesso sarai con me in paradiso" (Lc 23,43) o quelle di Marta: "So, che lui (mio fratello) risusciterà nella risurrezione dell'ultimo giorno" (Gv 11,24), che sembrano opposte tra di loro, si possono forse conciliare nella maniera seguente: dopo la morte vi è un accesso diretto alla vita eterna; il compimento definitivo, però, si attuerà solo nel momento in cui la vita eterna "nell'ultimo giorno" sarà donata a tutti gli uomini (cioè, a tutte le membra dell'unico corpo).

3.7 Dio come padre

Il documento parla dell'uso liturgico, secondo cui Gesù si rivolge a Dio come padre così come fanno i farisei. Viene da pensare soprattutto all'antica diciottesima benedizione, che in due preghiere si rivolge a Dio come "nostro padre". Come nel Nuovo Testamento ("Padre *nostro* [...], perdona i *nostri* peccati [...]"), la preghiera liturgica era formulata al plurale perché, pronunciata in comunione con la comunità in preghiera, possedeva una forza particolare e inoltre esprimeva la premura anche per le richieste degli altri (cfr. bBer 29b-30a). Il nome "padre" non era tuttavia limitato solamente alla liturgia: "padre nostro in cielo", come appellativo nella preghiera liturgica o personale, così come nome di Dio in altri contesti, è attestato frequentemente in fonti proto-rabbiniche a partire dal I secolo dopo Cristo.[66] La denominazione di Dio "padre mio" (ebr.: *abi*; aram.: *abba*) è attestata anche in epoca proto-rabbinica[67]; come appellativo però fu possibilmente evitato, così come l'invocazione "mio Dio", per timore reverenziale e per consapevolezza della propria inadeguatezza. Ciò emerge dalla narrazione seguente su Rabbi Gamaliele II (seconda metà del

---

[66] Cfr. A. Marmorstein, *The Old Rabbinic Doctrine of God I: The Names & Attributes of God* (London 1927 = New York 1968), 56-61; Billerbeck, *Kommentar*, I, 394-396.
[67] Cfr. Billerbeck, *Kommentar*, I, 394-395.

I sec. d.C.): Quando una volta Gamaliele su una barca con i suoi discepoli si ritrovò in mezzo a una grande tempesta, lo pregarono: "Rabbi, prega per noi!". Allora disse: "Nostro Dio, abbi pietà di noi!". Dopo l'osservazione, che il maestro era degno di mettere se stesso in contatto con il nome di Dio, pregò: "Mio Dio, abbi pietà di noi![68]".

3.8 L'interpretazione della Scrittura secondo Mt 13,52

Riguardo all'interpretazione della scrittura, Matteo riporta il seguente detto di Gesù: "Ogni scriba, divenuto discepolo del regno dei cieli, è simile a un padrone di casa che estrae dal suo tesoro cose nuove e cose antiche". Vorrei illustrare brevemente questa affermazione alla luce di alcune letture rabbiniche.

La denominazione "scriba" si riferisce a chi custodisce e spiega il testo biblico; gli scribi erano nella tradizione di Esdra, "scriba (*sofer*), ben versato nella Torah di Mosè" (Esd 7,6).[69] In virtù del suo ricco contenuto, la Torah era paragonabile a un vero tesoro: "Girala di qua e di là, in lei, infatti, è tutto compreso" (mAb 5,22). Dietro ad ogni singola parola si poteva celare una ricchezza spirituale, poiché secondo la concezione rabbinica nessuna di esse era casuale o addirittura superflua. Con l'aiuto di regole ermeneutiche, ricorrendo ad altri brani biblici[70], in dialogo con il testo bibli-

---

[68] Mekhilta su Dt 26,3 (citato secondo W. Bacher, *Die Agada der Tannaiten* [Strasbourg ²1903] 94, nota 2).

[69] Cfr. W. Bacher, *Die bibelexegetische Terminologie der Tannaiten* (Leipzig 1899 = Darmstadt 1965) 134-136; vedi anche Billerbeck, *Kommentar*, I, 898.

[70] "Le parole della Torah sono [spesso] povere nel loro proprio contesto, ma ricche in un altro" (jRhSh 3,5 [58d]). Un esempio di questa "interpretazione della Bibbia attraverso la Bibbia": una spiegazione del Midrash (GnR 1,1) legge la prima parola della Bibbia *be-reshit* ("con *reshit*") alla luce di Pro 8,30 (la sapienza come Dio costruttore [*amon* = *umman*] e Pro 8,22, secondo il quale la Sapienza dice di sé: "Il Signore mi fece *reshit* ("inizio") del suo cammino, prima delle sue opere dei tempi antichi (cioè prima della creazione del mondo)".

co e con le sue asperità⁷¹, attraverso la meditazione silenziosa, si dischiudevano – spesso in un'esperienza dell'"oggi" – aspetti antichi e nuovi della rivelazione, che si svela sempre di più: "Per tutto ci sono limiti; cielo e terra hanno limiti. Solo una realtà non ha limiti: la Torah" (GnR 10,1). La parola della Scrittura era per i rabbini "come fuoco [...] e come un martello, che sfracella le rocce" (Ger 23,29). Come per un colpo di martello molte scintille schizzano sulle rocce, così dalla parola della Scrittura sgorga un messaggio molteplice (cfr. bSan 34a).⁷²

Su questo sfondo era ovvio che Rabbi Josua ben Hananja (I/II sec. d.C.), che per motivi di età non poteva più andare alla scuola rabbinica, chiedesse ai suoi discepoli: "Figli miei⁷³, cosa c'era di nuovo per voi a scuola?" Per timore reverenziale davanti al venera-

---

Secondo questa spiegazione, dunque, Dio ha creato cielo e terra con l'"inizio", cioè la sapienza pre-esistente = la Torah. Su questa base si comprende il prologo di Giovanni, che si fonda su Gen 1,1 alla luce di Pro 8 (Sapienza = Logos). Cfr. anche Col 1,16: "In lui tutte le cose furono create, in cielo e sulla terra [...]".

[71] Che cosa significano per esempio le parole: "Facciamo l'uomo a nostra immagine, secondo la nostra somiglianza" (Gn 1,26)? Alla domanda "Dio con chi parlò o si consigliò?", vengono presentate diverse risposte (GnR 8,3-9). Dio domandò, per esempio, alle creature che aveva creato prima dell'uomo – una spiegazione che sembra molto attuale, da un punto di vista "ecologico". L'uomo può infatti minacciare la creazione o addirittura distruggerla. Tra le altre risposte alla domanda, la seguente merita un'attenzione particolare: Dio indirizzò le parole di Gn 1,26 ad Adamo ed Eva e li invitò a contribuire con lui come terzo partner alla generazione di un figlio. Adamo era stato creato dalla terra ed Eva da Adamo. Dopo che già esisteva una coppia di genitori, la creazione dell'uomo avviene in maniera diversa da prima: Dio genera "né l'uomo senza la donna, né la donna senza l'uomo, né entrambi senza la Shekina (la presenza divina)" (GnR 8,9). Cfr. anche 1Cor 11,11-12.

[72] L'esegesi rabbinica, come quella dello "scriba" di Mt 13,52, è qualcosa di diverso da ciò che oggi intendiamo per esegesi (storico-critica). Non bisogna però ignorare che l'interpretazione rabbinica contiene molti elementi corretti e preziosi per l'esegesi. Cfr. anche *infra*, pp. 155-156.

[73] Questo appellativo è frequente da parte di un maestro nei confronti dei suoi discepoli; cfr. Gv 13,33; 21,5. Per un maestro, i discepoli sono come i propri figli (SifDt 34). Se uno insegna la Torah al figlio del prossimo, esso gli è riconosciuto come se l'avesse generato (bSan 19b).

bile maestro i discepoli in un primo momento si schernivano dal rispondergli. Avevano infatti imparato tutto l'essenziale da lui, e come potevano, proprio loro, dirgli qualcosa di nuovo? Solo dopo ulteriori domande gli raccontarono l'interpretazione della Scrittura che avevano ascoltato. Ecco, il vegliardo disse: "Voi avevate una perla così preziosa nella vostra mano e me ne volevate privare!".[74] Secondo un'altra fonte disse: "Oramai ho circa settant'anni e fino ad oggi non ho avuto la fortuna di ascoltare ciò[75]."

Affinché uno scriba, oltre alle interpretazioni già conosciute, possa trarre dal tesoro della Torah nuove comprensioni e nuovi messaggi, è necessaria una cosa: deve esser diventato "un discepolo del regno dei cieli" (Mt 13,52), cioè deve vivere una più profonda esperienza religiosa e possedere un vivo interesse per la dimensione spirituale delle cose. Per l'odierna esegesi, questa è una sfida da prendere sul serio. Anche per l'erudito rabbino della Torah vale il principio per cui solo a partire dal presupposto di una vita religiosa, la sua sapienza ha sostanza (mAb 3,10).[76] Chi possiede solo una conoscenza teorica senza alcun interesse per la dimensione religiosa, non è un vero interprete della Scrittura, così come un artigiano che non ha i suoi strumenti con sé, non è un vero artigiano; la chiave della Torah è il timore del Signore.[77]

3.9 Formazione dei discepoli

Il documento rileva come la maniera in cui Gesù formava i suoi discepoli sia confrontabile con quella applicata dai maestri proto-

---

[74] ARN A 18; cfr. tSot 7,9-12; bHag 3a-b.
[75] MekJ, Bo 16 (pag. 59).
[76] I rabbini denominano ciò che noi oggi chiamiamo vita religiosa o spirituale, con parole concrete come "timore del peccato" oppure "timore di Dio".
[77] EsR 40,1; cfr. bShab 31b. EsR 40,1 si riferisce a Is 33,6, secondo cui il timore di Dio è lo scrigno in cui vengono conservati sapienza e conoscenza.

rabbinici del suo tempo. Infatti, alcune affermazioni dei vangeli si lasciano meglio intendere in tale contesto. Si propongono alcune osservazioni per illustrare questo punto.[78]

– Lc 14,26: "Se uno viene a me e non mi ama più di quanto ami suo padre, la madre, la moglie, i figli, i fratelli, le sorelle e perfino la propria vita, non può essere mio discepolo".

Questo versetto accentua in maniera iperbolica la serietà dell'essere discepolo.[79] Hillel similmente ha detto: "Chi non studia, è reo di morte" (mAb 1,13) e Rabbi Akiba: "Chi non serve i maestri,[80] non ha parte nel mondo a venire" (ARN A 36). Il seguente commento a Giobbe 38,41 è imparentato, dal punto di vista del contenuto, con Lc 14,26: "Se un uomo non diventa spietato contro se stesso, contro i suoi figli e contro la sua casa (cioè la sua donna), così come il corvo [contro la sua prole], non attinge le parole della Torah" (LevR 19,1).

– Mt 10,8: "Gratuitamente avete ricevuto, gratuitamente date".

Il versetto parla della trasmissione gratuita della Torah. La Mishna mette in guardia ciascun maestro rispetto a considerazioni di ordine materiale: "Non far diventare [le parole della Torah] una corona, per farti grande con lei, e nemmeno un rastrello, per scavare con lei. E così aveva già detto Hillel: 'Chi si serve della corona (Torah), svanisce in essa' (mAb 4,5)". La formazione gratuita dei discepoli è motivata dal fatto che anche Dio dona la Torah gratuitamente e colui che riceve un pagamento distrugge per così dire tutto l'ordine del mondo (bNed 37a; DEZ 4,3). Questa concezione implicava che il maestro attendesse normal-

---

[78] Per una ricostruzione più dettagliata cfr. R. Neudecker, "Meister und Jünger im rabbinischen Judentum", *Dialog der Religionen* 7 (1997), 42-53; Id., "Master-Disciple / Disciple-Master Relationship in Rabbinic Judaism and in the Gospels", *Gregorianum* 80 (1999), 245-261.

[79] In Mt 10,37 la parola di Gesù è trasmessa priva di esagerazioni linguistiche: "Chi ama padre o madre più di me, non è degno di me".

[80] Si veda ciò che segue riguardo a Gv 12,26.

mente ad un lavoro e dovesse guadagnare per sostenere sé e la sua famiglia come carbonaio, conciatore, lavandaio, calzolaio, sarto, fabbro o falegname. Indipendentemente dai bisogni materiali, l'accoppiamento di studio e lavoro veniva comunque considerato vantaggioso, perché si ripercuoteva in modo positivo nella vita spirituale, sia del maestro sia dei discepoli ("fa dimenticare il peccato") ed evitava che la conoscenza della Torah diventasse una questione vana e lontana dalla realtà (mAb 2,2).

– Gesù mandava i suoi discepoli "sempre due a due" (Mc 6,7; Lc 10,1).

Le fonti rabbiniche parlano spesso dell'ideale di procurarsi un compagno (per esempio mAb 1,6; cfr. mAb 2,10.13; 4,12; 6,6), "con cui si mangia, beve, legge la Sacra Scrittura e studia la Mishna, con cui si alloggia e con cui si condividono tutti i propri segreti, i segreti della Torah e i segreti della vita quotidiana" (ARN A 8).

– Gv 12,26: "Se uno mi vuole servire, mi segua; e dove sono io, là sarà anche il mio servo". Cfr. Mc 3,14: "E ne stabilì dodici, perché stessero con lui e perché fossero inviati [poi] a predicare [...]".

Uno dei più importanti momenti della formazione dei discepoli era denominato "servizio ai saggi" (per esempio mAb 6,6). Il discepolo spendeva parte del suo tempo sbrigando lavori domestici, anche quelli che spettavano normalmente ad uno schiavo. In questo servizio il discepolo viveva molto vicino al maestro, conosceva così le sue attitudini quotidiane e imparava come mettere in pratica la legge religiosa nella vita quotidiana. È perciò comprensibile che la frequentazione intensa con il maestro in generale fosse considerata più importante del suo insegnamento a scuola (bBer 7b). Se un discepolo aveva appreso la Scrittura e la tradizione, ma non aveva "servito" un maestro, assomigliava a colui al quale i segreti più intimi della Torah restavano celati (LevR 3,7).

In un mutamento radicale del rapporto di servizio, che suscitò nei discepoli costernazione e smarrimento, Gesù si alzò da mensa, "depose la sua veste, prese un panno di lino e se lo cinse ai fianchi; versò poi acqua nel catino e cominciò a lavare i piedi dei discepoli e con il panno di lino, con cui si era cinto, li asciugò" (Gv 13,4-5). Con questo atteggiamento straordinario si mostrò "l'amore, che abbatte le barriere"[81] e abroga i normali comportamenti: "Avendo amato i suoi che erano nel mondo, li amò sino alla fine" (Gv 13,1; cfr. anche Mt 20,26-28; Mc 10,44-45).

3.10 I farisei nel Nuovo Testamento

Gli scritti neotestamentari presentano differenze rilevanti per quanto riguarda la storicità e l'affidabilità delle loro affermazioni sui farisei.

Da Paolo, un fariseo (Fil 3,5) e secondo At 22,3 un alunno di Gamaliele, otteniamo poche informazioni concrete sui farisei e sui loro insegnamenti. Lo stesso vale per il vangelo di Giovanni, nel quale i farisei sono privi di tratti caratteristici concreti, e sono spesso denominati semplicemente come "i giudei". A tale confronto, i vangeli sinottici contengono molti punti di riferimento preziosi. I farisei di Marco assomigliano a quelli di Matteo. Matteo, tuttavia, nonostante l'impostazione negativa che condivide con Marco, riconosce l'autorità dei farisei come insegnanti: "Sulla cattedra di Mosè si sono seduti gli scribi e i farisei. Praticate e osservate quindi tutto ciò che vi dicono (Mt 23,2-3)[82]." Luca, anch'egli critico verso i farisei, li giudica con più benevolenza: mettono in guardia Gesù davanti al pericolo incombente da parte di Erode (13,31); invitano Gesù a mangiare da loro (7,36; 11,37; 14,1); non sono menzionati nella narrazione della passione. In At

---

[81] Rabbi Simeon ben Johai (II sec.) deduce questo insegnamento da Gn 22,3, secondo il quale Abramo per amore di Dio sella lui stesso l'asino e non delega questo lavoro ai suoi servi, e da Gn 46,29, secondo il quale Giuseppe per amore di suo padre attaccò lui stesso il carro, sebbene possedesse molti schiavi.
[82] Cfr. Mt 23.23: "questo (giustizia, misericordia e fedeltà) si deve fare, *senza omettere quello* (la decima su menta, aneto e cumino).

5,34-39 in una seduta del sinedrio "un fariseo di nome Gamaliele, un maestro della legge stimato da tutto il popolo" prende le difese dei discepoli. Questo atteggiamento aperto cambia con la lapidazione di Stefano, che rappresenta l'inizio della persecuzione della Chiesa e nella quale Saulo ricopre un ruolo di primo piano (At 8,1-3). Saulo non è l'unico fariseo che si unisce al movimento cristiano; At 15,5 menziona "alcuni della setta dei farisei che erano diventati credenti".

La critica di Marco e Matteo – in parte si spiega poiché Marco e soprattutto Matteo volevano dare una propria identità alle loro comunità al di fuori del giudaismo,[83] e sembra anche essere una risposta alla polemica "farisaica" contro i *minim* (le comunità ebraico-cristiane)[84] – in Mc 7,1-23 e Mt 15,1-20 si rivolge contro la "tradizione dei Padri" farisaica. In Marco Gesù attacca questa tradizione facendo ricorso a Is 29,13: "Voi abbandonate i comandamenti di Dio e vi attenete alle tradizioni degli uomini" (Mc 7,8). In Matteo questa critica di Gesù si collega al caso concreto del voto di *Korban*, che egli considera come disprezzo del comandamento che include l'onore verso i genitori: "Così avete annullato la parola di Dio per amore della vostra tradizione" (Mt 15,6); segue la citazione di Is 29,13. L'autore ebraico A.E. Baumgarten ritiene che l'attacco alla tradizione farisaica in Mc 7 sia "un luogo comune anti-farisaico", che proviene dall'epoca pre-cristiana (Nicola di Damasco e Qumran, cfr. 1QH) e dovrebbe risalire ai sadducei che disprezzavano la tradizione farisaica.[85]

Simili dubbi riguardo all'originalità dell'accusa del Gesù dei vangeli dovrebbero essere validi anche per l'aspra critica contro

---

[83] Cfr. U. Luz, "Anti-Judaism in the Gospel of Matthew as a Historical and Theological Problem: An Outlook", in U. Luz, *Studies in Matthew* (Grand Rapids-Cambridge 2005), 243-261.
[84] Cfr. per questo *infra*, pp. 77-79.
[85] Cfr. A.E. Baumgarten, "The Pharisaic *Paradosis*", *Harvard Theological Review* 80 (1987), 70-72.

scribi e farisei in Mt 23.[86] Secondo lo studioso ebraico M. Weinfeld, la maggior parte delle accuse d'ipocrisia che si trovano in questo capitolo, sono radicate nella tradizione giudaica; contengono motivi comuni al giudaismo del tempo dei vangeli.[87]

In questo senso i *Sussidi* giustamente constatano: "Le critiche mosse a vari tipi di farisei non mancano d'altra parte nelle fonti rabbiniche". Il brano proto-rabbinico, al quale fa riferimento il documento e che è stato tramandato anche in diverse altre fonti rabbiniche, contiene alcuni concetti il cui significato ci sfugge. La *Jewish Encyclopedia* (IX, 665)[88] interpreta questa tradizione delle sette categorie di farisei nel modo seguente: 1. il "fariseo-spalla" che, per così dire, porta in spalla con ostentazione le sue buone opere; 2. il "fariseo-aspetta-un-po'", che dice sempre: "Aspetta un po', finché io non abbia compiuto la buona azione che mi sta aspettando!"; 3. il "fariseo contuso" che, per evitare di guardare una donna, va a sbattere contro la parete così da farsi male e sanguinare; 4. il "fariseo-pestello" che cammina a testa in giù come il pestello nel mortaio; 5. il "fariseo-contabile" che dice sempre: "Vediamo un po' che cosa posso fare di buono per compensare la mia omissione!"; 6. il "fariseo che teme Dio", alla maniera di Giobbe; 7. il "fariseo che ama Dio", alla maniera di Abramo.

La Baraita citata, che proviene da un periodo in cui il giudaismo farisaico e rabbinico erano ancora distinti,[89] non riguarda tanto i farisei storici, quanto i bigotti e i giusti ad essa contemporanei.

---

[86] Il parallelo in Lc 11 distingue le critiche rivolte contro i farisei (11,42.43.44) da quelle contro i maestri della legge (11,46.47.52).

[87] M. Weinfeld, "The Charge of Hypocrisy in Matthew 23 and in Jewish Sources", *The New Testament and Christian-Jewish Dialogue: Studies in Honor of David Flusser* (ed. M. Lowe; *Immanuel* 24/25 [1990]), 52-58.

[88] In modo simile A. Guttmann, *Rabbinic Judaism in the Making*, 165-167 = *Studies in Rabbinic Judaism*, 211-213.

[89] A. Guttmann, *Rabbinic Judaism in the Making*, 167 = Studies in Rabbinic Judaism, 213.

4. Gli Ebrei nel Nuovo Testamento

Questa sezione dei *Sussidi* prende in considerazione innanzitutto le affermazioni neotestamentarie negative nei confronti degli ebrei, trattando cioè quanto viene descritto come antigiudaismo o addirittura antisemitismo nel Nuovo Testamento. In riferimento al lungo e complesso processo redazionale del Nuovo Testamento, il documento constata che nel conflitto storico tra la Chiesa nascente e la comunità giudaica sono state usate, nei confronti degli ebrei, certe espressioni "ostili o poco favorevoli" che si sono poi ripercosse nel Nuovo Testamento. Esse quindi riflettono i rapporti esistenti fra cristiani ed ebrei solo molto tempo dopo Gesù. Allo sviluppo di questo conflitto, che ha portato infine al "separarsi delle strade", il documento fa appena un breve accenno: ci sono stati conflitti già fra Gesù e certi gruppi di giudei; la maggioranza del popolo ebraico non ha creduto in Gesù; quest'ultimo fatto, che si è acuito con la missione cristiana soprattutto nel mondo greco-romano, ha finito per condurre a una "inevitabile" rottura tra il giudaismo e la giovane Chiesa.

Sulla storia di questo conflitto, che inizialmente si è configurato come uno scontro all'interno del giudaismo, vorrei far notare brevemente quanto segue: all'interno del giudaismo, come risposta alla vita, morte e risurrezione di Gesù era sorto un movimento che prendeva sempre più le distanze dalle correnti principali della sua stessa religione, fino all'emergere del gruppo dei cosiddetti giudeo-cristiani. In tal senso un atteggiamento particolare nei confronti della Scrittura ha svolto un ruolo importante: l'Antico Testamento veniva interpretato in riferimento a Gesù, la cui posizione riceveva ulteriore risalto da tutta una serie di titoli regali che venivano riferiti a lui.

L'accoglienza dei pagani portò ben presto a conflitti all'interno del nuovo movimento. Quanto al rapporto dei cristiani non-ebrei con il popolo ebraico, il concilio degli apostoli non richiese loro alcuna conversione al giudaismo (At 15). Essi rimasero perciò fin dall'inizio estranei al popolo ebraico; anzi, poiché rivendicavano il diritto di essere il popolo di Dio di una nuova alleanza, entrarono in una sorta di concorrenza con esso.

In questi sviluppi i giudeo-cristiani vennero a trovarsi in una situazione difficile all'interno del popolo ebraico. E questo si rivelò vero quando, proprio in quel periodo, il giudaismo, peraltro normalmente abbastanza aperto alle varie correnti, volle darsi una struttura normativa, principalmente sotto la guida di Rabban Gamaliele (II) di Javne.[90] La guerra giudaica con tutte le sue conseguenze, soprattutto la distruzione del Tempio (70 d.C.), aveva scosso profondamente il giudaismo. Per ovviare a questa nuova situazione e garantire l'unità del popolo ebraico, gli studiosi giudei cercarono di stabilire un ordinamento giuridico-religioso a carattere vincolante, che conteneva avvertimenti e provvedimenti nei confronti di gruppi marginali. Rabbi Eleazar di Modiin (fine del I - inizio del II sec.), un contemporaneo dell'appena nominato Gamaliele disse:

> Chi profana il sabato, chi disprezza i tempi festivi, [chi svergogna il suo prossimo in pubblico][91], chi annulla l'alleanza di Abramo nostro padre, chi interpreta la Torah in contraddizione con la legge della religione, costui, anche se possiede conoscenza della Torah e buone opere, non ha parte nel mondo a venire. *(mAb 3,11; ARN A 26)*[92]

Un ruolo significativo nel dibattito con i giudeo-cristiani lo ha giocato anche la "benedizione concernente gli eretici" (*Birkat ha-Minim*), introdotta sotto Gamaliele II e inserita nelle diciotto benedizioni della liturgia.[93] Questa maledizione, da intendere sia come

---

[90] Cfr. *supra*, pp. 65-66.

[91] Le parole tra parentesi mancano nei paralleli SifNm 112 (pag. 121) e ARN A 26.

[92] Secondo E.E. Urbach, *The Sages – Their Concepts and Beliefs* (trad. I. Abrahams) (Jerusalem 1975), 295-297 il brano sembra rivolgersi soprattutto contro Paolo (in particolare Rm 2,28-29).

[93] Cfr. Y. Y. Teppler, *Birkat HaMinim: Jews and Christians in Conflict in the Ancient World* (trad. S. Weingarten) (Tübingen 2007), 176-183. La parola *minim* (cfr. Teppler, *Birkat*,176-183) si riferiva ai giudeo-cristiani durante il conflitto

attacco sia come difesa[94], secondo antiche versioni di testi liturgici ebraici doveva suonare così:

> Non vi sia speranza per gli apostati, i *minim* periscano immediatamente, e sia sradicato e distrutto prontamente nei nostri giorni il regno dell'arroganza![95] Benedetto sii tu, Signore, che spezzi i nemici e umili gli arroganti![96]

Dalle fonti rabbiniche non emerge chiaramente se con questa maledizione i farisei intendessero escludere i giudeo-cristiani dalla Sinagoga. Di esclusione dalla sinagoga si parla, invece, nel Vangelo di Giovanni (9,22; 12,42; 16,2).[97]

A livello pratico, che si riflette principalmente nella Mishna, le autorità rabbiniche emanarono ammonimenti e divieti, che avrebbero dovuto evitare una frequentazione stretta e quotidiana con i *minim*.[98]

---

con il movimento protocristiano; nell'ebraismo rabbinico più recente è stato in parte esteso a tutto il cristianesimo; cfr. Teppler, *Birkat*, 365, 369-370. Nel corso della successiva storia giudaica la preghiera d'intercessione s'indirizzò contro gruppi come peccatori, eretici, calunniatori, e la parola *minim* è stata sostituita il più delle volte con altre parole, se non completamente omessa; cfr. J.J. Petuchowski, „Der Ketzersegen", *Das Vaterunser* (ed. M. Brocke – W. Strolz – J. J. Petuchowski; Freiburg-Basel-Wien 1974), 90-101.

[94] Teppler, *Birkat*, 173; cfr. Urbach, *The Sages – Their Concepts and Beliefs*, 296.

[95] Secondo Teppler, *Birkat*,148-164, 364 l'espressione, all'epoca proto-rabbinica, si riferisce al "Regno" dei vangeli; altri suppongono che si intenda l'impero romano.

[96] Teppler, *Birkat*, 18-19.

[97] Non si sarebbe dovuto necessariamente arrivare a un'esclusione: forse questo è quanto intende esprimere una versione del Talmud citata da Abraham ben Azriel (XIII sec.). Nella sua opera *Arugat ha-Bosem* si dice riguardo al Sal 118, 13: "Così sta scritto in Berakot: 'Sempre si spinga via il proprio compagno con la sinistra e lo si attiri con la destra. Non come Saul che spinse via Doeg l'idumeo con tutt'e due le mani, e neppure come rabbi Akiba che spinse via con tutt'e due le mani Jeshu (Gesù)" (E.E. Urbach [ed.], *Arugat ha-Bosem* III [Jerusalem 1962], 310-311). Cfr. anche bSot 47a e bSan 107b.

[98] Cfr. Teppler, *Birkat*, 365-369.

Dopo questo *excursus* su alcuni momenti della storia dei conflitti ebraico-cristiani, proseguiamo nel commento al documento vaticano. L'ultimo paragrafo della sezione sugli ebrei nel Nuovo Testamento affronta la delicata questione della responsabilità per la morte di Gesù. A questo riguardo il documento, malgrado si sia nel frattempo intensificato il dialogo fra cristiani ed ebrei, parla purtroppo ancora e unicamente delle "autorità ebraiche con i propri seguaci". Sarebbe stato preferibile se avessero trovato spazio nel documento le parole pronunciate nella conferenza stampa: rispetto alla nostra partecipazione alla morte di Cristo in quanto peccatori, "l'intervento storico nella passione di 'alcuni Ebrei' e di alcuni Romani (il Credo della Chiesa cattolica ha messo sempre la morte di Cristo in rapporto non con gli Ebrei ma con Ponzio Pilato) diventa una questione oltremodo secondaria[99]."

5. La liturgia

Il documento prende atto, innanzitutto, che i cristiani come gli ebrei trovano nella Bibbia "tutta la sostanza della loro liturgia". Quindi enumera le molte analogie esistenti tra le forme di preghiera e di liturgia cristiane e quelle della tradizione ebraica, per giungere infine a trattare i parallelismi tra il Pesach degli ebrei e la Pasqua dei cristiani: nella morte e nella risurrezione di Cristo trova compimento, per i cristiani, il Pesach degli ebrei, "anche se ancora in attesa della consumazione definitiva".

Nel "già" della salvezza vi è quindi anche il "non ancora" cristiano, e a me sembra che la predicazione e la catechesi facciano bene a lasciarsi ispirare dalla liturgia e dalla religiosità ebraica anche riguardo alla questione dell'attesa escatologica.

---

[99] Cfr. *supra*, p. 39 n.1.

Tra le dichiarazioni che riprendono il tema della liturgia, trattato solo brevemente nei *Sussidi*, meritano una attenzione particolare gli *Orientamenti per la presentazione degli Ebrei e dell'Ebraismo nella predicazione cattolica*[100], stilati dal comitato per la liturgia della conferenza episcopale degli Stati Uniti. Questo documento contiene riflessioni utili e suggerimenti soprattutto per il periodo di Avvento e di Quaresima, la Settimana Santa e il tempo di Pasqua. Per le omelie durante l'anno, la dichiarazione stabilisce alcuni principi generali.

6. Ebraismo e cristianesimo nella storia

Come già abbiamo anticipato, vorrei commentare un po' più ampiamente questa sezione, nella convinzione che solo chi conosce la storia comprende il presente. Nel nostro caso (e così siamo in linea con la struttura che il documento si è dato per questa sezione) ciò significa: solo chi, a partire dalla storia, riesce a capire quale importanza abbia la terra di Israele per gli ebrei, solo chi è a conoscenza della plurisecolare dolorosa coesistenza, anzi contrapposizione tra cristiani ed ebrei, solo chi infine non rimuove dalla memoria lo sterminio perpetrato contro gli ebrei in tempi recenti, solo costui è in grado di portare avanti il dialogo con il dovuto tatto e soprattutto con l'indispensabile pazienza.

6.1 Terra e Stato di Israele

Nei *Sussidi* le frasi che riguardano la terra e lo Stato di Israele sono formulate con particolare accuratezza. Gli ebrei della diaspora hanno sempre conservato il ricordo della terra dei Padri (Pesach – Seder) tra le loro speranze più intime; "i cristiani sono invitati a

---

[100] Henrix – Kraus, 189-201.

comprendere questo vincolo religioso che affonda le sue radici nella tradizione biblica, pur non dovendo far propria un'interpretazione religiosa particolare di tale relazione". L'esistenza e le scelte politiche dello Stato di Israele "vanno viste in un'ottica che non è di per sé religiosa, ma che si richiama ai principi comuni del diritto internazionale".

A mio parere, forse sarebbe stato opportuno spendere ancora una parola a favore del diritto all'esistenza dello Stato di Israele, così com'era stata espressa, per esempio, dal Comitato episcopale francese per le relazioni con l'ebraismo: "Al dilà della legittima diversità delle scelte politiche, la coscienza universale non può rifiutare al popolo ebraico, che ha subito tante vicissitudini nel corso della storia, il diritto e i mezzi per un'esistenza politica propria tra le nazioni[101]". Anche Giovanni Paolo II si era già pronunciato in questo senso con la lettera apostolica *Redemptionis Anno* del 20 aprile 1984: "Per il popolo ebraico che vive nello Stato di Israele e che in quella terra conserva così preziose testimonianze della sua storia e della sua fede, dobbiamo invocare la desiderata sicurezza e la giusta tranquillità che è prerogativa di ogni nazione e condizione di vita e di progresso per ogni società[102]." Il riconoscimento diplomatico dello Stato d'Israele da parte del Vaticano, conseguenza logica delle dichiarazioni del succitato Scritto apostolico, dovette tuttavia attendere altri dieci anni. Le voci che spingevano per il riconoscimento diplomatico non mancarono. Secondo Mons. J. Oesterreicher era "dovere anche dei cristiani confermare la sovranità, la libertà, nonché la mera esistenza del Paese che ha ridato ai suoi cittadini ebrei una patria e che è diven-

---

[101] *Le Chiese cristiane e l'ebraismo*, 184. Rendtorff – Henrix, 154.
[102] *Insegnamenti di Giovanni Paolo II*, VII,1, 1984, 1076. Il testo prosegue: "Il popolo palestinese, che in quella terra affonda le sue radici storiche e da decenni vive disperso, ha il diritto naturale, per giustizia, di ritrovare una patria e di poter vivere in pace e tranquillità con gli altri popoli della regione".

tato fonte di una salutare autocoscienza per gli ebrei di ogni dove".[103]

Il testo concernente lo Stato di Israele ha incontrato fra gli ebrei, per lo più, una forte critica, rivolta soprattutto al fatto che il documento non attribuisce nessun significato religioso allo Stato di Israele. L'"International Jewish Committee on Interreligious Consultations" (IJCIC) ha dichiarato[104]: "L'Israele moderno è svuotato di ogni possibile significato religioso per i cristiani. Persino il profondo significato religioso che Israele ha per gli ebrei [...] è menzionato in modo così vago da risultare irriconoscibile[105]". In un comunicato stampa del "Jewish Council in Israel on Interreligious Consultations" del 24 giugno 1985 inoltre si dice: "Il Consiglio si rammarica, perché l'affermazione del documento circa la situazione permanente degli ebrei come popolo eletto non implica pure la validità permanente della promessa divina della terra agli ebrei[106]."

Per contro H. Siegman, allora direttore esecutivo dell'"American Jewish Congress", soprattutto in riferimento al fatto che neppure fra gli ebrei vi sarebbe consonanza per quanto riguarda la questione del significato religioso dello Stato di Israele (se cioè lo Stato di Israele rappresenti un fenomeno religioso e se, in particolare, la rinascita dello Stato di Israele sia da vedere quale inizio di un processo escatologico), ha difeso la posizione del documento vaticano. Il suggerimento dato ai cattolici di considerare lo Stato di Israele alla luce dei "principi comuni del diritto internazionale" sarebbe "assolutamente corretto".[107]

---

[103] Oesterreicher, "Kommentierende Einleitung", 475.

[104] L'IJCIC fece questo a nome delle organizzazioni che vi facevano allora parte, vale a dire: l'American Jewish Committee, l'Anti-Defamation League of B'nai B'rith, il Jewish Council in Israel on Interreligious Consultations, il Synagogue Council of America e il World Jewish Congress.

[105] Conferenza stampa del 24 giugno 1985.

[106] *Christian Life in Israel* 17 (autunno 1985) 4.

[107] "Rome and Jerusalem: the religious meaning", *The Jerusalem Post*, 2 settembre 1985, 8.

6.2 La storia degli ebrei dopo la distruzione del Tempio (70 d.C.)

Quello annunciato nel titolo è un tema vasto, su cui il documento si sofferma appena. Tuttavia si riconosce al popolo ebraico di aver fornito, nella grande dispersione della diaspora, "la testimonianza spesso eroica della sua fedeltà all'unico Dio" in tutto il mondo e di aver glorificato questo suo Dio "dinanzi a tutti i viventi" (Tb 13,4). Il permanere del popolo ebraico, afferma il documento, si accompagna a un'ininterrotta creatività spirituale, nel periodo rabbinico, nel medioevo e nel tempo moderno, e la fede e la vita religiosa sono vissute ancora adesso.

Quanto al "bilancio negativo" dei rapporti ebraico-cristiani in questi due millenni, vi si accenna appena, senza però scendere in profondità. Tuttavia, immediatamente prima della pubblicazione del documento, e presumibilmente come complemento del medesimo, sono apparsi su *La Civiltà Cattolica*, rivista autorizzata dal Vaticano, due editoriali[108] sul tema del dialogo fra cristiani ed ebrei. Nel secondo articolo si affronta, tra l'altro, la storia successiva al 70 d.C.

Di tale storia, così complessa, è possibile tracciare qui solo uno schizzo sommario; essa dovrebbe iniziare con il Nuovo Testamento e con i contrasti che vi sono menzionati, a cui già la quarta sezione del documento ha fatto cenno. Quando il giovane movimento cristiano divenne Chiesa prevalentemente orientata verso i cristiani provenienti dal paganesimo, si inasprì l'atteggiamento negativo nei confronti dei giudei. Con la conversione, infatti, i cristiani non-ebrei non sempre si staccavano del tutto dall'antisemitismo largamente diffuso nel mondo greco-romano, antisemitismo che ora, a contatto con idee pseudo-teologiche, acquisiva un'ulteriore componente.[109] A poco a poco anche i conflitti tra Gesù e i suoi avversari

---

[108] "Chi sono gli ebrei oggi", in *La Civiltà Cattolica* 136, 1 (Marzo 1985), 521-533; "Problemi e prospettive del dialogo tra cristiani ed ebrei", *ivi*, t. 2 (Aprile 1985), 3-18. Il secondo articolo non ha incontrato un consenso unanime.

[109] Cfr. il documento del Comitato episcopale francese per le relazioni con

o tra i giudeo-cristiani e i giudei non furono più visti come dei contrasti originariamente interni all'ebraismo, e certe pagine neotestamentarie furono interpretate nel senso di una quasi inconciliabile opposizione fra cristiani e giudei, anzi addirittura nel senso di un rigetto del giudaismo risalente a Gesù stesso.[110] Così, talora, alcuni testi furono alterati, se ne fece un uso indebito, vennero letti a prescindere dal loro contesto, e li si rese corresponsabili di un sempre dilagante antigiudaismo.

Al giudaismo proto-rabbinico, diventato nel frattempo normativo, tali testi, se non addirittura l'intero Nuovo Testamento, apparvero spesso come una propaganda di odio antigiudaico o antisemita da parte di una religione aliena e in contrapposizione ad essa. Da parte giudaica, analogamente, non mancarono le reazioni, cosa che si riflette anche in alcuni testi neotestamentari e patristici.[111] Tuttavia, rispetto all'antigiudaismo cristiano, soprattutto a partire dal momento in cui il cristianesimo è assurto a religione di Stato, l'"anticristianesimo" giudaico ha avuto relativamente un minor peso.

Bisogna però guardarsi dal giudicare l'antigiudaismo del passato con i criteri odierni. Disse a ragione il card. Bea: "L'amore della verità richiede assolutamente di riconoscere eventuali errori. Ma lo stesso amore e la giustizia richiedono anche di non giudicare dichiarazioni fatte in altri tempi secondo le misure stabilite solo secoli più tardi alla luce del progresso nella spiegazione della dottrina, progresso raggiunto dalla Chiesa solo ai giorni nostri[112]."

---

l'ebraismo, in *Le Chiese cristiane e l'ebraismo*, 182.

[110] In questo senso, un celebre teologo come A. Schlatter era dell'opinione che "l'ebraismo non ha mai avuto un avversario più potente di lui (Gesù)" (*Wird der Jude über uns siegen?* [Velbert 1935] 6).

[111] Cfr. "Chi sono gli ebrei oggi", 5-6.

[112] A. Bea, *La Chiesa e il popolo ebraico*, (Brescia 1966), 14-15.

L'antigiudaismo non può mai essere semplicemente equiparato all'odio per gli ebrei. Per lo più, come sottolinea H. Schreckenberg[113], a cui debbo alcuni spunti di questo capitolo, l'antiebraismo è un fatto che riguarda in primo luogo l'apologetica cristiana, la quale cercò di spiegare e giustificare la pretesa cristiana nei confronti del giudaismo. Il perdurare dell'ebraismo dopo Cristo e dopo la distruzione del Tempio[114], la persistente attesa della venuta del Messia da parte degli ebrei, il continuo fallimento della missione della Chiesa tra gli ebrei e talora anche l'attrattiva che la religione ebraica esercitava su alcuni cristiani: tutto questo rappresentava per il cristianesimo di allora una continua sfida e metteva in forse la pretesa cristiana stessa. Secondo lo schema angusto di un pensiero che non ammetteva vie di mezzo, si argomentava in questo modo: se il giudaismo ha ragione, necessariamente il cristianesimo si trova nel torto; "se il culto giudaico è venerabile e significativo, il nostro non può essere altro che menzogna e inganno".[115] Così la religione cristiana fu sovente difesa e motivata, sia nella parola scritta sia nella predicazione, in modo trionfalistico, facendo ricorso all'interpretazione allegorica e tipologica dell'Antico Testamento, con grossolane esagerazioni di alcune posizioni neotestamentarie e con la creazione di un'immagine dell'ebraismo che bene si adattava al concetto che di esso si aveva.

Anche un predicatore così zelante come Giovanni Crisostomo, Dottore della Chiesa, che prendeva la parola con la buona intenzione di confermare e di istruire nella fede la comunità cristiana, e

---

[113] *Die christlichen Adversus-Judaeos-Texte und ihr literarisches und historisches Umfeld* (I-XI sec.) (Frankfurt-Bern 1982), in particolare 15-40 (Introduzione) e 563-573 (Osservazioni finali).

[114] In un colloquio sulle radici dell'antigiudaismo nel cristianesimo (1997), Giovanni Paolo II così si espresse riguardo al perdurare dell'ebraismo: "Questo popolo persevera, a dispetto di tutto perché è il popolo dell'Alleanza e perché, nonostante le infedeltà degli uomini, il Signore è fedele alla sua Alleanza" (*L'Osservatore Romano,* 3-4 novembre 1997, 7).

[115] Giovanni Crisostomo, PG 48, 852.

di tenere lontane le donne cristiane dal frequentare la Sinagoga di sabato e nei giorni di festa, si lasciò andare a espressioni come: "Si può chiamare (la Sinagoga) un bordello, una sede dell'illegalità, un alloggio di spiriti maligni, un baluardo del demonio, la perdizione delle anime [...] comunque si qualifichi, non si arriverà mai a definirla come si merita[116]." Particolarmente temute erano le prediche del Venerdì Santo, che talora furono intese come un invito a dar fuoco alle sinagoghe e ad abbandonarsi ad eccessi sanguinari.

Le varie forme di discriminazione e le calunnie nei confronti degli ebrei, quali la profanazione di ostie, il sacrificio rituale umano, l'avvelenamento di pozzi e la diffusione della peste, i battesimi forzati, la reclusione in ghetti, le persecuzioni, le espulsioni, i massacri (soprattutto collegati con le crociate e con i *pogrom* dell'Europa dell'Est), qui si possono solo richiamare brevemente alla memoria. D'altra parte, però, è doveroso menzionare anche il fatto che talvolta papi, vescovi e detentori del potere secolare hanno adottato misure di protezione a favore degli ebrei e che ci sono stati anche molti cristiani che hanno messo in pratica il comandamento dell'amore del prossimo nei confronti degli ebrei. Quando si invitò il poeta e scrittore ebreo Edmond Fleg a scrivere una storia della sofferenza ebraica, egli diede questa risposta: "Se fossi tentato di porre mano a un'opera del genere, dovrebbe essere piuttosto una storia dell'amicizia nei confronti degli ebrei. Infatti, se non avessimo avuto in ogni tempo amici più potenti e più numerosi dei nostri nemici, non esisteremmo più. Lungo tutta la nostra storia siamo stati continuamente accolti e salvati, e anche questo è uno degli aspetti essenziali di essa[117]."

---

[116] PG 48, 915.

[117] E. Fleg, *La conscience juive* (Paris 1963), 9; citato da J. Oesterreicher, *Die Wiederentdeckung des Judentums durch die Kirche* (Meitingen-Freising ²1971), 84. Anche Paolo VI ha richiamato alla memoria gli aspetti positivi, ancora quasi per nulla approfonditi, dei rapporti ebraico-cristiani nel corso della storia; nel medioevo, ad esempio, essi hanno dato vita a un fruttuoso scambio spirituale (*Le Chiese cristiane e l'ebraismo*, 205 s.).

Non solo gli ebrei soffrirono del radicale isolamento e confinamento, che non di rado sfociò in aperta ostilità; così facendo i cristiani danneggiarono anche se stessi, perché si autorecisero dalle radici ebraiche (cfr. Rm 11, 17-24) e rinnegarono di essere, come disse un giorno Pio XI, spiritualmente semiti.[118]

Finora ho rivolto attenzione prevalentemente all'antigiudaismo, cioè all'atteggiamento di rigetto degli ebrei da parte dei cristiani per motivi "religiosi". Ora è necessario dire una parola anche sull'antisemitismo, termine con cui si designa l'ostilità nei confronti degli ebrei per motivi razziali. Naturalmente, però, i due termini e i rispettivi contenuti non si possono separare in modo netto l'uno dall'altro, perché i confini fra i due sono fluttuanti.

La componente religiosa non basta a spiegare i molteplici fenomeni di ostilità nei confronti degli ebrei. Anzi, l'aspetto religioso del problema può forse essere visto come una delle forme con cui si è espresso un disorientamento di più vaste proporzioni, che è da ricercare a livello socio-psicologico. È un disorientamento che nasce dinanzi al diverso, all'estraneo, e prende le forme della diffidenza, dell'intolleranza, del rifiuto, dell'aggressione. Si fa del diverso e dello straniero il capro espiatorio delle miserie sociali ed economiche, e se costui per giunta ha più successo, per esempio nel campo economico o scientifico, lo si tratta con invidia e con gelosia.

Con l'insorgere dell'ideologia della razza, dalla seconda metà del XIX secolo, l'ostilità nei confronti degli ebrei raggiunse il suo culmine. Un antisemitismo radicale prese di mira anche gli ebrei che si erano convertiti al cristianesimo, come ha dimostrato in modo spaventoso il tentato genocidio perpetrato dal nazionalsocialismo tedesco. Ne furono vittime, tra gli altri, Edith Stein e sua sorella Rosa.

---

[118] *La Documentation Catholique* 39 (1938), 1460; citato in A. Bea, *La Chiesa e il popolo ebraico*, nota a p. 12.

6.3 Sull'Olocausto (Shoah)

Il documento spende appena qualche parola per questo tragico tema, e la cosa ha suscitato disappunto e rammarico tra gli ebrei, ma anche tra molti cristiani. La catechesi, si dice, dovrà aiutare a comprendere quale significato ha per gli ebrei lo sterminio degli anni 1939-45 e le sue conseguenze. Come poi i catechisti, i predicatori e quanti sono impegnati nella formazione permanente possano essere all'altezza di questo compito oltremodo difficile, il documento non lo dice, né dà alcun tipo di suggerimento a riguardo. Ma chi è in grado di valutare, senza ulteriore aiuto, cosa significhi lo sterminio per gli ebrei? Se si considera, per esempio, che persino certi ebrei convinti e profondamente religiosi di fronte a questa catastrofe hanno abbandonato la fede in un Dio personale, buono e giusto, possiamo farci un'idea di quale dimensione, oltre alla distruzione fisica, abbia raggiunto tale orribile evento.

Ciò che tuttavia sconcerta ancor di più, nel passo del documento che riguarda l'Olocausto, è che non si spenda neppure una parola per ricordare come questa catastrofe riguardi, e non in piccola misura, anche noi cristiani. Nella conferenza stampa tuttavia vi fu una messa a punto nel testo italiano, giacché fu specificato che si tratta di "una tragedia che ovviamente è anche nostra[119]." Questa parola coraggiosa rimanda chiaramente alla corresponsabilità dei cristiani allo sterminio, corresponsabilità che già in precedenza era stata ammessa a livello regionale. Così avevano dichiarato i vescovi tedeschi nel loro messaggio pastorale del 23 agosto 1945: "Molti tedeschi, anche tra di noi, [...] in occasione dei crimini [...] sono rimasti indifferenti; molti con il loro atteggiamento hanno favorito tali crimini; molti sono diventati essi stessi criminali. Una grande responsabilità grava su coloro che, a causa della loro posizione, erano in grado di sapere che cosa stava succedendo da noi e con la loro influenza avrebbero potuto impedire

---

[119] Cfr. *supra*, p. 39, n. 1.

tali crimini, e non l'hanno fatto; anzi, li hanno resi possibili e si sono così dichiarati solidali con i criminali[120]." Anche Giovanni Paolo II, nel suo discorso agli ebrei tenuto a Magonza nel 1980, aveva parlato di un atteggiamento errato nei confronti del popolo ebraico, "che nel corso della storia fu in parte concausa di valutazioni sbagliate e di persecuzioni[121]."

La questione riguarda tutti ed è quasi inconcepibile che vi siano cristiani che respingono ogni complicità del cristianesimo riguardo all'Olocausto, dicendo che si è trattato di un tipo di terrore completamente ateo e che i criminali non avevano niente in comune con il cristianesimo. Va detto invece assolutamente che alcuni nazionalsocialisti si sono richiamati espressamente al Nuovo Testamento e alla storia della Chiesa.[122] Quando nel 1946 Julius Streicher, editore del famigerato settimanale *Der Stürmer*, fu chiamato a rispondere dinanzi al tribunale di Norimberga, disse che al posto suo, in realtà, era messo sotto accusa il riformatore Martin Lutero e che egli non aveva fatto altro che eseguire ciò che Lutero aveva esortato a fare a ogni persona onesta e credente.[123]

---

[120] Rendtorff - Henrix, 235. Nella delibera sinodale della Chiesa evangelica renana si dice: "Con profondo turbamento confessiamo la corresponsabilità e la colpa dei cristiani tedeschi nello sterminio" (H. Croner (ed.), *More Stepping Stones to Jewish - Christian Relations. An Unabridged Collection of Christian Documents 1975-1983*, New York 1985, 208; Rendtorff - Henrix, 594). Anche alcune Chiese non tedesche hanno ammesso la propria corresponsabilità e colpa: la dichiarazione della Conferenza episcopale svizzera del 12 luglio 1979 parla, per esempio, di "corresponsabilità dei cristiani" riguardo a "milioni e milioni di torture e di assassinî di ebrei nel passato recente e remoto", e afferma "che nel periodo nazionalsocialista non di rado si sono manifestate anche in Svizzera pusillanimità, viltà, debolezza e colpa" (Rendtorff - Henrix, 178).

[121] *Le Chiese cristiane e l'ebraismo*, 333.

[122] Cfr. Card. Bea, *Relazione al Concilio, 19 novembre 1963*, in *Le Chiese cristiane e l'ebraismo*, 48.

[123] H. - J. Gamm, *Judentumskunde* (Frankfurt ⁴1962), 140.

Nella misura in cui nel corso dei secoli il cristianesimo ha insegnato in sostanza a disprezzare gli ebrei – Jules Isaac ha coniato l'espressione: "l'enseignement du mépris" – ha anche creato le premesse che hanno reso possibile un crimine così indescrivibile. Chi ammette questo si porrà con sincerità anche la domanda sul significato dello sterminio per noi cristiani, il che vuol dire: per ciascuno di noi.[124]

7. Osservazioni finali

Per concludere, il documento nomina ancora una volta i destinatari, cioè quelle persone che sono impegnate nell'insegnamento religioso, nella catechesi e nella predicazione e ricorda il loro compito: nel trattare queste problematiche essi devono impegnarsi per l'oggettività, la giustizia e la tolleranza, e in generale favorire la comprensione e il dialogo. Il testo recita testualmente: "Le nostre due tradizioni sono troppo apparentate per ignorarsi. È necessario incoraggiare una reciproca conoscenza a tutti i livelli".

---

[124] Preziosi spunti sono offerti da due documenti pubblicati in occasione del 50° anniversario del *pogrom* del novembre 1938 ("la notte dei cristalli"). Il primo è stato elaborato dal gruppo di dialogo "Ebrei e cristiani" del Comitato centrale dei cattolici tedeschi e porta il titolo: "50 anni dopo - come parlare di colpa, dolore e riconciliazione?" (*Herderkorrespondenz* 42 [Maggio 1988], 232-237; vedi anche *SIDIC* 21 [1988] nr. 3, 26-31). Il secondo documento è una lettera pastorale comune della Conferenza episcopale della Germania dell'Est e dell'Ovest e di quella austriaca, pubblicata il 20 ottobre 1988 con il titolo: "Assumere il peso della storia" (*Herderkorrespondenz* 42 [Dicembre 1988], 566-57; anche in *SIDIC*, 22 [1989] nrr. 1-2, 36-42). Per quanto riguarda la questione della corresponsabilità, così afferma il gruppo di dialogo: "Non possiamo da una parte dichiararci per una comunità e d'altra parte sottrarci alla corresponsabilità per quanto è stato fatto oppure omesso in nome della comunità, rivendicando la nostra innocenza". Su questa stessa questione la lettera pastorale si esprime in modo analogo: "Se anche non si può e non si deve dichiarare colpevole un intero popolo, rimane tuttavia la corresponsabilità di tutti per ciò che è accaduto in nome di tutti, e per le sue conseguenze".

Excursus: Il valore del dialogo teologico

I capitoli precedenti, in cui mi sono occupato dei tre documenti rivolti a tutta la Chiesa cattolica (Dichiarazione conciliare *Nostra Aetate*, *Orientamenti* del 1974 e *Sussidi* del 1985), hanno mostrato chiaramente come nel dialogo ebraico-cristiano sono trattate questioni teologiche significative.[125] Di fronte a questi interrogativi si comprende l'interesse di alcuni cristiani a entrare in dialogo con l'interlocutore ebraico su questi problemi. Anche Giovanni Paolo II si è pronunciato a favore di un confronto teologico quando, il 28 ottobre 1985, disse ai membri del Comitato internazionale di collegamento tra la Chiesa cattolica e l'Ebraismo: "Spero [...] seriamente, che lo studio e la riflessione sulla teologia diventino sempre più parte dei nostri scambi[126]."

Tale intento però riscuote solo scarsa simpatia presso gli ebrei.[127] Perché? Uno dei motivi è certamente il timore ancora largamente diffuso che dietro un dialogo del genere si possano nascondere, in fin dei conti, dei tentativi di conversione da parte della Chiesa. Accanto a questo timore, che personalmente ritengo infondato per quanto riguarda il dialogo ebraico-cattolico, da

---

[125] Questa era anche la visione dell'allora presidente della Commissione vaticana per le relazioni religiose con l'ebraismo, il cardinale J. Willebrands. In un'allocuzione tenuta a Roma in occasione di un colloquio per il XX anniversario della *Nostra Aetate*, disse che la rinnovata visione dell'ebraismo ha posto degli interrogativi a molti aspetti della teologia cattolica, che vanno dalla cristologia all'ecclesiologia, dalla liturgia ai sacramenti, dall'escatologia al rapporto con il mondo e alla testimonianza dinanzi al mondo (*Face to Face*, 12 [Autunno 1985], 12).

[126] Il documento in lingua italiana è consultabile online all'indirizzo: http://www.vatican.va/holy_father/john_paul_ii/speeches/1985/october/documents/hf_jp-ii_spe_19851028_chiesa-cattolica-ebraismo_it.html.

[127] Cfr. R. Neudecker, "Sprache und Sprachlosigkeit im jüdisch-christlichen Dialog", *Dialog der Religionen* 5 (1995), 32-37. Dal saggio di H. Siegman, "Zehn Jahre katholisch-jüdischen Beziehungen: eine Neubesinnung" (*Freiburger Rundbrief* 28 [1976], 3-11), da allora frequentemente citato, si utilizza spesso la formula: "Was die Christen zum Dialog drängt, ist die Theologie; was Juden dazu drängt, ist die Geschichte" (Ciò che spinge i cristiani al dialogo, è la teologia; ciò che spinge gli ebrei, è la storia).

parte ebraica si utilizzano anche argomenti contro il dialogo teologico con i cristiani, argomenti che sono da prendere sul serio.

La teologia, cioè il tentativo di cogliere in maniera sistematica e critica il mondo religioso, occupa un posto secondario all'interno dell'ebraismo. Alcuni ebrei sostengono addirittura che la teologia è una faccenda non-ebraica. Benché anche nell'ebraismo vi siano teologi e, a partire dal medioevo, ci siano stati dei tentativi di elaborare una teologia sistematica, e benché alcuni ebrei di tendenza liberale ritengano auspicabile una teologia, in generale non vi si vede quasi nessun vantaggio. Normalmente gli ebrei ortodossi la considerano addirittura come un ostacolo e una minaccia per la fede; pensano che nella lingua razionale dei filosofi e dei teologi non si può e non si deve parlare del divino e del religioso.[128] La teologia inoltre opera in larga misura servendosi di concetti (peccato, espiazione, grazia) che portano l'impronta di concezioni cristiane e sono perciò, come dice S. Sandmel, "necessariamente settari".[129] Qui si scontrano il pensiero biblico-orientale, che si è conservato e sviluppato nei testi rabbinici, con il pensiero greco-romano, accolto dalla Chiesa. Il tradizionale discorso ebraico sul mondo divino non è teorico-speculativo, ma narrativo, concreto e ricco di affermazioni contraddittorie.[130] Conosceremo un po' più da vicino questa "teologia narrativa" nella terza parte del libro.

Molti ebrei, infine, soprattutto di tendenza ortodossa, hanno un certo timore o, più precisamente, una forma di reticenza a discutere sulle loro convinzioni di fede con estranei o a comunicare la loro

---

[128] Cfr. L. Jacobs, "Theology", *Encyclopaedia Judaica* 15, 1103.
[129] "'Biblical Theology'– A Dissent", *Central Conference of American Rabbis Journal* (gennaio 1959), 15-20; id., "Reflections on the Problem of Theology for Jews", *Journal of Bible and Religion* 33 (1965), 101-112 (= *Two Living Traditions,* 53-69).
[130] "Diese und diese sind Worte des lebendigen Gottes" (bEr 13b); vedi p. 156, n. 3. Per questo tema cfr. R. Neudecker, *The Voice of God on Mount Sinai,* 99-102.

intima esperienza religiosa e la loro tradizione. Bisogna avere grande rispetto di tale atteggiamento. In esso si esprime la convinzione che la Torah orale è stata voluta da Dio per loro e soltanto per loro.[131] In questo senso un testo rabbinico dice:

> Mosè voleva che anche la Torah orale fosse messa per iscritto. Ma il Santo, benedetto Egli sia, prevedeva che i popoli del mondo avrebbero allora tradotto la Torah scritta, l'avrebbero letta in greco e avrebbero perciò detto: "Anche noi siamo [il popolo eletto di] Israele!". Per questo il Santo, benedetto Egli sia, gli disse: "Se io scrivessi per loro (gli ebrei) tutt'intero il mio insegnamento, essi (gli ebrei) sarebbero considerati come stranieri" (Os 8,12). Poiché la Torah orale è il segreto del Santo, benedetto Egli sia, e il Santo, benedetto Egli sia, rivela il suo segreto soltanto ai devoti, come sta scritto (Sal 25,14): "Il segreto del Signore è per coloro che lo temono". *(TanB, Wajjera 6)*

Sullo sfondo di testi come questo, sta la profonda visione secondo cui la relazione tra Dio e il popolo ebraico possiede un carattere peculiare e non può essere estesa così semplicemente ad altri popoli e ad altre religioni. Dio si rivela con molteplici volti, a ciascun popolo in modo specifico, e ogni popolo ha il diritto, nell'interesse di questa sua identità, a tenere nascosta agli estranei, fino a un certo punto, questa esperienza e questa tradizione che gli sono proprie.

Nonostante queste comprensibili obiezioni avanzate da parte ebraica nei confronti del dialogo teologico, non vi si può rinunciare del tutto. Anche perché molti dei temi del dialogo ebraico-cristiano (si pensi solamente ai complessi problemi dell'"antigiudaismo") presentano fondamentali aspetti teologici.

Affinché si realizzi davvero un dialogo teologico serio tra cristiani ed ebrei si dovrebbero però verificare - e su questo va posto un accento particolare - per lo meno quattro condizioni.

---

[131] Cfr. *supra*, p. 47, n. 18.

1. Ognuno dei due interlocutori, il cristiano come l'ebreo, deve guardarsi dal cercare il dialogo esclusivamente o prevalentemente in vista della soluzione dei propri problemi. L'altro, nel dialogo, merita attenzione e profonda stima per se stesso. Altrimenti si trasgredisce la regola fondamentale di qualsiasi dialogo, che consiste nel prestare ascolto a ciò che per l'altro ha valore ed è importante. A questo riguardo conviene che i cristiani – proprio sulla scorta di Rm 11,17-18 secondo cui l'"oleastro" (i cristiani) non deve ergersi sopra i rami vecchi – lascino che siano gli ebrei a prendere per primi la parola. Resta vero, sia per i cristiani sia per gli ebrei, che quando ci si apre al mondo spirituale dell'interlocutore molti problemi si risolvono, anche senza che vengano trattati direttamente, oppure si rivelano come problemi apparenti.

2. Un dialogo teologico richiede la partecipazione, sia da parte cristiana sia da parte ebraica, di interlocutori il più possibile competenti riguardo ai problemi in questione. Quando tali interlocutori sono nominati da istituzioni e vengono scelti sovente secondo punti di vista piuttosto "diplomatici", dovendo così prendere posizione d'ufficio nei confronti di tutti i problemi possibili, allora non c'è da stupirsi se il dialogo ebraico-cristiano, pur con tutti i risultati parziali conseguiti e gli sporadici progressi, trovi scarsa considerazione nei circoli specializzati.[132]

3. Il dialogo teologico presuppone – come ha indicato anche Giovanni Paolo II - "da entrambi i lati, una grande misura di fiducia reciproca e un profondo rispetto l'uno e per l'altro".[133] Questa condizione può essere a stento raggiunta a livello dei convegni e dei congressi.

---

[132] Trent'anni fa il celebre studioso ebreo D. Flusser scrisse: "I partecipanti cristiani al dialogo ebraico-cristiano dovrebbero saperlo: molti ebrei che partecipano al dialogo spesso hanno una scarsa conoscenza della cultura ebraica" ("Osservazioni di un ebreo sulla teologia cristiana dell'ebraismo", in C. Thoma, *Teologia cristiana dell'ebraismo,* Casale Monferrato 1983, XXI). Ciò vale ancora oggi? Vale nella stessa misura per ebrei e cristiani?

[133] *Insegnamenti di Giovanni Paolo II,* VIII,1, 1985, 1078.

Tuttavia, un tale scambio è possibile e desiderabile in una cerchia più ristretta o nel dialogo da persona a persona.
4. È necessario discernere i limiti del dialogo teologico, ma proprio questo aspetto è sottovalutato. Al *proprium* di una verità religiosa si può pervenire solo a stento per via discorsiva. Che cosa possa significare la Torah per un ebreo o Gesù per un cristiano, non si può cogliere attraverso uno scambio razionale o con la comprensione dei concetti.[134]

Oggi vi sono segnali che rivelano la ricerca di un approccio più profondo al mondo ebraico e a quello cristiano. È in tale ricerca, oltre che nell'agire comune, che noto un segno particolarmente promettente.

---

[134] Tra questi è anche il concetto di "messia". Questo è un titolo che crea più confusione che chiarezza nel dialogo ebraico-cristiano. Sembra che già Gesù abbia evitato la designazione di messia, poiché essa, tenuto conto delle sue differenti connotazioni (non ultima quella di carattere "politico"), poteva creare più fraintendimenti che contribuire a farlo capire correttamente.

Seconda Parte

Iniziative di Giovanni Paolo II e Benedetto XVI

Da giovane, in Polonia, Giovanni Paolo II è stato testimone delle terribili persecuzioni di cui erano vittime i suoi concittadini ebrei; percepiva la loro sofferenza come fosse sua.[1] Questa esperienza ha segnato il papa per il resto della sua vita; ha sicuramente costituito uno dei motivi fondamentali del suo instancabile impegno perché si sviluppasse un rapporto migliore tra cristiani ed ebrei. Come papa ha espresso questo suo desiderio già il 12 marzo 1979, nel suo primo incontro con alcune personalità ebraiche di primo piano. Nel suo discorso[2] ha fatto riferimento al Concilio Vaticano II, e ha detto che il Concilio si era reso conto di come ebrei e cristiani siano strettamente legati a livello di identità religiosa. Ha appoggiato gli sforzi da parte di cristiani ed ebrei volti a superare le difficoltà del passato. Per questo, ha constatato, sono d'aiuto il dialogo fraterno e il principio di fondo sottolineato dagli *Orientamenti*, cioè il non valutare la realtà ebraica secondo il punto di vista cristiano, ma di considerarla così come la percepiscono e vivono gli ebrei stessi. Accanto al tema dell'antisemitismo, della pace in Terra Santa e della speranza che Gerusalemme possa diventare il centro dove le tre grandi religioni monoteiste vivano insieme in armonia, il papa ha sottolineato la rilevanza della visita ebraica in Vaticano. La visita testimonia – così il papa – la disponibilità da parte degli ebrei ospiti, di voler capire meglio il cristianesimo, così come la disponibilità ad "aiutarci a comprendere l'ebraismo".

Nel corso del suo lungo pontificato, Giovanni Paolo II ha più volte incontrato esponenti del popolo ebraico, a Roma e in molte parti del mondo, li ha ascoltati attentamente ed è venuto incon-

---

[1] Cfr. *infra*, p. 125, n. 23.
[2] *Insegnamenti di Giovanni Paolo II*, II,1, 1979, 533-535.

tro ai loro desideri. Da questo dialogo, da lui stesso portato avanti, il papa, e insieme a lui anche la Chiesa, ha attinto una conoscenza dell'ebraismo sempre più profonda, in particolare riguardo alle radici ebraiche della Chiesa. Degne di attenzione sono le parole che ha indirizzato sei anni dopo (il 28 ottobre 1985) ai membri del Comitato internazionale di collegamento tra la Chiesa cattolica e l'Ebraismo: "La Chiesa cattolica è sempre pronta, con l'aiuto della grazia di Dio, a riesaminare e rinnovare qualsiasi cosa avvenga nei suoi atteggiamenti e nei suoi modi di espressione, per conformarsi con la sua propria identità fondata sulla parola di Dio, sull'Antico e Nuovo Testamento, così come è letto nella Chiesa[3]."

Le iniziative di Giovanni Paolo II, di cui parlerò di seguito, hanno di fatto realizzato tale rinnovamento negli atteggiamenti e nel modo di esprimersi della Chiesa cattolica.

---

[3] Il documento in lingua italiana è consultabile online:
http://www.vatican.va/holy_father/john_paul_ii/speeches/1985/october/documents/hf_jp-ii_spe_19851028_chiesa-cattolica-ebraismo_it.html

I. "Quando i fratelli vivono insieme"
La visita di Giovanni Paolo II alla Grande Sinagoga di Roma

Il 13 aprile 1986 il papa ha visitato la Sinagoga di Roma, un evento su cui *L'Osservatore Romano* ha riferito con dovizia di particolari.[1]

1. Voci pro e contro la visita del papa alla Sinagoga

Quella che per Gesù, Pietro e i primi cristiani era una cosa ovvia, dopo quasi duemila anni in cui ebrei e cristiani hanno percorso strade separate si presenta oggi come un fatto non privo di problemi, sia per gli uni che per gli altri: si tratta della visita alla Sinagoga da parte della massima autorità della Chiesa. Certi cristiani, che non erano al corrente degli attuali rapporti esistenti fra cristiani ed ebrei, in un primo momento erano rimasti perplessi dinanzi a tale evento. Alcuni seguaci del vescovo Lefebvre, a quel tempo già sospeso, distribuirono addirittura nelle adiacenze di S. Pietro dei volantini con questo titolo: "Papa, fermati, non andare con Caifa!" e rinfacciarono al papa di voler cambiare la religione cristiana.

Per molti altri cristiani invece, che a partire dal Concilio Vaticano II avevano nuovamente riconosciuto nel popolo ebraico le radici storiche e spirituali della Chiesa, la visita alla Sinagoga non costituì una sorpresa. Il desiderio del papa di far visita alla Sinagoga di Roma era per loro un passo conseguente, sulle orme di Giovanni XXIII e di Paolo VI.

---

[1] *L'Osservatore Romano*, 14-15 aprile 1986.

La visita di un papa alla Sinagoga, soprattutto per gli ebrei di stretta osservanza, non era una cosa così semplice. Essi potevano chiedersi se la presenza di cristiani non compromettesse in qualche modo lo stretto monoteismo ebraico. Il papa in ogni caso era cosciente che, se si trovava all'interno della Sinagoga, lo doveva alla loro "generosa ospitalità". Per questo egli ha espresso ripetutamente il suo ringraziamento.

Alle eventuali esitazioni e riserve di ebrei dinanzi alla delicata situazione, costituita dalla partecipazione da parte di cristiani a una celebrazione religiosa ebraica, si è cercato di ovviare in diversi modi:

– una delle letture bibliche scelte era il testo di Michea 4,1-5, che non lascia alcun dubbio sul fatto che gli ebrei andranno per la loro strada nel nome del Signore, loro Dio, "in eterno e per sempre";
– per il papa e per il rabbino capo Elio Toaff non era prevista la recita in comune di alcun salmo;
– nessuna preghiera è stata fatta ad alta voce, a prescindere dai salmi (c'era invece una breve pausa per la preghiera silenziosa);
– il coro ha proclamato solennemente la fede nella futura venuta del Messia;
– nessun ebreo convertito al cristianesimo era stato invitato.

2. Temi e atmosfera dell'incontro in Sinagoga

È comprensibile che nella Sinagoga siano emerse, da parte ebraica, alcune questioni su cui si sperava che il papa prendesse posizione. Sia il presidente della comunità ebraica di Roma, sia il rabbino capo hanno dedicato particolare attenzione al tema dell'antisemitismo e dell'Olocausto; anche il salmo 124, citato dal rabbino, si inseriva in questo contesto. In entrambi i discorsi da parte ebraica la preoccupazione del riconoscimento dello Stato d'Israele da parte del Vaticano ha avuto un posto particolare, e a questo tema era intonata anche la lettura di Genesi 15,1-7, in cui è menzionata la promessa della terra.

Discostandosi da concezioni presenti in ampie cerchie dell'ebraismo liberale, che non collegano più i tempi messianici con il ritorno a Sion (o alla venuta di un messia personale), il rabbino capo ha detto: "Il ritorno del popolo ebraico alla sua terra deve essere riconosciuto come un bene e una conquista irrinunciabili per il mondo, perché esso prelude – secondo l'insegnamento dei profeti – a quell'epoca di fratellanza universale a cui tutti aspiriamo e a quella pace redentrice che trova nella Bibbia la sua sicura promessa. Il riconoscimento a Israele di tale insostituibile funzione, nel piano della redenzione finale che Dio ci ha promesso, non può essere negato[2]." È un punto di vista che difficilmente sarà accolto dai cristiani; ma come già accennato, non viene condiviso neppure da molti ebrei.

Il papa ha parlato della "comune accettazione di una legittima pluralità sul piano sociale, civile e religioso". Con le parole del Concilio ha deplorato tutte le manifestazioni di antisemitismo dirette contro gli ebrei in ogni tempo e da chiunque; "ripeto: da chiunque". In questo modo egli includeva quindi anche la Chiesa e alcuni papi, e rispondeva così alle discrete allusioni contenute nei due discorsi delle autorità ebraiche. Ha espresso "esecrazione" per il genocidio decretato contro il popolo ebraico durante l'ultima guerra mondiale. Riportando un'esperienza personale, quando nel 1979 visitò Auschwitz e si raccolse in preghiera "per le tante vittime di diverse nazioni", disse di essersi soffermato, in particolare, davanti alla lapide in lingua ebraica.

In sostanza, però, il discorso del papa verteva sui tre punti più importanti della dichiarazione conciliare *Nostra Aetate*[3]:

---

[2] *L'Osservatore Romano*, 14-15 aprile 1986, 5. *Insegnamenti di Giovanni Paolo II*, IX,1, 1986, 1036.

[3] In un discorso, tenuto un anno prima della visita alla Sinagoga davanti alla comunità ebraica in Venezuela, si può notare quanto questa dichiarazione stesse a cuore al papa: "Desidero confermare con tutto il mio profondo convincimento che la dottrina della Chiesa enunciata durante il Concilio Vaticano II, nella dichiarazione *Nostra Aetate*, rimane sempre per noi, per la Chiesa Cattolica, per l'episcopato e per il Papa, una dottrina che deve essere seguita [...] come

– *Il vincolo particolare* che lega la Chiesa al popolo ebraico: la religione ebraica è, in un certo qual modo, intrinseca alla religione cristiana. "Abbiamo quindi verso di essa dei rapporti che non abbiamo con nessun'altra religione. Siete i nostri fratelli prediletti e, in un certo modo, si potrebbe dire i nostri fratelli maggiori".

– Quanto alla *questione della responsabilità per la morte di Gesù,* il papa ha ripetuto che gli ebrei come popolo non hanno alcuna colpa atavica o collettiva per quanto è stato fatto nella passione di Gesù.[4] "Il Signore giudicherà ciascuno 'secondo le proprie opere', gli ebrei come i cristiani" (cfr. Rm 2, 6).

– Quanto alla *posizione degli ebrei* di fronte a Dio, il papa ha affermato che non sono "reprobi o maledetti". Anzi, essi "rimangono carissimi a Dio": egli li ha eletti con una "vocazione irrevocabile" (cfr. Rm 11,28-29).

---

un'espressione della fede, come un'ispirazione dello Spirito Santo, come una parola della divina sapienza" (*L'Osservatore Romano*, 29 gennaio 1985).

[4] Su questo tema, Benedetto XVI si è espresso chiaramente nel suo libro *Gesù di Nazaret. Dall'ingresso in Gerusalemme fino alla risurrezione* (Roma 2011); alle pagine 208-211 egli riflette sulla questione degli accusatori "giudei": "chi erano precisamente gli accusatori? Chi ha insistito per la condanna di Gesù a morte?". Dopo aver constatato che i vangeli rispondono a questa domanda in modo diverso, il papa si occupa di Giovanni, Marco e Matteo. "Secondo Giovanni essi sono semplicemente i 'Giudei'. Ma questa espressione, in Giovanni, non indica affatto il popolo d'Israele come tale". Il papa spiega come con queste parole Giovanni si riferisca all'"aristocrazia del Tempio – ma anch'essa non senza eccezione, come lascia capire l'accenno a Nicodèmo (cfr 7,50ss)". In Marco entra in gioco l'*ochlos* ("la massa", si tratta di fatto dei sostenitori di Barabba) che affianca la cerchia decisiva dei sacerdoti, ma non il popolo ebreo come tale. "Un'amplificazione dell'*ochlos* di Marco, fatale nelle sue conseguenze, si trova in Matteo (27,25), che parla invece di 'tutto il popolo', attribuendo ad esso la richiesta della crocifissione di Gesù. Con questo, Matteo sicuramente non esprime un fatto storico [...]. La realtà storica appare in modo sicuramente corretto in Giovanni e in Marco". Per quanto riguarda Mt 27,25 ("Il suo sangue ricada su di noi e sui nostri figli"), il papa sottolinea la necessità, in base alla fede, di leggere tale passo in modo totalmente nuovo: il cristiano ricorderà che il sangue di Gesù non chiede vendetta e punizione, ma è riconciliazione. "Non viene versato contro qualcuno, ma è sangue versato per molti, per tutti [...]. Soltanto in base alla teologia dell'ultima cena e della croce presente nell'intero Nuovo Testamento la parola di Matteo circa il sangue acquisisce il suo senso corretto".

Riaffermare e dare risonanza ai temi centrali del Concilio: questo voleva essere, come ha sottolineato il papa, il contributo decisivo della sua visita alla Sinagoga.

La visita del papa alla Sinagoga ha avuto un'eco mondiale. Attraverso i mezzi di comunicazione di massa milioni di persone che non avevano mai sentito parlare della *Nostra Aetate* hanno conosciuto le più importanti affermazioni del Concilio, su cui si basano i rapporti dei cattolici con il popolo ebraico. Milioni di persone hanno potuto udire, inoltre, che entrambe le religioni, l'ebraica e la cristiana, hanno il diritto di "essere riconosciute e rispettate nella propria identità"; hanno appreso che il dialogo tra cristiani ed ebrei deve aver luogo "in lealtà e amicizia, nel rispetto delle intime convinzioni degli uni e degli altri"; sono venute a sapere che negli anni bui della persecuzione razziale non ci sono state solo contro-testimonianze da parte dei cristiani, ma che, per esempio, le porte di conventi, di chiese, di edifici del Vaticano si sono spalancate per offrire rifugio e salvezza agli ebrei; milioni di persone sono state invitate dal papa – e dal rabbino – a collaborare a livello internazionale "in favore dell'uomo [...], della sua dignità, della sua libertà, dei suoi diritti". Ma soprattutto hanno potuto vedere il capo supremo della Chiesa cattolica presentarsi senza nessun trionfalismo, con modestia, pronto ad ascoltare e senza l'intenzione di allontanare gli ebrei dalla loro religione, come fratello tra fratelli e sorelle. Hanno sperimentato la "ritrovata fratellanza", che si è espressa anche nell'abbraccio tra il papa e il rabbino – un gesto che subito dopo cristiani ed ebrei hanno imitato nella gioia, nella riconoscenza e talora fra le lacrime. Tutto ciò ha dato l'impressione della presenza dello Spirito, che il papa aveva invocato con il salmo 133: "Ecco quanto è buono e quanto è soave che *i fratelli vivano insieme!*".

3. Il papa e la Sinagoga romana – un legame che continua

Il 15 aprile 1996, in occasione della decima ricorrenza della sua visita storica alla Grande Sinagoga, Giovanni Paolo II ha ricevuto il capo rabbino Elio Toaff e alcuni rappresentanti della comunità ebraica di Roma. Il papa si è mostrato lieto e grato per la visita ebraica: "Oggi, con la vostra venuta, mi permettete di rivivere la stessa esperienza, consentendomi di accogliervi nella mia casa, come voi avete accolto me nella vostra [...]. La vostra visita di oggi è una benedizione[5]."

In un messaggio del 22 maggio 2004[6], il legame del papa con la Sinagoga romana, che aveva visitato 18 anni prima, viene alla luce in modo molto chiaro: "Tale evento rimane scolpito nella mia memoria e nel mio cuore come simbolo della novità che ha caratterizzato, negli ultimi decenni, le relazioni tra il popolo ebraico e la Chiesa Cattolica [...]. Fu l'abbraccio dei fratelli che si erano ritrovati dopo un lungo periodo in cui non sono mancate incomprensioni, rifiuto e sofferenze". L'occasione per questo messaggio era il centenario della costruzione della Grande Sinagoga, una festa cui il papa si univa "con letizia". La festa, così il papa, ricordava il primo secolo "di questo maestoso Tempio Maggiore, che [...] s'innalza sulle rive del Tevere a testimonianza di fede e di lode all'Onnipotente".

Successivamente, il papa ha parlato del legame profondo tra la Chiesa e la Sinagoga; esso si basa sull'eredità spirituale che "senza essere divisa né ripudiata, è stata partecipata ai credenti in Cristo". Nella speranza che questo legame si approfondisca ancora di più, il papa ha dichiarato: "Durante il Medio Evo, anche alcuni dei vostri grandi pensatori, come Yehudà ha-Levi e Mosé Maimonide,

---

[5] *Insegnamenti di Giovanni Paolo II*, XIX,1, 1996, 994-995.

[6] Testo originale in lingua italiana: *L'Osservatore Romano*, 24-25 maggio 2004; *Insegnamenti di Giovanni Paolo II*, XXVII,1, 2004, 654-658.

hanno cercato di scrutare in quale modo fosse possibile adorare insieme il Signore e servire l'umanità sofferente, preparando così le vie della pace. Il grande filosofo e teologo, ben noto a san Tommaso d'Aquino, Maimonide di Cordoba (1138-1204), espresse l'auspicio che un miglior rapporto tra ebrei e cristiani possa condurre "il mondo intero all'adorazione unanime di Dio, come è detto: 'Cambierò i popoli, [così che parlino] una lingua pura, affinché tutti invochino il nome del Signore[7], e lo servano spalla a spalla' (*Sofonia* 3,9; *Mishneh Torà*, Hilkhòt Melakhim XI, 4, ed. Gerusalemme, Mossad Harav Kook)[8]."

Il messaggio del papa comprendeva anche il tema dell'antisemitismo, che la Chiesa ha respinto chiaramente e definitivamente. Il pontefice ha aggiunto che non basta però rammaricarsi e condannare le diverse forme di ostilità contro il popolo ebraico; piuttosto, dovrebbero essere promossi molto di più l'amicizia, il rispetto e le relazioni fraterne con esso.

"Il pensiero rivolto alla Terra Santa suscita nei nostri cuori preoccupazione e dolore per la violenza che continua a segnare quell'area, per il troppo sangue innocente versato da israeliani e palestinesi, che oscura il sorgere di un'aurora di pace nella giustizia". Il messaggio termina con il Salmo 117, che è citato in ebraico e latino.

---

[7] Nel testo originale (in italiano) sono state perse per sbaglio le parole: "che tutti invochino il nome del Signore", parole necessarie per la comprensione. La traduzione inglese, invece, ha corretto la dimenticanza così come appare qui.

[8] Si noti che qui il passo di Maimonide è interpretato in maniera molto libera; cfr. la traduzione inglese di A.M. Hershman, *The Code of Maimonides, Book Fourteen. The Book of the Judges* (Yale Judaica Series III; New Haven-London 1949 = 1963), 240.

II. Ripresa dei rapporti diplomatici con Israele

Solo quarantacinque anni dopo la fondazione dello Stato di Israele, il 30 dicembre 1993 è stato firmato l'accordo fondamentale tra la Santa Sede e lo Stato d'Israele; lo scambio degli ambasciatori è avvenuto nel settembre del 1994.[1] Per quanto riguarda le relazioni ebraico-cristiane, questi eventi hanno tolto di mezzo uno dei grandi ostacoli che si erano frapposti alla fiducia reciproca.

---

[1] Non è qui possibile approfondire quali siano le ragioni per cui le relazioni diplomatiche siano iniziate così tardi. Non vorrei però privare i lettori di quello che Theodor Herzl (1860-1904), il fondatore del Sionismo moderno, ha raccontato in una nota sulla sua udienza presso papa Pio X (gennaio 1904), spesso citata (p. es. *The Jerusalem Post* del 12 febbraio 2009). Herzl cercava di ricevere l'appoggio di Pio X per la sua idea di uno stato ebraico in Palestina. Il papa, così dice il documento, gli avrebbe risposto: "Non siamo in grado di promuovere questo movimento. Non possiamo impedire agli ebrei di andare a Gerusalemme – ma non potremo mai approvarlo. Come capo della Chiesa non posso risponderLe diversamente. Gli ebrei non hanno riconosciuto nostro Signore. Perciò non possiamo riconoscere il popolo ebraico, e così saremo pronti con le nostre Chiese e preti a battezzarvi tutti, quando verrete in Palestina e insedierete lì il Vostro popolo". Citazione secondo H.H. Henrix, "Wer nicht an Wunder glaubt, ist kein Realist" (David Ben-Gurion): 60 Jahre Israel, *Chilufim: Zeitschrift für jüdische Kulturgeschichte* 5 (2008), 133. Henrix si richiama per questa citazione a E. Fisher, "The Holy See and the State of Israel", *Journal of Ecumenical Studies* 24 (1987), 196-197. Per fare giustizia a papa Pio X, si deve valutare questa posizione nel suo contesto storico, e non secondo le convinzioni della Chiesa di oggi.

1. L'ACCORDO FONDAMENTALE

Il preambolo dell'accordo fondamentale[2] inizia con queste "solenni e significative parole":[3] "La Santa Sede e lo Stato d'Israele, memori del carattere straordinario e del significato universale della Terra Santa; consapevoli della natura unica delle relazioni tra la Chiesa cattolica e il popolo ebraico, e del processo storico di riconciliazione e di crescita nella comprensione reciproca e nell'amicizia tra cattolici ed ebrei [...]". Ciò che segue questa solenne introduzione costituisce un documento arido, che, in stile diplomatico, parla di doveri, di diritti, ma anche di speranze.

Entrambe le parti, la Santa Sede e lo Stato d'Israele, si riconoscono – con formulazioni in parte divergenti – a favore della libertà di religione e di coscienza, e si impegnano per una collaborazione adeguata nella lotta contro antisemitismo e razzismo. Riconoscono che entrambe le parti sono libere nell'esercizio dei loro diritti e poteri. Entrambe si impegnano a mantenere e rispettare lo *status quo* nei relativi luoghi santi cristiani. Riconoscono l'interesse da entrambe le parti alla promozione di viaggi di pellegrinaggio cristiani, nonché il diritto della Chiesa cattolica di istituire chiese, scuole e istituti di studio a tutti i livelli. Dimostrano un comune interesse allo scambio culturale. Il diritto di proprietà della Chiesa cattolica è riconosciuto, e per i problemi di natura economica e di diritto finanziario si auspica di trovare una soluzione.

L'impegno comune, a promuovere una soluzione pacifica tra gli Stati e le nazioni, nominato nell'articolo 11, ha fatto testo per la situazione politica in Medio Oriente. Alla Santa Sede, che tiene fermo il diritto all'esercizio del suo magistero morale e spirituale,

---

[2] N. J. Hoffmann – J. Sievers – M. Mottolese (eds.), *Chiesa ed Ebraismo oggi*, Pontificio Istituto Biblico, Roma 2005, 261.

[3] Così il primo ambasciatore di Israele nel suo indirizzo di saluto a Giovanni Paolo II in occasione della consegna della lettera di accreditamento; Henrix – Kraus, 952-956.

sembra opportuno impegnarsi solennemente a rimanere estranea a tutti i conflitti meramente temporali, in particolare concernente i territori e confini contestati.

2. L'INCONTRO DI GIOVANNI PAOLO II CON IL PRIMO AMBASCIATORE D'ISRAELE

L'arido documento di cui si è appena riferito è stato stipulato il 29 settembre 1994, quando il papa ha ricevuto il primo ambasciatore d'Israele, Shmuel Hadas, per la consegna della lettera di accreditamento.

L'allocuzione dell'ambasciatore da una parte ha trattato i punti essenziali dell'accordo fondamentale, in particolare il processo di pace in Medio Oriente e lo scambio culturale. Dall'altra parte, l'ambasciatore ha apprezzato l'impegno del papa per lo Stato d'Israele e ha citato le significative dichiarazioni degli anni 1980, 1984 e 1987.[4] Il rappresentante israeliano ha pure manifestato la speranza che il papa, nell'interesse della pace in tutto il Medio Oriente, anche in futuro si sarebbe adoperato per "trasmettere il messaggio dell'amore e della speranza senza esitazione". "Lo Stato d'Israele [...] e tutti i suoi cittadini sono grati a Sua Santità per il Suo contributo di profonda spiritualità e sublime umanità[5]."

Nella sua risposta, il papa ha manifestato il suo "vivo compiacimento" nel ricevere l'ambasciatore e per le relazioni diplomatiche che con questo atto venivano riprese. Il discorso[6] ha fatto accenno a vari temi dell'accordo fondamentale, e faceva intuire quali fossero particolarmente importanti per il papa. A questi appartengono i tre punti seguenti:

---

[4] Henrix – Kraus, 953.
[5] Henrix – Kraus, 954.
[6] *Insegnamenti di Giovanni Paolo II*, XVII,2 1994, 420-423 (testo originale in francese).

1. La collaborazione sperata e sancita nel contratto non concerne solo la Santa Sede e lo Stato d'Israele; "ad essa appartiene altresì un rapporto di fiducia tra le autorità israeliane e le varie istituzioni della Chiesa cattolica sul territorio della Terra Santa".

2. Per quanto riguarda lo scambio culturale menzionato nel contratto, il papa si unisce al desiderio espresso dall'ambasciatore di condurre questo scambio a livello universitario: questo sembra al papa "del tutto desiderabile". Un tale scambio "è particolarmente opportuno, poiché ci è comune una parte importante delle nostre radici culturali, iniziando da tutte le Scritture della Bibbia, il libro dei libri, la fonte sempre viva [...]. Scambiare le proprie conoscenze comuni per approfondire la comprensione delle Scritture non può che essere utile a entrambi".

3. Il papa ha parlato poi di Gerusalemme. Le sue parole a riguardo, che accennavano anche alle speranze del Vaticano per uno *status* internazionale della città, da lungo coltivate, gli sgorgavano dal cuore: "I fedeli delle grandi religioni monoteistiche si rivolgono in maniera molto particolare alla Città Santa di Gerusalemme; sappiamo che essa è ancor oggi un'arena di divisione e di conflitti; rimane però un 'patrimonio santo per tutti quelli che credono in Dio' (Lettera apostolica *Redemptionis Anno,* 20 aprile 1984) e, come dice già il suo nome meraviglioso, un punto d'incontro e simbolo della pace. Inoltre è da augurarsi che il carattere unico e santo di questa Santa Città diventi oggetto di garanzie internazionali, che assicurino l'accesso per tutti i credenti. Come ho avuto occasione di scrivere in precedenza, 'sogno il giorno, in cui a Gerusalemme ebrei, cristiani e musulmani si saluteranno a vicenda con il saluto della pace' (*ibid.*)".

III. IL GRANDE GIUBILEO E LE RELAZIONI EBRAICO-CRISTIANE

1. Preparativi del giubileo

Giovanni Paolo II ha ribadito più volte l'importanza del Giubileo del 2000. L'ha fatto soprattutto nella sua lettera apostolica *Tertio millennio adveniente*, del 10 novembre 1994, e nella bolla d'indizione del grande Giubileo, del 29 novembre 1998.

Nella lettera apostolica il papa ha ricordato le radici bibliche dell'anno del Giubileo (propriamente: anno dello Jobel) come anno di liberazione e condono, che serviva alla ricostruzione della giustizia sociale. Questo aspetto, secondo il papa, viene completato con l'altra caratteristica, di essere 'anno di grazia del Signore' (Isaia): "Il Giubileo, per la Chiesa, è proprio questo "anno di grazia": anno della remissione dei peccati e delle pene per i peccati, anno della riconciliazione tra i contendenti, anno di molteplici conversioni e di penitenza sacramentale ed extra-sacramentale. [...]. La Chiesa, pur essendo santa per la sua incorporazione a Cristo, non si stanca di fare penitenza: essa *riconosce sempre come propri*, davanti a Dio e davanti agli uomini, *i figli peccatori*[1]."

Il papa ha espresso anche la speranza che il periodo immediatamente precedente l'anno 2000 potesse essere una grande occasione per il dialogo interreligioso, in particolare con ebrei e musulmani.[2]

Nella bolla d'indizione, Giovanni Paolo II ha sottolineato come questo Grande Giubileo gli stesse particolarmente a cuore già dall'inizio del suo pontificato: "Fin dalla mia prima Lettera enciclica

---

[1] *Insegnamenti di Giovanni Paolo II*, XVII,2, 1994, 717 e 728.
[2] *Ivi*, 739-740.

Redemptor hominis, ho prospettato questa scadenza con il solo intento di preparare gli animi di tutti a rendersi docili all'azione dello Spirito[3]." L'evento festivo avrebbe avuto luogo in due centri: nella Città di Roma (e contemporaneamente in tutte le chiese particolari sparse nel mondo) e con identica festività e dignità in Terra Santa.

Riguardo al dialogo interreligioso il papa ha scritto: "Possa il Giubileo favorire un ulteriore passo nel dialogo reciproco fino a quando un giorno, tutti insieme - ebrei, cristiani e musulmani - ci scambieremo a Gerusalemme il saluto della pace".

Il Giubileo include, così il papa, la "purificazione della memoria", necessaria a tutti i cristiani: "Per quel legame, che nel corpo mistico ci unisce gli uni agli altri, tutti noi, pur non avendone responsabilità personale e senza sostituirci al giudizio di Dio che solo conosce i cuori, portiamo il peso degli errori e delle colpe di chi ci ha preceduto [...]. Come Successore di Pietro, chiedo che in questo anno di misericordia la Chiesa, forte della santità che riceve dal suo Signore, si inginocchi dinanzi a Dio ed implori il perdono per i peccati passati e presenti dei suoi figli[4]."

In riferimento alle attività da parte delle commissioni pontificie, vale la pena ricordare soprattutto i seguenti lavori preliminari:

– La Commissione pontificia per le relazioni con l'ebraismo dal 1978 aveva intrapreso la redazione di un documento sull'Olocausto e sulle questioni a esso connesse. A causa di varie complicazioni, il documento è stato pubblicato solo il 16 marzo 1998, con il titolo: *Noi ricordiamo: una riflessione sulla Shoah*. Di seguito esamineremo questo comunicato più da vicino.

– La pontificia Commissione Teologica Internazionale lavorava da qualche tempo a un documento, che ha pubblicato il 7 marzo

---

[3] *Insegnamenti di Giovanni Paolo II*, XXI,2, 1998, 1122.
[4] *Ivi*, 1132; *L'Osservatore Romano, Documenti, Supplemento a L'Osservatore Romano*, n. 275, 28 novembre 1998, V.

2000, con il titolo: *Memoria e riconciliazione: la Chiesa e le colpe del passato*.[5]

Questo documento tenta di spiegare da un punto di vista teologico lo straordinario evento che ebbe luogo pochi giorni dopo – la confessione dei peccati e la preghiera di perdono. Riguardo alle relazioni tra ebrei e cristiani, in questo contesto la commissione teologica riprende le affermazioni essenziali del documento appena nominato *Noi ricordiamo: una riflessione sulla Shoah*.[6]

– Nell'ottobre 1997 la Commissione teologico-storica organizzò un colloquio internazionale di tre giorni, cui parteciparono circa sessanta studiosi (accanto a teologi cattolici, anche esperti protestanti e ortodossi). Il colloquio si occupò del tema: "Radici antigiudaiche nel mondo cristiano". Nella sua allocuzione ai partecipanti[7], il papa apprezzò il loro lavoro come contributo alla preparazione dell'anno del giubileo e come approfondimento del dialogo tra cattolici ed ebrei.

1.1 *Noi ricordiamo: una riflessione sulla Shoah*

Questo documento (sinora l'ultimo) della Commissione per i rapporti con l'ebraismo, pubblicato il 16 marzo 1998, è consultabile in Appendice.[8] Insieme con esso è stata pubblicata la lettera d'accompagnamento che Giovanni Paolo II il 12 marzo 1998

---

[5] *L'Osservatore Romano*, 8 marzo 2000, Supplemento - Documenti.
[6] Il testo è riportato in Appendice; *L'Osservatore Romano*, 16-17 marzo 1998, 4.
[7] Testo in lingua italiana consultabile on line:
http://www.vatican.va/holy_father/john_paul_ii/speeches/1997/october/documents/hf_jp-ii_spe_19971031_com-teologica_it.html.
[8] Sembra che il documento vaticano usi qui la prima volta il concetto di "Shoah", che significa "annientamento", "devastazione", "rovina" (cfr. p. es. Is 10,3). Il concetto non sembra poter implicare una particolare interpretazione

aveva indirizzato al Cardinale E.I. Cassidy, l'allora presidente della commissione. In questa lettera il papa descrive la Shoah come "un'indelebile macchia" nella storia del XX secolo. La memoria contribuisce in modo fondamentale alla costruzione di un futuro in cui il male inesprimibile della Shoah non si possa mai più ripetere. Ebrei e cristiani e tutti gli uomini e le donne di buona volontà devono "lavorare insieme per un mondo di autentico rispetto per la vita e la dignità di ogni essere umano, poiché tutti sono stati creati ad immagine e somiglianza di Dio".

Chi ha seguito la mia presentazione dei rapporti ebreo-cristiani, non ha bisogno di una particolare introduzione per comprendere il documento. Quasi tutti i temi trattati, li ho già incontrati durante le varie tappe del dialogo. Sono necessarie comunque un paio di osservazioni che mettano in evidenza i pregi del nuovo documento e pongano alcune domande critiche. Queste sono state sollevate tra l'altro anche da parte ebraica. Apprezziamo e rispettiamo queste voci ebraiche come frutto del dialogo in cui Giovanni Paolo II stesso aveva sperato quando scriveva la Lettera apostolica *Tertio millennio adveniente*, in particolare proprio per il periodo precedente all'anno 2000.

In questo senso vorrei brevemente esaminare le cinque sezioni del documento.

a. La tragedia della Shoah e il dovere del ricordo

Questo tema della prima sezione cita innanzitutto le parole della Lettera apostolica, secondo la quale la Chiesa, guardando la fine del secondo millennio cristiano, si occupa con più forte consapevolezza della colpa dei suoi figli e delle sue figlie, quando hanno offerto al mondo "anziché la testimonianza di una vita ispirata ai valori della fede, lo spettacolo di modi di pensare e di agire

---

religiosa, in contrasto al concetto di "olocausto", che indica il "sacrificio totale", il "sacrificio da bruciare".

che erano vere forme di anti-testimonianza e di scandalo". La tragedia ineffabile della Shoah è "uno dei principali drammi della storia di questo secolo, un fatto che ci riguarda ancora oggi". Di fronte a questo genocidio terribile, nessuno può rimanere indifferente, e meno di tutti la Chiesa, così prosegue il testo. Il futuro comune di ebrei e cristiani esige che noi ricordiamo.

b. Che cosa dobbiamo ricordarci

L'oggetto del ricordo è la molteplice sofferenza che ha colpito il popolo ebraico, un popolo che ha reso testimonianza in maniera singolare ai Santi d'Israele e alla Torah. La Shoah ha rappresentato la più terribile delle sofferenze. Per poter comprendere completamente le dimensioni di tale crimine, mancano ancora molti studi scientifici, che però non possono cogliere un tale evento nella sua totalità. Occorre una "memoria morale e religiosa" e una riflessione seria sulle ragioni che hanno portato a tali delitti.

c. Le relazioni tra ebrei e cristiani

La terza sezione tratta dei rapporti tra ebrei e cristiani nella storia, partendo dagli inizi del Cristianesimo. La quarta è dedicata all'antisemitismo nazionalsocialista e alla Shoah.

Mi sono già soffermato sui temi di entrambe le sezioni[9], così che qui è sufficiente limitarsi a una delle domande critiche.

Nell'introduzione alla terza sezione si afferma che il bilancio dei rapporti tra ebrei e cristiani risulta abbastanza negativo. Questo fatto, già agli inizi del Cristianesimo, si basava in parte su alcune interpretazioni del Nuovo Testamento in riferimento agli ebrei: "Nel mondo cristiano – non dico da parte della Chiesa in quanto tale – interpretazioni erronee e ingiuste del Nuovo Testamento riguardanti il popolo ebreo e la sua presunta colpevolezza sono cir-

---

[9] Cfr. *supra*, pp. 76-79, 83-90.

colate per troppo tempo, generando sentimenti di ostilità nei confronti di questo popolo[10]."

Agli occhi di molti ebrei e di alcuni cristiani, questo inciso sulla Chiesa come tale suona come un'assoluzione dal concorso di colpa e dalla responsabilità.[11] Come già accennato, di una tale responsabilità aveva già parlato nel 1964 il Cardinale Bea: "Qui forse dovremmo confessare molte colpe anche della Chiesa stessa[12]." Anche le conferenze episcopali nazionali si sono espresse in questo senso, così per esempio la conferenza episcopale tedesca e austriaca in una dichiarazione comune (20 ottobre 1988): "Dobbiamo assumerci i pesi della storia. Lo dobbiamo alle vittime [...]. Lo dobbiamo ai sopravvissuti e congiunti [...]. Ma lo dobbiamo pure alla Chiesa e così anche a noi stessi. Perché la storia non è qualcosa di esteriore, è parte della propria identità di Chiesa e può ricordarci che la Chiesa che professiamo santa e veneriamo come mistero, è una Chiesa peccatrice e bisognosa di conversione[13]."

Si riporta come il predicatore pontificio P. Raniero Cantalamessa nella sua omelia del Venerdì Santo abbia citato le parole del papa del 31 ottobre, omettendo però l'osservazione sulla Chiesa come tale; presumibilmente è da valutare come un gesto di attenzione degno di nota all'interno di questo dialogo.[14]

Dietro alle difficoltà accennate sta il problema, da parte dei teologi, di mettere d'accordo l'ideale della Chiesa – la sposa di Cristo,

---

[10] Allocuzione di Giovanni Paolo II al Colloquio "Radici antigiudaiche nel mondo cristiano," 31 ottobre 1997 (*L'Osservatore Romano*, 3-4 novembre 1997, 7).

[11] Cfr. p. es. le risposte a questo documento presentate da parte del gruppo di discussione "Ebrei e cristiani" presso il Comitato centrale dei cattolici tedeschi (Henrix – Kraus, 392-399, in particolare 393) e il Comitato ebraico internazionale per le consultazioni interreligiose (Henrix – Kraus, 958-965, in particolare 959-960).

[12] Cfr. *supra*, p. 27.

[13] Henrix – Kraus, 358-359.

[14] Questa informazione si trova nella risposta dell'appena nominato Comitato giudaico internazionale (Henrix – Kraus, 960).

"senza macchia né ruga o alcunché di simile, ma santa e immacolata" Ef 5,27) – con la realtà della Chiesa concreta, fatta di peccatori. La Commissione teologica di cui si è accennato si è occupata ampiamente di questo tema. La Commissione tratta anche degli approcci biblici (sia nell'AT, sia nel NT) alla questione: popolo santo di Dio e colpa.[15] Il punto di vista giudaico, importante per il Nuovo Testamento e testimoniato soprattutto nella letteratura proto-rabbinica, non viene preso in considerazione.

Per gli ebrei che, come già detto prima, non stimano moltissimo la teologia, il problema del "santo popolo Israele" e dei "malfattori in Israele" non si pone in maniera così acuta; come già nell'Antico Testamento si accettano più risposte a questa domanda.[16]

d. L'antisemitismo dei nazisti e la Shoah

La separazione delle sezioni 3 e 4 è problematica e fuorviante. Distanzia l'antisemitismo nazionalsocialista dall'anti-giudaismo (sezione 3) e indebolisce l'argomento che entrambi non si lascino separare completamente l'uno dall'altro. Il documento tratta, anche se solo con formulazioni molto vaghe, di come pregiudizi antiebraici abbiano reso i cristiani poco sensibili o addirittura indifferenti nei confronti delle persecuzioni degli ebrei; a stento però annette importanza a questo fatto, se sostiene: "La Shoah fu l'opera di un tipico regime moderno neopagano. Il suo antisemitismo aveva le proprie radici fuori del cristianesimo." Come già prima motivato, non possiamo acconsentire a questa visione.[17] È da accogliere con piacere ciò che afferma su questa questione il Comitato ebraico internazionale per le consultazioni interreligiose: "È stato l'antigiudaismo cristiano a rendere possibile un anti-

---

[15] Henrix – Kraus, 136-141.

[16] Cfr. R. Neudecker, "Does God Visit the Iniquity of the Fathers upon their Children? Rabbinic Commentaries on Exod 20:5b (Deut 5:9b)", *Gregorianum* 81 (2000), 5-24. Cfr. anche *infra*, pp. 156-158.

[17] Cfr. *supra*, pp 88-90.

semitismo moderno e pagano, privando dei diritti gli ebrei e il giudaismo [...]. È vero che il regime nazionalsocialista fece propria un'ideologia pagana che è stata rigettata dalla Chiesa – benché ciò non significasse che tutti i responsabili della Chiesa e i credenti rifiutassero il nazionalsocialismo. È da tener fermo che Hitler, Himmler e tutti gli altri Führer nazisti erano cristiani battezzati che non furono mai scomunicati. Lo stesso vale per l'enorme apparato di assassini prodotti dall'Europa cristiana. La Chiesa non è accusata di aver avuto una responsabilità immediata per la Shoah, ma per quell'eredità accumulata in milleseicento anni, che ha creato una predisposizione in un ambiente in cui la Shoah è stata resa possibile e nel quale molti cristiani non soffrivano di rimorsi per il loro collaborazionismo[18]."

Riguardo alla questione se i cristiani abbiano prestato agli ebrtei ogni aiuto possibile, il documento fa tra l'altro presente come:

"All'inizio, i capi del Terzo Reich cercarono di espellere gli ebrei. Sfortunatamente, i Governi di alcuni Paesi occidentali di tradizione cristiana, inclusi alcuni del Nord e Sud America, furono più che esitanti ad aprire i loro confini agli ebrei perseguitati. Anche se non potevano prevedere quanto lontano sarebbero andati i gerarchi nazisti nelle loro intenzioni criminali, i capi di tali nazioni erano a conoscenza delle difficoltà e dei pericoli a cui erano esposti gli ebrei che vivevano nei territori del Terzo Reich. In quelle circostanze, la chiusura delle frontiere all'immigrazione ebraica [...] costituisce un grave peso di coscienza per le autorità in questione.[19] Nelle terre dove il nazismo intraprese la deportazione di massa, la brutalità che accompagnò questi movimenti forzati di gente inerme, avrebbe dovuto suscitare il sospetto del peggio".

---

[18] Henrix – Kraus, 962.
[19] A questo riguardo cfr. tra l'altro lo studio edito da R. Breitman – B. McDonald Stewart – S. Hochberg, *Refugees and Rescue: The Diaries and Papers of James G. McDonald, 1935-1945* (Bloomington, IN 2009) e inoltre *The Jerusalem Post* (edizione online) del 2 maggio 2009.

e. Uno sguardo sul futuro comune

In questa parte finale del documento si esprime ancora una volta il rammarico profondo della Chiesa cattolica per gli errori dei suoi figli e figlie di tutte le generazioni. Il documento dice che si tratta di un atto di conversione (*teschuwa*) per tutti, perché come membro della Chiesa ogni singolo prende parte sia ai peccati, sia ai meriti di tutti. Si augura che la consapevolezza dei peccati del passato possa trasformarsi in un impegno deciso per un nuovo futuro.

Riassumendo possiamo definire il documento nel suo complesso come un passo significativo sulla strada verso l'anno del Giubileo e verso il nuovo millennio. Alcune deficienze della dichiarazione hanno contribuito a far proseguire il dialogo, nel senso che hanno sollecitato una risposta dai partner ebraici del dialogo.

2. AMMISSIONE DI COLPA E PREGHIERA DI PERDONO

La "purificazione della memoria" preparata da lungo tempo e sollecitata instancabilmente da Giovanni Paolo II ha avuto luogo la prima domenica di quaresima (12 marzo) del 2000.

In una solenne liturgia pontificale a San Pietro, con simboli e gesti commoventi, è stata pronunciata innanzi tutto un'ammissione di colpa generale nei confronti delle gravi manchevolezze della Chiesa cattolica. Poi sono state nominate una ad una alcune concrete mancanze.[20] Il papa ha introdotto questa liturgia penitenziale con le parole: "Cari fratelli e sorelle, invochiamo con fiducia

---

[20] *L'Osservatore Romano*, 13 marzo 2000, 1, 7-9. Le manchevolezze riguardano la colpa nel servizio per la verità; peccati contro l'unità del corpo di Cristo; colpa nel rapporto con Israele; colpa per le manchevolezze contro l'amore, contro la pace, i diritti dei popoli, il rispetto delle culture e delle religioni; peccati contro la dignità della donna e l'unità della specie umana; peccati nell'ambito dei diritti fondamentali della persona.

Dio nostro Padre, che è misericordioso e longanime, ricco di misericordia, amore e fedeltà. Egli accetterà il pentimento del suo popolo che in umiltà riconosce i suoi peccati, e gli donerà la sua misericordia". Di seguito, un alto rappresentante della Curia ha pronunciato per ogni singola intenzione la richiesta. Dopo un breve periodo di silenzio il papa ha pronunciato poi la preghiera di perdono vera e propria.

All'ammissione dei peccati nei rapporti con il popolo ebraico, il Cardinale Cassidy (presidente della Commissione pontificia per i rapporti con l'ebraismo) ha detto: "Preghiamo perché, nel ricordo delle sofferenze patite dal popolo di Israele nella storia, i cristiani sappiano riconoscere i peccati commessi da non pochi di loro contro il popolo dell'alleanza e delle benedizioni, e così purificare il loro cuore".

Poi è seguita la preghiera del papa: "Dio dei nostri Padri, tu hai scelto Abramo e la sua discendenza perché il tuo Nome fosse portato alle genti: noi siamo profondamente addolorati per il comportamento di quanti nel corso della storia hanno fatto soffrire questi tuoi figli, e chiedendoti perdono vogliamo impegnarci in un'autentica fraternità con il popolo dell'alleanza. Per Cristo nostro Signore[21]."

3. LA VISITA IN TERRA SANTA DI GIOVANNI PAOLO II

La visita in Terra Santa di Giovanni Paolo II ha rappresentato il culmine del grande giubileo e può al contempo essere definita come il coronamento del suo pontificato.[22] Gli sforzi del papa per

---

[21] *L'Osservatore Romano*, 13 marzo 2000, 7.

[22] Cfr. la documentazione in Henrix – Kraus, 157-161 (in inglese, lingua originale: *Insegnamenti di Giovanni Paolo II*, XXII,1, 2000, 402-404, 437-439). Le allocuzioni ebraiche ufficiali durante il viaggio in Israele sono reperibili in Henrix – Kraus, 967-973. Online in italiano:
http://www.vatican.va/holy_father/john_paul_ii/travels/sub_index/trav_holyland-2000_it.htm

un nuovo rapporto tra la Chiesa cattolica e il popolo ebraico si sono espressi in parole e gesti convincenti, in particolare nelle tre occasioni di cui trattiamo di seguito.

1. Al suo *arrivo all'aeroporto di Tel Aviv* il 21 marzo 2000, il papa ha detto che era suo ardente desiderio personale visitare la Terra Santa nella ricorrenza dei duemila anni dalla nascita di Gesù. Il viaggio, che lo aveva portato prima al Sinai, è un pellegrinaggio di preghiera e ringraziamento. "A ogni passo del cammino sono mosso da un vivo senso di Dio che ci ha preceduti e ci guida, che desidera che Lo onoriamo in spirito e verità, che riconosciamo le nostre differenze e il fatto che ogni essere umano è creato a immagine e somiglianza dell'Unico Creatore del cielo e della terra". La sua visita, così continua, è anche un tributo alle tre tradizioni religiose che convivono in questo paese. Egli prega che la sua visita serva al dialogo interreligioso, "che porterà gli Ebrei, i Cristiani e i Musulmani a individuare nelle rispettive credenze e nella fraternità universale che unisce tutti i membri della famiglia umana, la motivazione e la perseveranza per operare a favore di quella pace e di quella giustizia che i popoli della Terra Santa non possiedono ancora e alle quali anelano tanto profondamente".

2. L'*allocuzione del papa nel museo memoriale Yad Vashem* ("monumento e nome"; cfr. Is 56,5) testimonia una straordinaria sensibilità e profondità spirituale. Non è il caso di annacquare o addirittura rovinare questa allocuzione con un commento. Eppure voglio richiamare l'attenzione dei lettori sulle parole "silenzio" e "ricordare" che ricorrono continuamente, nelle prime frasi e in tutta l'allocuzione.

Il papa, all'inizio ha recitato i suggestivi versetti 13-15 del Salmo 31, in cui vengono espressi il lamento e nel contempo una sicurezza fiduciosa. Poi ha proseguito:

> In questo luogo della memoria, la mente, il cuore e l'anima provano un estremo bisogno di silenzio. Silenzio nel quale ricordare. Silenzio nel quale cercare di dare un senso ai ricordi che ritornano impetuosi.

Silenzio perché non vi sono parole abbastanza forti per deplorare la terribile tragedia della *Shoah*. Io stesso ho ricordi personali di tutto ciò che avvenne quando i Nazisti occuparono la Polonia durante la Guerra. Ricordo i miei amici e vicini ebrei, alcuni dei quali sono morti, mentre altri sono sopravvissuti.

Sono venuto a Yad Vashem per rendere omaggio ai milioni di Ebrei che, privati di tutto, in particolare della loro dignità umana, furono uccisi nell'Olocausto. Più di mezzo secolo è passato, ma i ricordi permangono.

Qui, come ad Auschwitz e in molti altri luoghi in Europa, siamo sopraffatti dall'eco dei lamenti strazianti di così tante persone. Uomini, donne e bambini gridano a noi dagli abissi dell'orrore che hanno conosciuto. Come possiamo non prestare attenzione al loro grido? Nessuno può dimenticare o ignorare quanto accadde. Nessuno può sminuirne la sua dimensione.

Noi vogliamo ricordare. Vogliamo però ricordare *per uno scopo,* ossia per assicurare che mai più il male prevarrà, come avvenne per milioni di vittime innocenti del Nazismo.

Come poté l'uomo provare un tale disprezzo per l'uomo? Perché era arrivato al punto di disprezzare Dio. Solo un'ideologia senza Dio poteva programmare e portare a termine lo sterminio di un intero popolo.

Dopo queste parole profondamente sentite, che costituivano circa metà dell'allocuzione, il papa ha ricordato anche i "Giusti tra le nazioni" che si sono adoperati per salvare degli ebrei e che sono onorati a *Yad Vashem*. Le azioni eroiche di questi uomini e donne mostrano come nemmeno nell'ora più buia tutte le luci si fossero spente. Il papa ha anche parlato dell'inestimabile patrimonio spirituale comune, "che deriva dall'autorivelazione di Dio". Ha parlato del rammarico profondo della Chiesa per tutto il male che da parte dei cristiani è stato fatto nei confronti degli ebrei. "Qui a Yad Vashem, la memoria è viva e arde nel nostro animo".

3. *Preghiera al muro occidentale* ("muro del pianto") il 26 marzo 2000. Il papa si è fermato in silenzio a pregare, piegato dall'età, dalla malattia e dal peso costituito dalle colpe della sua Chiesa, nonché dal peso del destino indicibile subito dal popolo ebraico.[23] In conformità alla tradizione di infilare una preghiera scritta in una fessura del muro, il papa ha lasciato nel muro occidentale uno scritto con l'ammissione di colpa e la richiesta del perdono, che aveva pronunciato il 12 marzo a Roma a nome della Chiesa:

"Dio dei nostri Padri,
tu hai scelto Abramo e la sua discendenza
perché il tuo Nome fosse portato alle genti:
noi siamo profondamente addolorati
per il comportamento di quanti
nel corso della storia hanno fatto soffrire questi tuoi figli,
e chiedendoti perdono vogliamo impegnarci
in un'autentica fraternità
con il popolo dell'alleanza"

In conclusione, possiamo valutare la visita del papa in Terra Santa come testimonianza degna di uno dei rappresentanti dei discepoli di Gesù, che ha incontrato il popolo ebraico con grande sensibilità e con rispetto della loro chiamata religiosa e dell'autonomia del loro cammino.

---

[23] Il papa aveva scritto a un amico ebreo di gioventù come gli paresse che il destino degli ebrei polacchi toccasse lui stesso. L'allora premier israeliano Ehud Barak ne fece cenno durante la sua allocuzione in seguito al discorso del papa a *Yad Vashem* (Henrix – Kraus, 970).

IV. RICONOSCIMENTO EBRAICO DEI MERITI DI GIOVANNI PAOLO II

I rappresentanti dello Stato d'Israele hanno ripetutamente dimostrato al Papa la loro stima e la loro benevolenza. In un messaggio pubblicato poco prima dell'arrivo del papa, i due rabbini-capo hanno dato il benvenuto al papa come ad un amico di Gerusalemme: "Chiedete pace per Gerusalemme: vivano sicuri quelli che ti amano!" (Sal 122,6). Sovente echeggiava il tradizionale saluto: "Benedetta sia la tua visita!". I meriti del papa per un miglioramento nei rapporti tra cristiani ed ebrei sono stati apprezzati; un particolare riconoscimento ha avuto il pentimento espresso a nome di tutta la Chiesa cattolica rispetto ai terribili crimini commessi in passato contro il popolo ebraico.

Anche la Conferenza Centrale dei Rabbini Americani (Riformisti) e l'Assemblea Rabbinica (Conservatori) hanno espresso a nome di 3.000 rabbini il loro riconoscimento per "i rapporti sempre più stretti tra le comunità ebraica e cattolica." In una dichiarazione (14 marzo 2000)[1] in occasione della "storica liturgia di perdono" della prima domenica di quaresima del 2000 è scritto tra altro:

"Apprezziamo i passi coraggiosi di Papa Giovanni Paolo II nel risanare la breccia storica che ha separato le nostre comunità.

Il papa ha affermato la natura irrevocabile del patto di Dio con il popolo ebraico. Ha condannato l'antisemitismo come un 'peccato contro Dio'.

Ha intessuto relazioni diplomatiche con Israele, riconoscendo il diritto all'esistenza dello Stato ebraico all'interno di confini sicuri.

---

[1] Cfr. Henrix – Kraus, 965-966.

Ha invitato la Cristianità a impegnarsi nella conversione (*teshuva*[2]) per le atrocità dell'Olocausto.
Ha chiesto perdono per gli eccessi delle crociate e dell'Inquisizione.
Egli si è opposto al proselitismo cristiano nei confronti degli ebrei, incoraggiando piuttosto l'intensificazione della pietà ebraica [...].

Ispirandoci al linguaggio usato dal Papa, esortiamo i nostri gruppi rabbinici a impegnarsi nell'intensificare il dialogo e la collaborazione con i nostri vicini Cattolici Romani.

In questo momento storico del primo pellegrinaggio papale nello Stato sovrano ebraico, possa la guida carismatica di Giovanni Paolo II guidarci verso la più grande riconciliazione, amicizia e compartecipazione nel realizzare *tikkum olam*[3]."

---

[2] Il concetto si riferisce alla penitenza, intesa come "ritorno" a Dio.
[3] Cioè, il miglioramento del mondo, ovvero: un mondo più sano.

V. Preghiera di Giovanni Paolo II per il popolo ebraico

Il nuovo rapporto con il popolo ebraico, per il quale Giovanni Paolo II si è adoperato instancabilmente durante il suo pontificato e cui lui stesso ha dato un'impronta decisiva, si manifesta nella preghiera per il popolo ebraico che Egli ha indirizzato a Dio l'11 giugno 1999 a Varsavia.[1]

> Padre d'Abramo,
> Padre dei profeti,
> Padre di Gesù Cristo,
> da te è tutto avvolto,
> a te tutto tende,
> tu sei la meta di tutto.
> Ascolta le preghiere che ti presentiamo per il popolo ebraico, che ti è sempre caro per amore dei loro antenati.
> Risveglia in esso una nostalgia sempre più viva del tuo amore e della tua verità.
> Assistilo nei suoi sforzi per la pace e la giustizia, affinché questo popolo possa testimoniare l'onnipotenza della tua benedizione.
> Assistilo, affinché sperimenti rispetto e amore da parte di coloro che ancora non comprendono la misura della sua sofferenza, e da parte di coloro che, solidali e consapevoli della premura reciproca, compatiscono il dolore e le ferite del popolo ebraico.
> Ricordati delle generazioni future, dei giovani e dei bambini, affinché credano sempre fedelmente a te e a ciò che costituisce lo speciale segreto della loro vocazione.

---

[1] Henrix – Kraus, 128.

Rafforza tutte le generazioni affinché grazie alla loro testimonianza l'umanità comprenda che il tuo piano di salvezza si estende a tutta l'umanità e che tu, Padre, sei inizio e meta di tutti i popoli.
Amen

VI. "Confermare e rafforzare il percorso tracciato"
La visita di Benedetto XVI alla Grande Sinagoga di Roma

Il 17 gennaio 2010, giorno in cui la Chiesa italiana ha celebrato la giornata dell'ebraismo,[1] Benedetto XVI ha fatto visita alla comunità ebraica di Roma; tale evento, considerato di portata storica, è stato ampiamente documentato da *L'Osservatore Romano*.[2] Dopo ventiquattro anni è stata la seconda visita di un papa ai suoi concittadini romani più anziani, che infatti sono presenti nella Città Eterna ancor prima dei cristiani.

Lo stretto vicinato tra ebrei e cristiani, che dura da quasi due millenni, è stato spesso contraddistinto da rivalità, ostilità, persecuzione e il più delle volte da disinteresse – atteggiamenti tutti rigettati dal Concilio Vaticano II. Per Benedetto XVI, l'incontro con la comunità ebraica doveva rappresentare "un'ulteriore tappa nel cammino di concordia e di amicizia", come ha detto dopo la preghiera dell'Angelus, poche ore prima della visita in Sinagoga. Nonostante i problemi e le difficoltà tuttora vigenti, tra i fedeli di entrambe le religioni pare regnare un clima di grande rispetto e vero dialogo. La comunità ebraica ospitante nutriva nei confronti della visita del papa aspettative altrettanto alte. Nel suo saluto, Riccardo Pacifici, presidente della comunità ebraica di Roma, ha detto che la visita rappresenta "un evento che lascerà una traccia profonda nelle relazioni tra il mondo ebraico e cristiano". Ha augurato che esso potesse ripercuotersi oltre il mero livello religio-

---

[1] In quella data ricorre il ventesimo anniversario della giornata dell'ebraismo, introdotta nel 1990 da parte della Conferenza episcopale italiana, che ha come tema la relazione particolare tra ebrei e cristiani. Simili iniziative sono state intraprese in Austria, Polonia e nei Paesi bassi.
[2] *L'Osservatore Romano*, 18-19 gennaio 2010.

so e raggiungere così anche l'ambito dei rapporti interpersonali all'interno della società civile.

Prima di entrare in Sinagoga, il papa ha voluto rendere onore alle vittime della Shoah. Ha così reso omaggio a una lapide commemorativa presso l'entrata storica del vecchio ghetto, ha deposto una corona di fiori e ha ricordato in silenzio i 1.021 ebrei romani deportati in un campo di concentramento dalle SS tedesche il 16 ottobre 1943; solo 17 di loro sono sopravvissuti. Riprendendo il percorso verso la Sinagoga, si è fermato davanti ad una seconda lapide commemorativa dell'attentato del 9 ottobre 1982, compiuto da estremisti palestinesi. Vi perse la vita Stefano Tachè, un bambino di due anni; 37 ebrei vennero feriti.

Giunto davanti ai gradini d'accesso alla Sinagoga, il papa è stato ricevuto dal capo rabbino, Riccardo Di Segni, e insieme, accompagnati dall'applauso cordiale dei presenti, sono entrati nel Tempio. Il Salmo 126, cantato dal coro, ha ribadito il significato dell'evento. Questo "canto di ascesa" descrive la risalita del popolo ebraico dalle profondità dell'esilio ed esprime al contempo la speranza per un'ascesa definitiva alla redenzione, un'ascesa che, accompagnata da segni prodigiosi, apparirà come il compimento di un sogno a lungo coltivato.

1. I DISCORSI DELLA COMUNITÀ EBRAICA

Con gratitudine e cortesia, il presidente della comunità ebraica di Roma, il presidente dell'unione delle comunità ebraiche d'Italia e il capo rabbino della comunità ebraica di Roma hanno dato il benvenuto al papa. Tra i temi principali delle loro allocuzioni citiamo i seguenti:

– *Una comunità ebraica vitale, orgogliosa della sua storia*

Il Capo rabbino ha descritto la situazione contemporanea della sua comunità con le seguenti parole: "Viviamo un periodo di riscoperta della nostra tradizione, dello studio e della pratica della Torah. Le nostre scuole crescono, le liturgie sono più frequenti, aumenta il numero di sinagoghe all'interno del territorio della città.[3] Tali eventi vengono accolti volentieri, in spirito di amicizia, e sono pienamente integrati nella vita della città, in un clima di solidarietà e apertura mentale". Già prima del discorso del rabbino, Pacifici ha accennato come la comunità romana, la più antica della diaspora occidentale, può essere fiera della sua storia, nonché del contributo che ha dato alla città e a tutta l'Italia nell'ambito della cultura, dell'economia, dell'arte e della politica.

– Lo Stato di Israele

La ricostituzione dello Stato di Israele è stato descritto in tutte e tre le allocuzioni come il compimento di un desiderio che si protraeva da millenni. "Per noi ebrei" – così Pacifici – "lo Stato d'Israele è il frutto di una storia comune e di un legame indissolubile; è una parte sostanziale della nostra cultura e tradizione". Pacifici e il rabbino capo hanno rilevato come per tutti gli ebrei credenti, e in fondo per chiunque si riconosca negli scritti biblici, si tratta della terra promessa nella Bibbia e destinata al popolo ebraico da Dio. Nelle parole del rabbino: È la Terra Santa, cioè "la terra di Colui che è santo", che è stata promessa "ai figli di Giacobbe/Israele".[4] Il rabbino ha tuttavia anche menzionato come

---

[3] Al momento esistono quindici sinagoghe. Questo numero si è più che raddoppiato dal 1986. A Roma vivono tra 15.000 e 20.000 ebrei; circa 13.000 di loro sono membri della comunità ebraica.

[4] Per la questione del significato religioso dello Stato d'Israele cfr. *supra*, pp. 102-103 e pp. 80-82. Per il presidente di Stato israeliano Shimon Peres e per molti altri ebrei, la fondazione dello Stato d'Israele rappresenta "la risposta morale e storica al tentativo di eliminare il popolo ebraico dalla terra". In quanto israeliano, è addolorato intimamente per il tragico ritardo nella formazione dello Stato d'Israele, per il quale il suo popolo era rimasto senza luogo di rifugio. Peres ha ricordato che, già poco dopo la sua nascita, Israele ha aperto le porte ai sopravvissuti della Shoah e ai molti profughi ebrei in paesi arabi. "Tutte le altre porte rimasero chiuse per loro" (discorso tenuto al Parlamento tedesco - Deutscher

lo Stato d'Israele rappresenti un'entità politica che è "garantita dai diritti dell'uomo" e che è stata anche riconosciuta diplomaticamente dalla Santa Sede.

Non si è invece fatto cenno alla questione del diritto dei palestinesi ad un proprio Stato e alla giustizia nei loro confronti. Il papa nella sua allocuzione non ha nominato né lo Stato d'Israele né uno Stato dei palestinesi; ha parlato però della "Terra Santa" e ha fatto riferimento alla terra abitata dagli ebrei e dai palestinesi.

– La Shoah e il dovere del ricordo

Ricordare la Shoah non significa soltanto ricordare l'atrocità indescrivibile esercitata contro il popolo ebraico; comprende anche la testimonianza della fedeltà al proprio popolo e alla sua religione, una testimonianza che così tanti ebrei hanno reso al cospetto della persecuzione e della morte. Al ricordo appartiene anche la gratitudine per l'aiuto sperimentato da altre persone. Pacifici, il cui padre e zio avevano trovato rifugio in un convento, ha ricordato tale atto di carità verso il prossimo e ha proseguito: "Questo non era un'eccezione, né in Italia né in altre parti d'Europa. Numerosi religiosi misero in pericolo la propria vita per salvare migliaia di ebrei da una morte sicura, senza richiedere alcuna contropartita[5]."

In questo contesto il "silenzio" da parte di papa Pio XII continua a rappresentare, secondo lui, una ferita aperta. Con parole leggermente diverse, anche il rabbino capo ha espresso lo stesso

---

Bundestag - il 27 gennaio 2010, per la decima giornata di memoria internazionale per le vittime della Shoah; *Frankfurter Allgemeine Zeitung*, 28 gennaio 2010, 7). Cfr. anche *supra*, pp. 80-82.

[5] Secondo Peres appartengono al ricordo anche il senso di colpa dell'umanità al cospetto di questo incomprensibile e terribile atto, nonché "la tragedia dell'omissione". Il mondo allora in fiamme era talmente distratto, "che la macchina dello sterminio poteva continuare a lavorare indisturbata giorno dopo giorno, anno per anno". Cfr. anche *supra*, pp. 119-120.

concetto. Per giungere ad un giudizio unanime riguardo a tale questione, Pacifici auspica, con tutto il rispetto, che venga reso possibile l'accesso ai relativi documenti.

Tale ferita si potrà comprendere meglio, se si considera come ci si fosse aspettati una protesta pubblica rispetto alla deportazione dei suoi concittadini da parte del papa, il vescovo della loro città.

– *Collaborazione e amicizia*

Il tema della collaborazione e dell'amicizia ha attraversato tutte le allocuzioni tenute durante la visita del papa. Tra gli ambiti di una collaborazione fruttuosa, il rabbino ha nominato in particolare la tutela della natura, della santità della vita e della dignità dell'uomo. Le azioni comuni, che si fondano su convinzioni comuni, conducono – ha affermato sempre il rabbino – a un rispetto e amicizia reciproci, così come è evidente dall'incontro in sinagoga. L'amicizia tra ebrei e cristiani non deve però mai essere esclusiva; essa deve essere aperta in particolare ai musulmani (alcuni rappresentanti erano presenti in sinagoga), ma anche a tutti gli altri uomini. "La preghiera, che s'innalza da questa sinagoga, è una preghiera per la pace universale, che è stata annunciata da Isaia (66,12)".

2. L'ALLOCUZIONE DI PAPA BENEDETTO XVI

Il papa ha iniziato e concluso il suo discorso[6] con le parole dei salmi (126,2-3; 133,1; 117), che esprimono gloria e gratitudine verso Dio. L'incontro in sinagoga secondo il pontefice è un'occasione particolare di grazia e motivo di gioia. Il papa ha detto:

---

[6] *Insegnamenti di Benedetto XVI*, VI,1, 2010, 86-92; *L'Osservatore Romano*, 18-19 gennaio 2010, 4-5.

"Con sentimenti di viva cordialità mi trovo in mezzo a voi per manifestarvi la stima e l'affetto che il Vescovo e la Chiesa di Roma, come pure l'intera Chiesa Cattolica, nutrono verso questa Comunità e le Comunità ebraiche sparse nel mondo". La sua visita, prosegue il pontefice, s'inserisce nel percorso tracciato da Giovanni Paolo II, volto a consolidare le buone relazioni reciproche, e mira a confermare ed intensificare tale tragitto.

Come temi principali dell'allocuzione papale segnalo:

– *Il Concilio Vaticano II – punto di partenza di un "percorso irrevocabile"*

L'insegnamento del Concilio Vaticano II, che avviò una nuova tappa nelle relazioni ebraico-cattoliche, costituisce per i cattolici un fermo punto di riferimento e di orientamento. Il Concilio diede inoltre "un decisivo impulso all'impegno di percorrere un cammino irrevocabile di dialogo, di fraternità e di amicizia". Da allora questo percorso è stato approfondito attraverso passi significativi, e si è sviluppato grazie alla visita alla sinagoga romana di Giovanni Paolo II, con i suoi numerosi incontri con rappresentanti dell'ebraismo, nonché con il suo pellegrinaggio in Terra Santa. Anche i documenti vaticani, di cui si è trattato nella prima parte del libro, hanno offerto, secondo le parole di papa Benedetto, orientamenti preziosi per uno sviluppo positivo delle relazioni ebraico-cristiane. Egli stesso ha continuato il percorso del suo predecessore e ha voluto mostrare la sua simpatia e il suo apprezzamento per il "popolo dell'alleanza". Il papa ha ricordato il suo pellegrinaggio in Terra Santa (maggio 2009) e i molti incontri con comunità e organizzazioni ebraiche, in particolare nelle sinagoghe di Colonia (2005) e New York (2008). Per quanto concerne il percorso avviato dal Concilio, secondo il pontefice "la Chiesa non ha mancato di deplorare le mancanze dei suoi figli e figlie, chiedendo perdono per tutto ciò che ha potuto favorire in qualche modo le piaghe dell'antisemitismo e dell'antigiudaismo". Benedetto XVI ha poi recitato proprio la preghiera di cordoglio "che risuona vera e sincera nel profondo del nostro cuore", pronunciata dal suo predecessore a Roma nell'anno del Grande Giubileo e infilata come preghiera scritta in una fessura del muro del pianto[7]:

"Dio dei nostri Padri,
tu hai scelto Abramo e la sua discendenza
perché il tuo Nome sia portato ai popoli:
noi siamo profondamente addolorati
per il comportamento di quanti
nel corso della storia li hanno fatti soffrire, essi che sono tuoi figli,
e domandandotene perdono, vogliamo impegnarci
a vivere una fraternità autentica
con il popolo dell'Alleanza"

– *L'odio del regime nazista e dei suoi seguaci, e la Shoah*

Il XX secolo rappresenta per l'umanità un'epoca davvero tragica. Ideologie terribili, che avevano le loro radici nell'idolatria dell'uomo, della razza, dello Stato, spinsero ancora una volta il fratello a uccidere il fratello. "Il dramma singolare e sconvolgente della *Shoah* rappresenta, in qualche modo, il vertice di un cammino di odio che nasce quando l'uomo dimentica il suo Creatore e mette se stesso al centro dell'universo". Il papa ha ricordato anche le parole che aveva pronunciato durante la sua visita al campo di concentramento di Auschwitz (28 maggio 2006): "I potentati del Terzo Reich volevano schiacciare il popolo ebraico nella sua totalità" e, in fondo, "con l'annientamento di questo popolo, intendevano uccidere quel Dio che chiamò Abramo, che parlando sul Sinai stabilì i criteri orientativi dell'umanità che restano validi in eterno[8]."

---

[7] Cfr. *supra*, p. 122 e p. 125.
[8] Shimon Peres ha giudicato con parole simili l'odio del regime nazista: "[...] l'odio dei nazisti non si può spiegare come mero 'antisemitismo'. L'antisemitismo è un concetto inflazionato e non una spiegazione per il fanatismo omicida e bestiale, per la determinazione coatta del regime nazista a sterminare l'ebraismo [...]. E se noi ebrei agli occhi del regime di Hitler eravamo un pericolo così minaccioso, allora non si trattava sicuramente di una minaccia militare ma morale.

Il papa poi ha trattato della deportazione e assassinio degli ebrei romani: "In questo luogo, come non ricordare gli Ebrei romani che vennero strappati da queste case, davanti a questi muri, e con orrendo strazio vennero uccisi ad Auschwitz? Com'è possibile dimenticare i loro volti, i loro nomi, le lacrime, la disperazione di uomini, donne e bambini? Lo sterminio del popolo dell'Alleanza di Mosè, prima annunciato, poi sistematicamente programmato e realizzato nell'Europa sotto il dominio nazista, raggiunse in quel giorno tragicamente anche Roma. Purtroppo, molti rimasero indifferenti, ma molti, anche fra i Cattolici italiani, sostenuti dalla fede e dall'insegnamento cristiano, reagirono con coraggio, aprendo le braccia per soccorrere gli Ebrei braccati e fuggiaschi, a rischio spesso della propria vita, e meritando una gratitudine perenne".

Consapevole di quanto sia delicata la questione relativa al comportamento di papa Pio XII, Benedetto XVI ha poi così proseguito: "Anche la Sede Apostolica svolse un'azione di soccorso, spesso nascosta e discreta".

– *Il riconoscimento della rivelazione veterotestamentaria e della fede ebraica come risposta*

Il papa ha dichiarato: "La nostra vicinanza e fraternità spirituali trovano nella Sacra Bibbia [...] il fondamento più solido e perenne, in base al quale veniamo costantemente posti davanti alle nostre radici comuni, alla storia e al ricco patrimonio spirituale che condividiamo". Gli ebrei - così il pontefice - sono stati scelti dal Signore, primi fra tutti ad accogliere la sua parola, e la fede ebraica è la risposta alla rivelazione di Dio nell'antica alleanza. Facendo proprie le parole di Paolo messe in luce dal Concilio Vaticano II, il papa ha detto: "È al popolo ebraico che appartengono 'l'adozione a figli, la gloria, le alleanze, la legislazione, il

---

anche negata la fede che ogni uomo è creato secondo il volto di Dio, che ogni uomo è uguale davanti a Dio, che tutti gli uomini sono uguali [...]. Loro [i nazisti] avevano come obiettivo trasgredire i valori di giustizia e grazia e così farli cadere nel dimenticatoio".

culto, le promesse, i patriarchi; da essi proviene Cristo secondo la carne' (Rm 9,4-5), perché 'i doni e la chiamata di Dio sono irrevocabili!' (Rm 11,29)".

– *Conseguenze derivanti dalla comune eredità*

"Dalla comune eredità tratta dalla Legge e dai Profeti", il papa ha menzionato in particolare:

- "la solidarietà che lega la Chiesa e il popolo ebraico 'a livello della loro stessa identità' spirituale e che offre ai Cristiani l'opportunità di promuovere 'un rinnovato rispetto per l'interpretazione ebraica dell'Antico Testamento'[9];
- la centralità dei Dieci Comandamenti;
- l'impegno comune "nella cura del creato, affidato da Dio all'uomo perché lo coltivi e lo custodisca responsabilmente" (cfr. Gn 2,15).

– *Il Decalogo*

Nel corso del suo intervento, il papa si è occupato del significato dei Dieci Comandamenti o – secondo la denominazione ebraica – delle "Dieci Parole" (cfr. Es 20,1-17; Dt 5,1-21) come "comune messaggio etico di valore eterno per Israele, per la Chiesa, per i non credenti e per tutta l'umanità".[10] "Il Decalogo [...] costituisce la fiaccola dell'etica, della speranza e del dialogo, stella polare della fede e della morale del popolo di Dio, e illumina e guida anche il cammino dei Cristiani. Esso costituisce un faro

---

[9] Il papa parla di questo suo desiderio anche nel libro *Gesù di Nazareth. Dall'ingresso in Gerusalemme fino alla risurrezione* (Roma 2011): "Dopo secoli di contrapposizioni", egli ritiene "nostro compito" che i due modi della lettura degli scritti biblici, quella cristiana e quella ebraica, "entrino in dialogo tra loro, per comprendere rettamente la volontà e la parola di Dio" (p. 45)

[10] Anche Shimon Peres ha menzionato i Dieci Comandamenti nel suo discorso al Parlamento tedesco - Deutscher Bundestag - e li ha descritti come un "documento che, trascritto circa 3.500 anni fa, da allora non è stato soggetto ad ulteriori redazioni. Fa parte del fondamento della cultura occidentale".

e una norma di vita nella giustizia e nell'amore, un 'grande codice' etico per tutta l'umanità". Gesù stesso - continua il pontefice - ha evidenziato l'impegno operoso sulla via dei Comandamenti: "Se vuoi entrare nella vita, osserva i Comandamenti" (Mt 19,17). Da tale prospettiva, per ebrei e cristiani si sviluppano diversi ambiti di collaborazione e di testimonianza comune. Tre di questi sono particolarmente importanti per il pontefice:

1. Le 'Dieci Parole' richiedono – contro la tentazione di crearsi idoli e fabbricarsi vitelli d'oro – di risvegliare l'"l'apertura alla dimensione trascendente" e di testimoniare Dio come l'unico Signore.

2. "Le 'Dieci Parole' chiedono il rispetto, la protezione della vita, contro ogni ingiustizia e sopruso, riconoscendo il valore di ogni persona umana, creata a immagine e somiglianza di Dio".

3. "Le 'Dieci Parole' chiedono di conservare e promuovere la santità della famiglia, in cui il 'sì' personale e reciproco, fedele e definitivo dell'uomo e della donna, dischiude lo spazio per il futuro, per l'autentica umanità di ciascuno, e si apre, al tempo stesso, al dono di una nuova vita". La comune testimonianza ebraico-cristiana della famiglia come "cellula essenziale della società e il contesto di base in cui si imparano e si esercitano le virtù umane" è, secondo il pontefice, un servizio prezioso per la costruzione di un "mondo dal volto più umano".

– *L'amore verso Dio e verso il prossimo come sintesi di tutti i comandamenti*

Il breve brano seguente, che esprime l'essenziale della testimonianza comune, lo vogliamo riprodurre qui completamente: "Come insegna Mosè nello *Shemà*[11] (cfr. Dt 6,5; Lv 19,34) – e Gesù riaf-

---

[11] *Shema'* non è usato qui nel senso tecnico; la parola non indica dunque una delle due parti fondamentali della liturgia ebraica quotidiana, che è denominata secondo le parole iniziali di Dt 6,4 ("Ascolta, Israele!"), e che in sostanza consiste oggi nei tre brani biblici di Dt 6,4-9, Dt 11,13-21 e Nm 15,37-41. Al tempo del giudaismo antico probabilmente anche i Dieci Comandamenti facevano parte dei testi biblici dello *Shema'*. Dt 6,5 esprime il comandamento dell'amore verso Dio; Lev 19,34 racchiude, secondo l'esegesi storico-critica contemporanea,

ferma nel Vangelo (cfr. Mc 12,19-31), tutti i comandamenti si riassumono nell'amore di Dio e nella misericordia verso il prossimo.[12] Tale Regola impegna Ebrei e Cristiani ad esercitare, nel nostro tempo, una generosità speciale verso i poveri, le donne, i bambini, gli stranieri, i malati, i deboli, i bisognosi. Nella tradizione ebraica vi è un mirabile detto dei Padri d'Israele: 'Simone il Giusto era solito dire: Il mondo si fonda su tre cose: la Torah, il culto e gli atti di misericordia (*Aboth* 1,2)'. Con l'esercizio della giustizia e della misericordia, Ebrei e Cristiani sono chiamati ad annunciare e a dare testimonianza al Regno dell'Altissimo che viene, e per il quale preghiamo e operiamo ogni giorno nella speranza".

---

comandamento dell'amore verso lo straniero (*ger*). Nel giudaismo al tempo di Gesù sembra che con *ger* si intendesse, come in tutta la letteratura rabbinica, un proselito che si era convertito all'ebraismo; cfr. per questo R. Neudecker, "'And You Shall Love Your Neighbor as Yourself – I Am the Lord' (Lev 19,18) in Jewish Interpretation", *Biblica* 73 (1992), 499-500; Id., "Rabbinic Literature and the Gospels: The Case of the Antithesis of Love for One's Enemies", 282-283.

[12] La riconduzione di tutti i comandamenti biblici al loro contenuto essenziale è noto anche dalla letteratura rabbinica. Secondo R. Simlai (III sec. d.C.) a Mosè sono stati rivelati 613 precetti, 365 divieti (corrispondenti al numero dei giorni dell'anno solare) e 248 precetti (corrispondenti al numero delle membra del corpo umano). I profeti avrebbero poi ricondotto il numero dei precetti biblici – senza abrogarli (cfr. Dt Rabbah 6,2) – al loro scopo principale, fin quando Amos (5,4) non li ha riassunti in quel precetto della vita, che contiene la condizione essenziale: "Cercatemi!" (Talmud babilonese, Makkot 23b); cfr. W. Bacher, "Die Agada der palästinensischen Amoräer I" (Straßburg 1892 = Hildesheim 1965), 557-559. Hillel e il suo contemporaneo più giovane Gesù vedevano il precetto dell'amore verso il prossimo di Lev 19,18 come essenza di tutti i precetti della Torah. A causa del verbo inconsueto *ahab le-* ("amare per") essi interpretavano il precetto con l'aiuto della regola d'oro (cfr. R. Neudecker, "And You Shall Love Your Neighbor", 503-504; "Rabbinic Literature and the Gospels", 280). Hillel: "Ciò che a te è odioso, non farlo al tuo prossimo! Questo è tutta la Torah, e tutto il resto è solo la spiegazione" (Talmud babilonese, Shabbat 31a). Gesù: "Tutto quanto volete che gli uomini facciano a voi, anche voi fatelo a loro: questa infatti è la Legge e i Profeti" (Mt 7,12). Il significato del comandamento dell'amore verso il prossimo espresso nella regola d'oro, si avvicina alla "pratica di atti di bontà e gentilezza" (*gemilut hasadim*), che Simone il Giusto nel trattato Abot della Mishna reputa, insieme alla Torah e al culto, il fondamento dell'ordine del mondo. Tali atti includono ogni forma di amore per il prossimo resa personalmente, come per esempio visitare i malati, consolare gli afflitti o accompagnare i morti nel loro ultimo cammino.

– *Riassunto e preghiera conclusiva per la pace*

Riassumendo i temi principali della sua allocuzione, il papa ha affermato: "Cristiani ed Ebrei hanno una grande parte di patrimonio spirituale in comune, pregano lo stesso Signore, hanno le stesse radici, ma rimangono spesso sconosciuti l'uno all'altro. Spetta a noi, in risposta alla chiamata di Dio, lavorare affinché rimanga sempre aperto lo spazio del dialogo, del reciproco rispetto, della crescita nell'amicizia, della comune testimonianza di fronte alle sfide del nostro tempo, che ci invitano a collaborare per il bene dell'umanità in questo mondo creato da Dio, l'Onnipotente e il Misericordioso".

Dopo un pensiero particolare "a questa nostra Città di Roma" il papa ha citato la preghiera per la pace che aveva pronunciato il 12 maggio 2009 in occasione del suo pellegrinaggio al "muro del pianto": "Manda la tua pace in Terra Santa, nel Medio Oriente, in tutta la famiglia umana; muovi i cuori di quanti invocano il tuo nome, perché percorrano umilmente il cammino della giustizia e della compassione".

È auspicabile che il discorso del papa, interrotto spesso dagli applausi, e l'incontro di ebrei e cristiani nella sinagoga romana possano rappresentare una pietra miliare nella storia recente delle relazioni ebraico-cristiane e che possa essere, come ha detto il presidente della comunità ebraica di Roma "un evento, che lascerà tracce profonde nelle relazioni tra il mondo ebraico e cristiano". In una prima presa di posizione Rabbi David Rosen dell'American Jewish Committee ha affermato: "L'influenza positiva di questa visita rimuoverà tutto ciò che di negativo c'è nelle comunicazioni tra noi e i cattolici[13]."

---

[13] *Frankfurter Allgemeine Zeitung*, 28 gennaio 2010, 5.

VI. "Confermare e rafforzare il percorso tracciato"

Prospettive

Un grande peso nel dialogo ebraico-cristiano, come in generale nel dialogo tra le religioni, è riposto nella collaborazione e nell'impegno per la pace e la giustizia sociale a livello mondiale, nonché per la salvaguardia del nostro pianeta. Questa collaborazione ha già fornito buona prova di sé in occasione di tragiche situazioni di urgenze umanitarie come, per esempio, quando cristiani ed ebrei si sono impegnati insieme nell'aiuto alle popolazioni affamate in Etiopia e nella zona del Sahel.[14]

Se gli ebrei, a causa delle travagliate esperienze del loro popolo avvenute nel corso dei secoli e nel ventesimo secolo in particolare, s'impegnano nei confronti dei cristiani e al cospetto del mondo affinché eventi simili non capitino ad altri, allora si alzerà un'unica voce a beneficio dei diseredati, degli oppressi, dei senza-patria, degli affamati, dei torturati.[15] D'altronde, secondo Matteo 7,21; 25,31-46 alla fine saremo valutati alla luce di tali opere e non secondo i principi di fede e appartenenza alla rispettiva comunità religiosa.

Nella ricerca messa in atto da molte persone, volta a incontrare l'altro anche e proprio nella loro esperienza spirituale, e così comprendere meglio anche se stessi, in questo vedo, come accennato, l'altro segno profetico.[16] Oggi sempre più persone si lasciano ispi-

---

[14] Di questa collaborazione ha parlato con riconoscenza Giovanni Paolo II in un'allocuzione davanti ad ebrei statunitensi il 15 febbraio 1985 (*Insegnamenti di Giovanni Paolo II*, VIII,1, 1985, 499).

[15] Da molti anni è impossibile non sentire il grido per la giustizia nei confronti dei palestinesi. Alcuni Ebrei, anche in Israele, insieme a cristiani e uomini di altre fedi, offrono coraggiosi segni di solidarietà – spesso sottoponendosi a rischi personali – ben più convincenti delle dichiarazioni diplomatiche di alcuni politici. Anche contributi apparsi su giornali israeliani, per esempio nell'edizione anglofona di *Haaretz*, testimoniano simpatia per i palestinesi.

[16] Per un incontro "mistico" con altre religioni, in particolare l'incontro tra cristiani e buddhisti, cfr. W. Johnston, *The Inner Eye of Love: Mysticism and Religion* (New York 1978), 61-86. Quanto fruttuoso possa essere il dialogo interreligioso a livello spirituale e mistico, è mostrato anche dal mio studio *The Voice of God on*

rare da scritti che riflettono una visione profonda e religiosa e un sentire profondo.

Quanto all'incontro ebraico-cristiano, si può tra l'altro percepire tra i cristiani un vivo interesse per il mondo chassidico, che Martin Buber ha reso fruibile per un vasto pubblico.[17]

Gli scritti rabbinici, oggi più accessibili di un tempo, rappresentano una fonte inesauribile di concezioni ed esperienze religiose. Oggi non pochi cristiani vorrebbero aprirsi al mondo spirituale della Kabbalah, ma spesso manca loro una guida competente. Da parte ebraica già nel 1963 J.J. Petuchowski aveva segnalato il significato che la mistica cristiana potrebbe avere per gli ebrei.[18]

In tutto questo sembra si realizzi in parte ciò che gli *Orientamenti* invitavano a fare, cioè imparare a vedere l'altro così come lui si comprende, a partire dalla sua esperienza. Non a caso il documento parla in questo contesto del significato, che perviene al silenzio comune e alla meditazione.

Mount Sinai: Rabbinic Commentaries on Exodus 20:1 in the Light of Sufi and Zen-Buddhist Texts (Pontificio Istituto Biblico, Roma [4]2012).

[17] Cfr. in particolare M. Buber, *I racconti dei Chassidim*, (trad. Gabriella Bemporad) Parma 1992.

[18] "The Christian-Jewish Dialogue", in: J.J. Petuchowski, *Heirs of the Pharisees*, 153.

Terza Parte

I molteplici volti del Dio unico
La concezione di Dio nel giudaismo rabbinico

La profonda convinzione, costante nel corso della storia, dell'esistenza di un unico Dio, che è al di sopra di tutto e la cui essenza oltrepassa ogni comprensione umana, costituisce ciò che i documenti della Chiesa ritengono ci sia di indubbiamente più prezioso in seno all'ebraismo.[1] Questo Dio, però, per gli ebrei non è soltanto il trascendente, l'inaccessibile, l'altro: è innanzitutto il "Dio-che-cammina-con", di cui continuamente hanno fatto esperienza e che anche oggi gli ebrei religiosi sperimentano come il Dio che è pieno di amore per noi uomini, che soffre con noi, che ha bisogno di noi e che si rivela a noi in maniera sempre nuova e sorprendente, con molteplici volti, attingendo alla sua inesauribile pienezza.

Vorrei ora invitare le lettrici e i lettori a cercare, con l'aiuto di alcuni testi scelti, questi diversi aspetti di Dio. La domanda che ci poniamo è questa: di che natura sono i testi che conducono al cuore dell'ebraismo e che aiutano a comprendere meglio il nostro interlocutore nel dialogo ebraico-cristiano e a comprendere meglio anche noi stessi?

---

[1] Nei *Sussidi* pubblicati dal Vaticano si afferma, per esempio, che il popolo ebraico ha portato in tutto il mondo "la testimonianza, spesso eroica, della sua fedeltà all'unico Dio" e ha esaltato questo suo Dio "di fronte a tutti i viventi (Th 13,4)".

I. TESTI RICOLMI DI ESPERIENZA

Nei primi sei secoli della nostra era (tra i più creativi dell'ebraismo postbiblico) e anche in seguito, fiorì un particolare genere di letteratura ebraica: la letteratura rabbinica. Si tratta di testi che, per distinguerli dalla Torah "scritta" (Bibbia), sono chiamati Torah "orale". Essa, infatti, ricevuta oralmente come istruzione divina, era trasmessa dal maestro al discepolo oppure era insegnata nell'accademia o nella Sinagoga, per poi essere messa per iscritto, dall'inizio del terzo secolo, nelle raccolte di testi note come *Talmud* e *Midrash*.[1]

I testi rabbinici sono suddivisi in due categorie: una di tipo legale *(Halakhah,* il "cammino", la "direzione di percorso") e una di tipo non legale *(Haggadah,* "narrazione"). Nelle pagine che se-

---

[1] Le opere principali della letteratura rabbinica sono la *Mishnah* ("[ripetizione dell']insegnamento"; la redazione finale è dell'inizio del III secolo) e l'opera parallela *Tosefta* ("supplemento"); il *Talmud di Gerusalemme o palestinese* (*Talmud* "insegnamento", "studio"; redazione finale nella metà del V secolo) e il *Talmud babilonese* (redazione finale alla fine del sec. VI/inizio sec. VII) e i vari *Midrashim* (sing. *Midrash* "interpretazione [della Scrittura]"; la redazione finale va dal III secolo fino al medioevo). La data della redazione finale, com'è noto, non significa che anche il materiale o le singole tradizioni di cui è composta un'opera risalgano a quel periodo. Per quanto concerne le autorità rabbiniche citate di seguito, esse sono vissute tra il primo e il quinto secolo della nostra era. Il materiale più antico di tale tradizione può però risalire fino ai tempi di Gesù e persino all'epoca anteriore. Nel nostro contesto non è il caso di tentare una datazione precisa.

Per informazioni generali sulla letteratura rabbinica, cfr. per esempio G. Stemberger, *Introduzione al Talmud e al Midrash* (Roma 1995); vi si trovano anche dati biografici dei principali rabbini. L'insegnamento haggadico dei singoli rabbini è stato presentato in maniera sistematica in sei volumi classici da W. Bacher (spesso con traduzioni): *Die Agada der Tannaiten* I (Straßburg ²1903 = Berlin 1965), II (Straßburg 1890 = Berlin 1966); *Die Agada der palästinensischen Amoräer* I-III (Straßburg 1892-1899 = Hildesheim 1965); *Die Agada der babylonischen Amoräer* (Frankfurt ²1913 = Hildesheim 1967).

guono noi prenderemo in considerazione solamente l'Haggadah. Essa rappresenta una vera miniera per l'esperienza e le visioni rabbiniche che si riferiscono alla realtà divina. Di essa si dice:

> Desideri conoscere colui dalla cui parola è stato creato il mondo? Studia l'Haggadah! Da essa infatti imparerai a conoscere colui dalla cui parola è stato creato il mondo e ad aderire alle sue vie. (*SifDt 49*)

Ma per dare maggior credito anche ai testi legislativi postbiblici, cioè l'Halakhah, vorremmo dare per certa una cosa: nonostante i pericoli ben noti che l'Halakhah comporta (ad esempio quello del legalismo), non se ne può sottovalutare l'importanza per l'esperienza rabbinica di Dio. Infatti, proprio perché fa camminare l'uomo su una via che è secondo gli insegnamenti di Dio, essa è senz'altro in grado di collocarlo in un atteggiamento religioso di fondo, e questo è il presupposto per una molteplice esperienza religiosa. Inoltre, se la concezione rabbinica della realtà divina possiede una relativa unitarietà, si deve anche all'Halakhah (nella sua funzione normativa). E poi non dobbiamo ignorare che molte discussioni e disposizioni legali si spiegano sullo sfondo della concezione rabbinica di Dio: la sua onnipresenza, santità, giustizia, amore.

L'istruzione haggadica proviene tuttavia, molto più di quella halakhica, dalla profondità della comprensione e dell'esperienza religiosa. Di conseguenza, gran parte dei testi haggadici non si può cogliere pienamente soltanto con la ragione oppure in maniera puramente scientifica. Non si può neppure tentare di scandagliare tali testi per via razionale oppure esprimere quanto essi affermano in concetti tecnico-teologici, e men che meno poi inquadrarli in sistemi concettuali. Così facendo, non solo si attribuirebbero a essi aspetti che in realtà sono loro estranei e si farebbe così loro un torto, ma soprattutto si toglierebbe ai lettori la possibilità di fare essi stessi un'esperienza simile a quella che è sottesa ai testi.

Non ho appesantito le citazioni con lunghe spiegazioni. Una lettura meditativa è la più adatta per trovare ciò che vogliono trasmettere i testi antichi. Queste sono verità, che sono spesso "celate ai sapienti e e ai dotti" (cfr. Mt 11,25; 18,3).

I rabbini non hanno parlato delle proprie esperienze religiose servendosi di concetti astratti. Più ancora di quello della Bibbia, il linguaggio dell'Haggadah è narrativo, illustrativo, poetico, ludico, emozionale, popolare, vivace, divertente. Sono testi che parlano da soli. Così avveniva ciò che oggi si chiamerebbe teologia narrativa o, per restare al termine Haggadah, ciò che si potrebbe definire un teologizzare haggadico. La materia per questo modo di fare teologia l'ha offerta la Bibbia, e così la Scrittura nelle mani dei maestri rimase una Torah vivente e sempre nuova. La Bibbia è lo strumento con cui si acquisirono esperienze sempre nuove: un tesoro da cui si traevano cose nuove e cose vecchie. La parola della Scrittura era per i rabbini "come fuoco [...] e come un martello che spacca la roccia" (Ger 23,29). Come sotto i colpi di un martello sulla roccia sprizzano numerose scintille, così attraverso l'interpretazione scaturisce dalla parola della Scrittura un messaggio molteplice (cfr. bSan 34a).[2]

Questo significa però anche che le voci varie e diversificate, così come arriveranno ad esprimersi in seguito, risalgono tutte all'unica Parola, quella di Dio: "E Dio disse *tutte* queste parole" (Es 20,1). Perciò noi dobbiamo, come dice rabbi Eleazar ben Azaria, fare del nostro orecchio un imbuto che lascia passare tutti i chicchi di grano (bHag 3b), dobbiamo aprire molti spazi nel no-

---

[2] L'Haggadah non ha quindi niente a che vedere con ciò che noi intendiamo oggi per esegesi dell'Antico Testamento. Si tratta, come già detto, di un teologizzare che si basa sulla Bibbia ebraica. E a questo proposito bisogna segnalare che i rabbini nella loro interpretazione della Bibbia non erano schiavi della lettera. In base ai nostri concetti odierni essi hanno trattato la parola della Scrittura in modo assai libero; ma il loro intento era precisamente quello di cogliere la Torah, per quanto possibile, in tutta la sua pienezza. A questo riguardo è da tener presente anche che certi passi della Bibbia devono essere tradotti e compresi diversamente da come lo sono di fatto nelle traduzioni odierne.

stro cuore per poter accogliere la ricchezza dell'insegnamento divino (tSot 7,12).[3]

Ancora una parola sulla scelta dei testi: ne ho selezionati alcuni che richiamano quegli aspetti della realtà di Dio che nell'ebraismo rabbinico occupano in genere un posto centrale e rappresentativo, e che a noi cristiani sono meno familiari. Altri aspetti invece che sono piuttosto noti, per quanto siano importanti come per esempio l'onnipotenza di Dio, la sua onnipresenza, la sua santità, il suo amore nei confronti del peccatore pentito, verranno trattati solo in maniera marginale.

Anche se la maggior parte dei testi parla del rapporto fra Dio e Israele, sono invece tutti gli uomini a essere chiamati in causa come affermano espressamente alcuni rabbini: tutti siamo interpellati e coinvolti, a condizione però, e questo non lo sottolineeremo mai abbastanza, di lasciare che i testi agiscano su di noi, di custodirli nel cuore, di stabilire un collegamento fra l'esperienza espressa in essi e la nostra esperienza.

---

[3] Questo vale, come dicono chiaramente i brani citati, addirittura per decisioni giuridiche opposte. Significativo riguardo a questo atteggiamento è il celebre testo che descrive le due grandi scuole del primo secolo dopo Cristo:

> La scuola di Shammai e la scuola di Hillel litigarono per tre anni. L'una diceva: "E la nostra opinione che è legalmente vincolante!", e l'altra diceva: "È la nostra opinione che è legalmente vincolante!". Allora risuonò una voce dal cielo che disse: "Tutte due sono parole del Dio vivente, però è l'opinione della scuola di Hillel che è legalmente vincolante!" (bEr 13b).

II. Dio ama gli uomini

Dio ama il suo popolo Israele, ama tutti gli uomini. Questo è il momento basilare dell'esperienza rabbinica di Dio. "La misura dei benefici divini oltrepassa cinquecento volte la misura del castigo divino" (tSot 4,1).

I molti nomi con cui i rabbini hanno chiamato Dio testimoniano l'amore di Dio e la sua prossimità agli uomini: Misericordioso, Buono, Custode dei mondi, Pace dei mondi, Amico del mondo, Signore della misericordia, Signore della consolazione, Padre del mondo intero, Padre della misericordia, Padre nei cieli, Cuore di Israele.[1] Dio è concittadino di Israele, suo parente, padre, fratello, amico, diletto (MSal 118,10; SER 14 [p. 65]. È soprattutto nei testi che si riferiscono al *Cantico dei cantici* che si parla dell'amore di Dio per Israele, ma anche dell'amore di Israele per Dio. Così è detto su Ct 2,16 ("Il mio diletto è per me, e io per lui"):

> Egli è per me Dio, e io sono per lui popolo.
> Egli è per me padre, e io sono per lui figlio.
> Egli è per me pastore, e io sono per lui gregge.
> Egli è per me guardiano, e io sono per lui vigna [...]
> Egli mi ha cantato, e io l'ho cantato.
> Egli mi ha lodato, e io l'ho lodato.
> Egli mi chiamò "sorella mia, amica mia, mia colomba, mia perfetta", e io gli dissi: "Questi è il mio diletto, e questi è il mio amico". (*CantR II, 16, 1*)

---

[1] Cfr. A. Marmorstein, *The Old Rabbinic Doctrine of God I: The Names & Attributes of God* (London 1927; ristampa in A. Marmorstein, *The Doctrine of Merits in Old Rabbinical Literature and The Old Rabbinic Doctrine of God* [New York 1968]).

L'amore per gli uomini induce Dio a una vera e propria *imitatio hominis*,[2] lo spinge a imitare spesso proprio l'uomo umiliato.[3] Così, durante il cammino nel deserto, Dio non solo ha assunto le funzioni di un padre nei confronti del figlio – ha condotto gli israeliti così come un padre prende per mano il suo bambino – ma ha anche assunto le funzioni che normalmente spettano a uno schiavo: li ha lavati e vestiti, ha messo loro i sandali, li ha preceduti, rischiarando il loro cammino; mentre dormivano, egli faceva la guardia.[4]

L'amore di Dio si mostra inoltre nel fatto che Egli prende parte alla vita degli uomini nei suoi molteplici aspetti. Egli è occupato a far incontrare il giusto coniuge (PesK 2,4 [I, p. 18]). Benedice gli sposi, adorna le spose, veste gli ignudi, visita i malati, consola gli afflitti, seppellisce i morti (GnR 8,13; bSot 14a). In cielo tiene lezione ai bambini che sono morti in tenera età (bAZ 3b). Non passa giorno in cui non promulghi una nuova legge nel suo tribunale celeste (GnR 64,4). Dio stesso prega. Secondo il celebre Rab egli prega così:

> Possa essere mia volontà che la mia misericordia sottometta la mia ira, che la mia misericordia prevalga sui miei attributi [di giustizia], che io agisca con i miei figli secondo l'attributo della misericordia, che mi ponga in loro favore entro la linea della giustizia (cioè non li giudichi in base a una rigida giustizia)! (*bBer 7a*)[5]

---

[2] Così S. Schechter, *Aspects of Rabbinic Theology* (London 1909 = New York 1961), 37. Dinanzi a molti testi si potrebbe addirittura parlare di un'incarnazione haggadica di Dio.

[3] Cfr. a questo riguardo P. Kuhn, *Gottes Selbsterniedrigung in der Theologie der Rabbinen* (München 1968).

[4] TanB, Beschallach 10 e paralleli.

[5] Secondo Rabbi Berechja Dio così pregava prima della distruzione del Tempio: Possa essere [mia] volontà che i miei figli facciano la mia volontà, così che io non debba distruggere la mia casa e il mio santuario!
E dopo la distruzione del Tempio così pregava:
Possa essere la mia volontà che i miei figli facciano penitenza, così che io possa affrettare la costruzione della mia casa e del mio santuario! (MSal 76,3).

Secondo lo stesso Rab, Dio osserva un ben determinato ordine del giorno:

> Dodici ore ha il giorno. Le prime tre il Santo, benedetto Egli sia, sta seduto e si occupa della Torah. Nelle tre ore seguenti sta seduto e giudica il mondo intero; non appena vede che il mondo s'è reso meritevole di distruzione, si alza dal trono della giustizia e va a sedersi sul trono della misericordia. Le successive tre ore, siede e nutre il mondo intero, dai bufali cornuti fino alle larve dei pidocchi. Le ultime tre ore siede e gioca con il Leviatan, poiché è detto (Sal 104,26): "il Leviatan che hai creato per giocare con lui". (*bAZ 3b*)

In questi come in molti altri passi, si evidenzia chiaramente la componente ludica dell'Haggadah. Allorché Dio rivelò l'Haggadah al Sinai, lo fece, così dice rabbi Hanina bar Papa, con volto sorridente (Tan Jitro 17). Perciò il modo migliore di comprendere l'Haggadah è sovente quello di frequentarla con un atteggiamento giocoso, con un sorriso di compiacimento.

Già questi pochi brani mostrano come i rabbini fossero alquanto disinvolti nei confronti del cosiddetto antropomorfismo. In tal senso essi si collocano all'interno della tradizione biblica. Ma dove la questione dell'antropomorfismo si ripresenterà con forza sarà nei testi che parlano della sofferenza di Dio e del suo bisogno degli uomini. A proposito di alcuni testi, si può osservare che certe affermazioni antropomorfiche sono attenuate da espressioni come queste: "se così si può dire", "per così dire", "in certo qual modo", "se non stesse scritto così nella Scrittura, non lo si potrebbe dire". Questa non è tanto una maniera di far fronte alle obiezioni degli estranei; si ha invece l'impressione che queste espressioni limitative risalgano a coloro che hanno tramandato l'esperienza originaria oppure a redattori i quali non erano più in grado di cogliere pienamente l'esperienza soggiacente ai testi.[6]

---

[6] Altri vogliono far risalire a scuole differenti il diverso atteggiamento osservabile nelle fonti riguardo all'antropomorfismo, (A. Marmorstein, *The Old Rabbinic*

Comunque sia, ciò che i testi menzionati riflettono chiaramente è la familiarità con Dio, la confidenza filiale del suo amore per Israele e per tutti gli uomini.

La maggior parte delle affermazioni riportate riguardanti l'amore di Dio per gli uomini, i rabbini le hanno potute trarre senza eccessiva difficoltà da passi biblici. Nella Bibbia, però, ci sono testi che paiono mostrare un'altra immagine di Dio. Nel decalogo, per esempio, che è il cuore degli ordinamenti religiosi e morali della rivelazione del Sinai, si parla di un "Dio geloso, che visita la colpa dei padri nei figli fino alla terza e alla quarta generazione, per coloro che (lo) odiano" (Es 20,5; Dt 5,9). Questo, ci serve per mettere in evidenza come alcuni rabbini abbiano tentato di risolvere in modo diverso la contraddizione esistente tra ciò che il testo del decalogo sembrava dire e ciò che diceva invece la loro esperienza personale di Dio.[7] Ecco alcuni tentativi di soluzione.

– Visitare la colpa nelle generazioni successive significa spartire la colpa fra tutte queste generazioni:

> Egli (Dio) divide la colpa e ne consegna una parte all'uno e una parte all'altro. Così, sia il figlio sia il padre sono salvati dalle punizioni nel-

---

Doctrine of God II: Essays in Anthropomorphism [London 1937 = New York 1968]) oppure a epoche differenti (epoca dei Tannaim o degli Amoraim; cfr. E.E. Urbach, *The Sages – Their Concepts and Beliefs,* Jerusalem 1975, 149ss.).

[7] Per un'ampia esposizione dei commenti rabbinici sul passo in questione cfr. M. M. Kasher (ed.), *Torah Shelemah: Talmudic-Midrashic Encyclopedia of the Pentateuch* (in ebraico), Vol. 16 (New York 1955), 42-46; traduzioni in inglese si possono trovare in M.M. Kasher, *Encyclopedia of Biblical Interpretation* IX (trad. da H. Freedman et al.) IX (New York 1979), 141-145. Nelle fonti rabbiniche è documentato anche il significato letterale profondo. Tuttavia i rabbini non hanno trattato estesamente il fatto che sia Dio a punire collettivamente; lo sono piuttosto gli uomini, i quali, in virtù di un destino umano comune, con i loro peccati gravano anche sui loro simili (cfr. a questo proposito l'insegnamento paolino sul corpo di Cristo, 1Cor 12,12-26; cfr. anche Eb 12,15). In una parabola rabbinica si parla del peccato in questi termini: se uno in una barca fa un buco sotto il proprio sedile, non mette in pericolo solo se stesso, ma tutto l'equipaggio (LevR 4,6).

l'altra vita, perché il figlio acquista meriti per suo padre. (*Zohar 2, 273b*; cfr. *bSan 104a*)

– Si tratta di una disposizione puramente teorica che non sarà mai applicata:

> Quando Mosè udì le parole: "che visita la colpa dei padri nei figli fino alla terza e alla quarta generazione", fu colto dallo spavento e rimase preda dell'inquietudine fintantoché egli (Dio) non gli disse: "Questo si avvera solamente nel caso in cui le generazioni dei malvagi non vengano interrotte da una generazione di giusti". O sopravviene forse il castigo divino anche quando le generazioni dei malvagi sono interrotte? No! Poiché la Scrittura dice: "[...] per coloro che mi odiano", vale a dire: quando il figlio e il nipote del malvagio sono malvagi allo stesso modo. Rabbi Natan dice: [Dio disse a Mosè: "Questo avviene solamente nel caso] in cui nipote, figlio e padre sono apostati". Appena Mosè ebbe udito ciò, s'inchinò subito fino a terra, si prostrò (*Es 34,8*) e disse: "Non sia mai! Non c'è in Israele nipote, figlio e padre che siano tutti apostati!" (*MHG Waethannan 5,9* [p. 107])

– Le parole di minaccia vengono attribuite a Mosè e sono al tempo stesso dichiarate nulle:

> Rabbi Jose bar Hanina ha detto: Quattro sentenze pronunciò Mosè, nostro maestro, contro Israele; vennero quattro profeti e le annullarono. ... [Per quanto riguarda la colpa dei padri,] Mosè aveva detto: "Egli visita la colpa dei padri nei figli". Venne Ezechiele e annullò questa sentenza dicendo (*Ez 18,20*): "Solo chi ha peccato deve morire. Il figlio non sconterà la colpa del padre né il padre la colpa del figlio". (*bMak 24a*)

– Dio stesso, istruito da Mosè, annulla queste parole:

> Questo è uno dei tre casi in cui Mosè discusse con il Santo, benedetto Egli sia, ed Egli (Dio) gli disse: "Tu mi hai istruito!"[...] Quando il Santo, benedetto Egli sia, gli disse: "[...] che visita la colpa dei padri nei

figli [...]", Mosè replicò: "Signore del mondo, quanti malvagi hanno generato giusti! Devono questi addossarsi i peccati dei padri? Terach era un idolatra, eppure suo figlio Abramo era giusto. Allo stesso modo Ezechia era giusto, ma suo padre Acaz era un malvagio. E anche Giosia era giusto, eppure suo padre Amon era un malvagio. È forse giusto, dunque, che i giusti debbano essere castigati per la colpa dei loro padri?". Allora il Santo, benedetto Egli sia, gli disse: "Mi hai istruito! In verità, annullerò le mie stesse parole e confermerò le tue!". È scritto infatti: "Non si metteranno a morte i padri per una colpa dei figli, né si metteranno a morte i figli per una colpa dei padri" (Dt 24,16). "In verità, io attribuirò queste parole al tuo nome!". È detto infatti: "[Amasia] non fece giustiziare i figli degli assassini secondo quanto è scritto nel libro della legge di *Mosè*, come il Signore ha comandato[8]: I padri non saranno messi a morte per causa dei figli né i figli a causa dei padri, ma ciascuno morirà unicamente per i suoi peccati" (2Re 14,6). (*NmR 19,33*)

Da queste quattro risposte date dai rabbini al difficile testo del Decalogo, emergono con particolare evidenza i tratti fondamentali e caratteristici dell'Haggadah: un dialogo fra il testo biblico e la propria esperienza di fede; è un rinarrare la Bibbia in base alla propria esperienza di Dio. Nel caso in questione si esprime in modo assoluto la convinzione nell'amore di Dio, convinzione acquisita con l'esperienza, che determina come dev'essere inteso il testo biblico. Così, in fondo, è l'esperienza personale di Dio a prevalere su ciò che dice alla lettera il testo biblico.

---

[8] In altri termini, Dio ha ordinato di tramandare le parole che seguono nel nome di Mosè, poiché Mosè è l'autore di questo insegnamento.

III. DIO SOFFRE CON GLI UOMINI

L'amore di Dio per Israele e per tutti gli uomini si mostra anche, e soprattutto, nella sua solidarietà con chi soffre.[1] Il significato dei testi che saranno citati qui può essere intuito o capito meglio iniziando con una testimonianza dei giorni nostri. Si tratta di un documento appartenente alla letteratura dell'Olocausto, che io colgo sullo sfondo di certi testi rabbinici secondo cui anche Dio soffre.

Elie Wiesel, nel suo libro "La notte", descrive come nel campo di concentramento di Auschwitz-Buna dovette assistere insieme con altri prigionieri all'impiccagione di due uomini e di un bambino. Il ragazzo era così leggero che la corda a cui era appeso si muoveva ancora dopo mezz'ora: il ragazzo era ancora vivo, lottava con la morte, moriva in una lenta agonia sotto gli occhi degli spettatori. A questo punto Elie Wiesel scrive: "Dietro di me udii il solito uomo domandare come prima: 'Dov'è dunque Dio?'. E io sentivo in me una voce che gli rispondeva: 'Dov'è? Eccolo: è appeso lì a quella forca [...]'".[2]

Che Dio soffra con Israele, per i rabbini era una delle esperienze religiose fondamentali. Si ritrova in numerosi testi. Certi passi parlano anche del soffrire di Dio con i peccatori[3], del suo soffrire con tutti gli uomini, persino con i nemici di Israele. Così afferma Rabbi Jonatan Ben Eleazar:

---

[1] Su questo tema cfr. il dettagliato studio di P. Kuhn, *Gottes Trauer und Klage in der rabbinischen Überlieferung (Talmud und Midrasch)*, (Leiden 1978).
[2] E. Wiesel, *La notte*, Firenze 1980, 67.
[3] Il difficile testo mSan 6,5 sarebbe da tradurre all'incirca così:
Rabbi Meir ha detto: Quando un malfattore viene giustiziato e soffre i tormenti, quale espressione usa allora la Shekinah (la presenza divina)? "Oh, la mia testa! Oh, il mio braccio!" Se l'Onnipresente si affligge così tanto per il sangue dei malvagi, quanto più per il sangue dei giusti!

Gli angeli del servizio divino vollero allora (alla distruzione degli egiziani) intonare un cantico di lode dinanzi al Santo, benedetto Egli sia. Allora il Santo, benedetto Egli sia, disse loro: "L'opera delle mie mani annega nel mare, e voi vorreste intonare un cantico dinanzi a me?" (*bSan 39b*)

Per i passi citati in questo e nel prossimo capitolo, vale più che mai quanto è stato detto all'inizio: senza un'esperienza o visione personale essi non possono essere colti pienamente, nel loro autentico significato. Sembra opportuno, perciò, che siano il più possibile i testi stessi a parlare e che le osservazioni introduttive siano ridotte all'essenziale.

Comincerò da questo straordinario testo del profeta sofferente Geremia: "Per la ferita della figlia del mio popolo sono affranto" (Ger 8,21). Ed ecco la parabola rabbinica:

Il figlio di un re volle sollevare una grossa pietra. Ma quando vi si accinse, la pietra gli cadde addosso e lo ferì. Quando il re venne a sapere che suo figlio era stato ferito, cominciò a gridare: "Sono ferito!" Gli dissero i servi del palazzo: "Tuo figlio è ferito, e tu gridi: Sono ferito!" Così disse in un certo qual modo il Santo, benedetto Egli sia: "Poiché è ferita la figlia del mio popolo, io sono ferito!" (*LamZ I,18*)

Con un gioco di parole Israele viene indicato da Rabbi Jannai, in riferimento a Ct 5,2, come la sorella gemella di Dio. Ecco il testo che ne consegue:

Se uno dei gemelli ha mal di testa, lo sente anche l'altro. Così parlò, per così dire, il Santo, benedetto Egli sia: "Con lui (il popolo d'Israele) Io sono nell'angoscia" (Sal 91,15) [...]. Ed è detto anche (Is 63,9): "In ogni sua angoscia Egli è in angoscia". (*EsR 2,5*)

Molti testi parlano della sofferenza di Dio per la distruzione del Tempio. E per affermare che Dio ha bisogno di essere consolato per questa catastrofe ci si serve di varie immagini: l'immagine di un re il cui palazzo brucia, la cui vigna è stata devastata, il cui gregge è stato sbranato dai lupi; la parabola di un uomo a cui è morta la moglie, i cui figli sono caduti prigionieri, a cui è stata tolta la proprietà. Chi è che viene consolato in tali situazioni? Non è forse il re? Non è forse il marito, il padre? Perciò Dio dice: "Chi dev'essere consolato per la distruzione del Tempio? Non io forse?". E in riferimento a Is 40,1 Dio esclama: "Consolatemi, consolatemi, o mio popolo!" (*PesK 16,9; LamZ II,12*)

Un altro testo, sempre sul tema della distruzione del Tempio, suona così:

> In quel momento il Santo, benedetto Egli sia, pianse e disse: "Ahimè, che cosa ho fatto! Ho fatto abitare per amore di Israele la mia Shekinah (la mia presenza divina) laggiù sulla terra.[4] E ora, poiché essi hanno peccato, sono ritornato al mio posto di prima. Non sia mai che io diventi lo zimbello dei pagani e lo scherno degli uomini!" In quel momento giunse Metatron, si prostrò a terra e gli disse: "Signore del mondo, voglio piangere *io, tu* però non devi piangere!" Gli rispose: "Se non mi lasci piangere ora, mi ritirerò in un luogo dove tu non hai il permesso di andare e lì piangerò" [...]. Il Santo, benedetto Egli sia, parlò a Geremia: "Io rassomiglio oggi a un uomo che aveva un figlio unico. Gli appronto il baldacchino (per le nozze), ma il figlio morì sotto di esso. Non provi dunque nessun dolore per me e per mio figlio?" (*LamR Proemio 24*)

Tre volte nella notte, così racconta il già sopra nominato Rab, Dio grida:

> "Guai a me che ho distrutto la mia casa, ho dato alle fiamme il mio Tempio e ho esiliato i miei figli tra i popoli del mondo!" [...]. E quando gli Israeliti entrano nelle sinagoghe e nelle accademie e intonano: "Sia benedetto il suo Nome grande!", allora il Santo, benedetto Egli sia, scuote il capo e dice: "Beato il re che così viene glorificato nella sua casa! Ma guai al padre che ha mandato in esilio i suoi figli, e guai ai figli che sono stati scacciati dalla mensa del padre loro!" (*bBer 3a ms. Monaco di Baviera*)

---

[4] Cfr. *infra*, pp. 175-176.

Come Dio soffre per la distruzione del Tempio, allo stesso modo soffre per l'esilio del suo popolo:

> Quando il Santo, Egli sia benedetto, ricorda i suoi figli che vivono in miseria tra i popoli del mondo, fa cadere due lacrime nell'oceano, e il loro suono si ode da un'estremità all'altra del mondo. (*bBer 59a*)

Dio però non soffre soltanto da lontano, dal cielo, con il suo popolo in esilio: egli stesso, nella sua Shekinah, se ne va in esilio. Questa è soprattutto l'esperienza e l'insegnamento di Rabbi Akiba, il grande "maestro, santo e martire" (L. Finkelstein) del giudaismo rabbinico primitivo.

> Dovunque furono esiliati gli israeliti, là, per così dire, insieme a loro fu esiliata la Shekinah. Furono esiliati in Egitto, e la Shekinah era con loro, com'è detto: "Mi sono esiliato dentro la tua famiglia, quando erano in Egitto" (1 Sam 2,27). Furono esiliati a Babilonia e la Shekinah era con loro, com'è detto: "Per amor vostro sono stato mandato a Babilonia" (Is 43,14). Furono esiliati in Elam, e la Shekinah era con loro, come è detto: "Ho posto il mio trono in Elam" (Ger 49,38). Furono esiliati in Edom, e la Shekinah era con loro, com'è detto (Is 63,1): "Chi è che viene da Edom, in abiti rosso vivo da Bosra [...]? Sono io (il Signore) [...]". (*MekJ, Bo 14* [pp. 51-52])

L'amore di Dio per Israele non conosce misura. Come dice Rabbi Elaeazar di Modiim, egli va con Israele persino nell'esilio dell'inferno e viene giudicato nel fuoco:

> Un giorno verranno i principi (gli angeli custodi) dei popoli del mondo per accusare Israele dinanzi al Santo, benedetto Egli sia, e diranno: "Signore del mondo, questi hanno servito gli idoli, e quelli hanno servito gli idoli! Questi hanno commesso incesto, e quelli hanno commesso incesto! Questi hanno versato sangue, e quelli hanno versato sangue![5] Perché dunque dovrebbero scendere all'inferno *(Gehinnom)* solo questi (i nostri popoli), mentre questi (gli israeliti) non vi scendo-

---

[5] In altre parole, Israele ha commesso gli stessi peccati degli altri popoli.

no?" Allora il Santo, benedetto Egli sia, risponderà loro dicendo: "Se è così, allora tutti i popoli devono scendere insieme con i loro dei all'inferno!" Così infatti sta scritto: "Ecco, tutti i popoli andranno ciascuno nel nome del suo dio" (Mi 4,5). Rabbi Ruben ha detto: Se non fosse scritto nella Scrittura, non sarebbe possibile dire una cosa del genere, e cioè: "Il Signore sarà giudicato nel fuoco" (Is 66,16). Non sta scritto: "Il Signore giudicherà" *(shofet)*, ma: "sarà giudicato" *(nishpat)*. È anche ciò che ha detto Davide nello Spirito santo (Sal 23,4): "Anche se dovrò camminare nella valle dell'ombra della morte, non temerò alcun male, perché tu sei con me." (*CantR II, 1, 3; cf. MSal 1, 20*)

Dio e Israele, in quanto compartecipi o partner, sono legati l'uno all'altro. Insieme vanno in esilio, insieme fanno ritorno.

Quando essi (gli israeliti) un giorno ritorneranno dall'esilio, ritornerà, per così dire, anche la Shekinah insieme con loro, come è detto: "E ritornerà il Signore, tuo Dio, con i tuoi deportati" (Dt 30,3). La Scrittura non dice: "e farà ritornare" *(we-heshib)*, bensì: "e ritornerà" *(we-shab)*. (*MekJ, Bo 14* [p. 52])

È in questo senso che Rabbi Hanania, il nipote di Rabbi Josua, comprese l'inizio del decalogo. Ecco il testo:

"Io sono il Signore, tuo Dio, che è stato fatto uscire con te dal paese di Egitto, dalla casa della schiavitù" (Es 20,2). [Dio dunque dice] in certo qual modo: "Io e voi siamo usciti insieme dall'Egitto". (*PesR 21,22* [p. 110a])

Come il dolore che colpisce Israele significa al tempo stesso dolore per Dio, così l'aiuto che Israele sperimenta è nello stesso tempo aiuto per Dio.

Rabbi Abbahu ha detto: Ogni aiuto che viene concesso a Israele è anche un aiuto che viene concesso al Santo, Egli sia benedetto. (*Tan Lev Ahare Mot 18*)

Allo stesso modo, ogni aiuto che viene concesso a Dio è, al tempo stesso, un aiuto per Israele. Questa esperienza, rabbi Abbahu la trovava espressa in vari passi della Scrittura. In Sal 9,15 Israele parla così a Dio: "Io esulto per l'aiuto che ti viene concesso" (perché significa aiuto anche per me), e in Sal 80,3: "Fa' valere la tua potenza in tuo e nostro aiuto!".[6]

Dio quindi, aiutando e riscattando il popolo di Israele, aiuta e riscatta se stesso. Perciò Rabbi Akiba in riferimento a 2 Sam 7,23 ("[...] dinanzi al tuo popolo, che tu hai riscattato dall'Egitto, la nazione e il suo Dio") disse:

> Se non fosse scritto così nella Scrittura, non sarebbe possibile dirlo. Gli israeliti così parlarono, per così dire, al Santo, benedetto Egli sia: "Hai riscattato te stesso!" (*MekJ Bo 14* [p. 51])

Rabbi Akiba ha sottolineato con forza questo pensiero audace di Dio che ha riscattato se stesso, e lo mostra anche il suo commento a Os 7,13, secondo cui gli israeliti con discorsi menzogneri sostenevano che in occasione della liberazione dall'Egitto per Dio non si era trattato di riscattare Israele:

> Forse è di noi che si è interessato? Di se stesso si è interessato! Se stesso ha riscattato, non noi! (*EsR 42,3*)

La situazione di esilio non è ancora giunta a termine con la liberazione dall'Egitto. Perciò Dio e Israele hanno ulteriormente bisogno di riscatto.

> Chi mi riscatta dal luogo dove si trova la mia Shekinah [in esilio] e chi riscatta Israele di mezzo ai popoli del mondo? Colui che pratica carità e giustizia e porta la pace. (*SER 11* [p. 53]; *cfr. bBer 8a*)

I testi citati a conclusione di questo capitolo introducono al prossimo tema.

---

[6] Cfr. TanB *Ahare Mot* 18 e paralleli; vedi a questo riguardo Bacher, *Die Agada der palästinensischen Amoräer* II, 111-112.

IV. Dio ha bisogno degli uomini

Dio e gli uomini stanno in un rapporto di reciproca dipendenza. È una concezione che incontriamo in diverse religioni, soprattutto nei mistici. Così si esprime, per esempio, Angelus Silesius (1624-1677) in modo poetico:

> Dio dipende da me in tal misura quanto io da lui,
> io lo aiuto a nutrire il suo essere, così com'egli il mio[1]

Anche alcuni testi della letteratura rabbinica testimoniano che Dio dipende dagli uomini per la piena espansione del suo essere.[2] Rabbi Jehudah bar Simeon così esprime questa esperienza:

> Quando gli israeliti fanno la volontà dell'Onnipresente, accrescono la divina potenza nell'alto, com'è detto: "A Dio noi diamo forza" (Sal 60,14). Quando invece gli israeliti non fanno la volontà dell'Onnipresente, essi indeboliscono, per così dire, la grande potenza di lassù, come sta scritto (Dt 32,18): "Hai indebolito la Roccia che ti ha generato." (*LamR I, 6,33*)

Dio ha bisogno degli uomini innanzitutto per erigere e consolidare la sua signoria.

> Prima che il nostro padre Abramo venisse nel mondo, il Santo, Egli sia benedetto, era per così dire solamente re del cielo (cfr. Gn 24,7). Ma quando il nostro padre Abramo venne nel mondo, egli (Abramo) lo fece diventare re del cielo e della terra (cfr. Gn 24,3). (*SifDt 313*)

Che la signoria di Dio dipenda dal riconoscimento di Israele, risulta con particolare chiarezza nel cantico del mare. Così Rabbi

---

[1] A. Silesius, *Der cherubinische Wandersmann* (Zürich 1979), 42.
[2] Cfr. per questo tema H. Slonimsky, "The Philosophy Implicit in the Midrash", *Hebrew Union College Annual* 27 (1956), 235-290.

Abbahu commenta Sal 93,2 ("Saldo è il tuo trono da allora, dall'eternità tu sei"):

> Benché tu sia dall'eternità, il tuo trono non stava saldo e tu non eri conosciuto nel tuo mondo prima che i tuoi figli intonassero il cantico (presso il mare dei giunchi). Perciò è detto: "Saldo è il tuo trono da allora". La cosa si può spiegare con una parabola: un re ha portato a termine una guerra vittoriosa, con il risultato di essere proclamato imperatore dal suo esercito; i suoi soldati gli dicono: "Prima che tu facessi la guerra, eri solo un re. Ora ti abbiamo fatto imperatore!" (*EsR 23,1*)

Israele in terra ha influenza su Dio in cielo. In riferimento a Dt 33,5 si dice (SifDt 346) che solo quando le tribù di Israele sono pienamente concordi e costituiscono non varie leghe, bensì una lega unica, allora Dio è re e la sua signoria è stabilita. Rabbi Simeon ben Johai usa a questo riguardo la seguente parabola:

> Un uomo accostò due navi, le fissò insieme con catene d'ancora e lastre di metallo [...] e costruì su di esse un palazzo. Finché le navi restano unite, il palazzo si regge in piedi; non appena si staccano, il palazzo non può più reggersi.

In riferimento a questa immagine vengono tratte, con l'ausilio di citazioni scritturistiche, alcune penetranti conclusioni.[3] Da Am 9,6 ("Egli costruisce nel cielo le sue alte dimore e fonda la sua compagine sulla terra") si deduce:

> Se gli israeliti fanno la volontà dell'Onnipresente, egli costruisce le sue alte dimore nel cielo. Ma se essi non fanno la volontà dell'Onnipresente, egli non costruisce le sue alte dimore nel cielo.

Da Is 43,12 ("Voi siete miei testimoni [...] e io sono Dio") si trae la conseguenza:

---

[3] Cfr. SifDt 346 e a questo riguardo W. Bacher, *Die Agada der Tannaiten* II, 140, nota 1; MSal 123,2.

Se voi siete miei testimoni, io sono Dio. Ma se voi non siete miei testimoni, io non sono Dio.

A partire da Sal 123,1 ("Sollevo i miei occhi a te che siedi sul trono nei cieli") si conclude:

Non ci fossi io [che sollevo i miei occhi al cielo], tu non sederesti sul trono nei cieli.[4]

Soprattutto il rigetto da parte dei nemici impedisce l'espansione della signoria di Dio. Così dice, per esempio, Rabbi Hama bar Hanina riferendosi a Es 17,16[5]:

Finché c'è nel mondo la discendenza di Amalek, non è in pienezza né il Nome [di Dio] né il trono [di Dio]. Ma quando la discendenza di Amalek sarà estirpata, il Nome [di Dio] e il trono [di Dio] saranno in pienezza. (*PesR 12,9* [p. 51a])

Così come l'estensione dell'ambito della signoria di Dio dipende dagli uomini, la stessa cosa vale anche per la modalità del suo governo. Perciò Rabbi Abbahu pone in bocca a Dio la seguente domanda e risposta:

Io regno sugli uomini, ma chi regna su di me? Il giusto. Perché io stabilisco un decreto (di condanna), ed egli lo annulla. (*bMQ 16b*)

---

[4] L'esperienza originaria che soggiace a tali testi dovrebbe risalire solamente a pochi rabbini. La concezione normale è, invece, all'incirca espressa dal testo che segue:
"Siate santi, perché io, il Signore, Dio vostro, sono santo" (Lv 19,2). Vale a dire: se voi santificate voi stessi, ve lo accredito come se aveste santificato me. Se non santificate voi stessi, ve lo accredito come se non aveste santificato me. O la Scrittura dice forse: Se voi mi santificate, io sono santificato; se non mi santificate, non sono santificato? No! Infatti è detto: "perché io sono santo." Io sono nella mia santità sia che voi mi santifichiate, sia che voi non mi santifichiate (Sifra Qedoshim [p. 86c]).
[5] La seguente interpretazione è connessa con il modo difettoso in cui sono scritti i termini "Signore" e "trono" nel testo ebraico.

Il fatto che Dio sia misericordioso o che governi da giudice severo, anche questo dipende dagli uomini. Lo possono illustrare due esempi fra tanti:

> "Sono chiamato 'Dio misericordioso e pietoso, lento all'ira e ricco di grazia e di fedeltà' (Es 34,6), ma a motivo dei vostri peccati sono diventato severo e ho mutato il mio attributo della misericordia nel mio attributo della rigida giustizia". È detto infatti: "Il Signore si è comportato come un nemico" (Lam 2,5); ed è detto anche: "e si è trasformato in loro nemico" (Is 63,10). (*Tan Lev Behukkotai 2*)
>
> Beati i giusti, che mutano l'attributo della stretta giustizia [di Dio] nel suo attributo della misericordia! Guai ai malvagi, che mutano l'attributo della misericordia [di Dio] nel suo attributo della stretta giustizia! (*MHG Dt Waethannan 5,6* [p. 104])

Come mostra un ultimo gruppo di esempi su questo tema, la molteplice dipendenza di Dio si spinge talmente oltre da sottomettersi senza esitazione persino alle istituzioni che lui stesso ha fondato in virtù della Torah.

È il caso famoso di Rabbi Eliezer ben Hyrkanos. Un giorno la maggioranza dei suoi colleghi rigetta una sua decisione; interviene allora Dio, per mezzo di una voce dal cielo: "Che cosa avete contro Rabbi Eliezer? Il suo giudizio è sempre legalmente vincolante!". E il testo continua con il dire che l'intervento divino viene respinto dai rabbini con la motivazione che la Torah fu già data al Sinai e secondo Dt 30,12 non si trova più in cielo. "Noi non teniamo conto della voce dal cielo, perché già al monte Sinai tu hai scritto nella Torah che 'si deve decidere a maggioranza'" (Es 23,2).[6] Quando più tardi il profeta Elia, che ha accesso al mondo

---

[6] Cfr. Mt 18,18. Il testo rabbinico sembra intendere Es 23,2 nel seguente modo: "Non seguire la maggioranza verso il male; non distorcere con discussioni giuridiche [le affermazioni]; la maggioranza [si deve] da seguire". Cfr. D. Boyarin, *Intertextuality and the Reading of Midrash* (Bloomington-Indianapolis 1990), 36.

celeste e a quello terreno, apparve a Rabbi Natan e da questi gli fu chiesto come avesse reagito Dio in quel momento, rispose: "Si mise a ridere e disse: 'I miei figli mi hanno battuto, i miei figli mi hanno battuto!'" (*bBM 59b*).

Ciò che viene deciso, quindi, sulla terra dal tribunale competente, dev'essere osservato anche in cielo. Anche per quel che riguarda la data di Capodanno, quindi del giorno del giudizio e rispettivamente di quello dell'espiazione, Dio in cielo si attiene alle decisioni degli uomini sulla terra:

> Quando tutti gli angeli del servizio si radunano dinanzi al Santo, benedetto Egli sia, e chiedono: "Signore del mondo, quand'è Capodanno?", egli risponde loro: "Lo chiedete a me? Interroghiamo, io e voi, il tribunale sulla terra!" Quale ne è la motivazione biblica? "Ciò che è un ordine per Israele, è una prescrizione per il Dio di Giacobbe" (Sal 81,5). (*MSal 81,6*)

Sì, Dio si conforma persino agli spostamenti operati nell'agenda dal tribunale terreno. Se per esempio, come dice Rabbi Hoshaja, il tribunale terreno decide: "Oggi è Capodanno", Dio impartisce agli angeli di servizio l'ordine di convocare il tribunale del cielo per il giudizio delle azioni umane, al fine di poter poi render noto, nove giorni più tardi, nel grande giorno dell'espiazione, le sue decisioni. Se però il tribunale terreno cambia idea e sposta la data di Capodanno, allora Dio fa revocare a sua volta l'ordine di convocare il tribunale celeste. (*MSal 81,6*)

E che succede se Dio ha fatto un voto, oppure ha pronunciato un giuramento e non vuole assolvere gli obblighi conseguentemente assunti? Da quanto si è detto, la risposta è chiara: come gli uomini, anche Dio deve farsi dispensare dal voto o dal giuramento conformemente alla legge. Come esempio viene menzionato ancora una volta Mosè. Quando Mosè vuole indurre Dio a perdonare gli israeliti per il peccato del vitello d'oro, Dio si appella al giuramento fatto: "Mosè, io ho già fatto questo giuramento: 'Colui che offre un sacrificio agli dei [...] sarà votato allo sterminio' (Es 22,19). E io non posso revocare un giuramento che io ho pronunciato!" Allora Mosè in base a Nm 30,3 dimostra di avere egli stesso il potere di annullare un voto e Dio si fa dispensare dal giuramento. (*EsR 43,4*)

V. DIO SI RIVELA CON MOLTEPLICI VOLTI

Dio ha volti molteplici. È un aspetto che è già emerso con evidenza nei tre capitoli precedenti. Ma ora, a mo' di conclusione e in conformità al titolo di questo libro, propongo di trattare in maniera più sistematica tale molteplicità della realtà di Dio.

Prenderò l'avvio da un fatto singolare, che del resto nella storia delle religioni è dato di incontrare non di rado.[1] La letteratura rabbinica fa usare ai maestri ebraici della Scrittura, in certo qual modo, un duplice criterio a seconda che costoro discutano con gli "eretici" (ebrei che vivono ai margini, esponenti della gnosi o anche del cristianesimo) oppure con i propri discepoli. All'obiezione, per esempio, che siano state più divinità a creare cielo e terra, dal momento che il nome divino *Elohim* è al plurale, agli eretici si risponde che devono aprire gli occhi e guardar bene che cosa dice il testo biblico: in Gn 1,1 il verbo non è al plurale, ma al singolare. Non è detto: *Elohim crearono* cielo e terra, bensì: *Elohim creò* cielo e terra.

Ai discepoli invece, che non si accontentano di tali risposte, i maestri[2] rispondono, per esempio, in riferimento ai tre nomi divini in Sal 50,1 *("El, Elohim, Adonai* ha parlato"): "Tutti e tre sono [in sostanza] un solo nome. Così anche un uomo può essere indicato come capotecnico, capomastro e architetto". I discepoli chiedono ancora: "Perché allora la Scrittura menziona tre volte il nome di Dio?" Risposta: "La Scrittura insegna in questo modo che il Santo, benedetto Egli sia, ha creato il suo mondo con tre nomi corrispondenti alle tre virtù con cui fu creato il mondo, e

---

[1] Per il Nuovo Testamento cfr., per esempio, Mc 4,10-12.
[2] Spesso rabbi Simlai; cfr. jBer 9,1 (12d-13a); MSal 50,1.

cioè: sapienza, intelligenza, scienza. È detto infatti: 'Il Signore ha fondato la terra con sapienza, ha consolidato i cieli con intelligenza, mediante la sua scienza proruppero le sorgenti'" (Pr 3,19-20).

Dello stesso tenore è la risposta alla domanda dei discepoli sui tre nomi divini in Gs 22,22 ("*El, Elohim, Adonai* sa"): le cose stanno come nel caso dei tre titoli con cui si designa l'imperatore romano: Basileus, Caesar, Augustus.

Perché in Dt 4,7 l'aggettivo "vicino" si trova al plurale *(Elohim qerobim)*? Risposta: Dio è vicino con tutte le modalità della vicinanza.

Ancora. Perché in Gs 24,19 l'aggettivo "santo" è al plurale *(Elohim qedoshim)*? Risposta: Dio è santo in tutti i modi della santità.

Così suonano, pressappoco, le risposte date ai discepoli. Mentre, dunque, nei confronti degli estranei l'insegnamento del monoteismo non ammette discussione alcuna, nella cerchia interna può essere oggetto di ulteriore riflessione sulla scorta di certi passi difficili della Scrittura. Qui è possibile fare delle distinzioni.

Che Dio si riveli agli uomini con molteplici volti è un pensiero che i rabbini hanno trovato espresso, dunque, già nella Bibbia. Lì Dio si era rivelato agli uomini molte volte e in molti modi, sotto diversi nomi e svariate forme.

Quando Mosè chiese a Dio il suo nome, così disse Dio, secondo Rabbi Abba bar Memel:

> "Vuoi sapere il mio nome? Ebbene, io sono chiamato a seconda del mio agire. Talora mi chiamo *El Shaddai* (Dio onnipotente), tal altra *Sebaot* (Signore degli eserciti), *Elohim* (Dio), *YHWH* (*Adonai*, Signore). Quando giudico gli uomini, mi chiamo *Elohim*. Quando faccio guerra ai malvagi, mi chiamo *Sebaot*. Quando sospendo il giudizio sui peccati di un uomo, mi chiamo *El Shaddai*. E quando ho misericordia verso il mio mondo, mi chiamo *JHWH*." Infatti *JHWH* designa sempre l'attributo divino della misericordia, come è detto:

> "*JHWH, JHWH*, un Dio misericordioso e pietoso" (Es 34,6). Perciò è detto: "Io sono colui che sono" (Es 3,14), (che significa:) Io vengo chiamato a seconda del mio agire. (*EsR 3,6*)

La molteplice esperienza di Dio di cui ci parla la Bibbia non si mostra unicamente nei diversi nomi di Dio, ma si fa visibile anche nei diversi modi che Dio ha di manifestarsi.

> Rabbi Hijja bar Abba ha detto: A seconda del suo agire apparve loro. Al mare dei giunchi apparve loro come un eroe che combatteva per Israele. Al Sinai insegnò a Israele la Torah, e lì fu come un dottore della Legge. Nei giorni di Daniele apparve loro come un anziano maestro della Torah; poiché è conveniente che la Torah provenga dalla bocca degli anziani. Nei giorni di Salomone, quando la gente era piena di vita, apparve loro come un giovane, come è detto (Ct 5,15): "Il suo aspetto era come il Libano, giovane come i cedri." (*Tan Es Jitro 16*)

E un altro testo suona così:

> In quante immagini e paragoni mi sono mostrato a voi! (cfr. Lam 2,13). Al mare dei giunchi mi sono mostrato a voi come un eroe in battaglia, come sta scritto: "Il Signore è un guerriero" (Es 15,3). Quindi al Sinai mi sono mostrato come un anziano maestro della Torah; poiché è conveniente che la Torah provenga dalla bocca degli anziani. Nella tenda dell'alleanza mi sono mostrato a voi come uno sposo che entra nella camera nuziale. (*PesR 33,11* [p. 155b])

Ciò che qui è detto in modo plastico, con immagini bibliche, della rivelazione di Dio nella storia di Israele, vale anche per la sua rivelazione nella vita di ogni singola persona. Dio viene esperito in modo personale da ciascun uomo, e a seconda dei diversi periodi della vita dell'uomo. È quanto viene messo in evidenza dalla voce di Dio al Sinai nel testo che segue. Dio al Sinai parlò con ciascuno. La forma *Elohim,* al plurale ("Ed *Elohim* pronunciò tutte queste parole"), designa secondo Rabbi Jose ben Hanina, le molteplici voci dell'unico Dio che disse a ciascuno: "Io sono il Signore, *tuo* Dio" (Es 20,2).

> La parola divina parlò con ognuno in base alla sua capacità di capire. Non ti sorprenda la cosa. Perché quando scese la manna per gli israeliti, essa aveva per ognuno un sapore diverso: per i bambini piccoli infatti aveva un sapore, per i giovani un altro sapore, per gli anziani un altro ancora, a seconda dell'alimento familiare a ciascuno. Per i bambini piccoli aveva il sapore del latte con cui essi vengono nutriti al seno della madre; è detto infatti: "Il suo sapore era come il sapore di crema ricca" (Nm 11,8). Della manna che mangiavano i giovani è detto invece: "Il mio pane che io ti ho dato" (Ez 16,19). E della manna che mangiavano gli anziani è detto: "Aveva il sapore di una focaccia con miele" (Es 16,31). Ora, se già la manna aveva per ogni singola persona un sapore diverso, quanto più questo vale, similmente, per la parola di Dio! Ognuno la udiva in base alla sua capacità di intendere. Davide ha detto: "La voce del Signore si diffonde con potenza" (Sal 29,4). Non sta scritto: "La voce del Signore si diffonde con la sua (di Dio) potenza", bensì: "La voce del Signore si diffonde con potenza", cioè con la potenza che è a misura di ciascuno. (*PesK* 12,25)

Questo agire differenziato di Dio nei confronti del popolo in ogni situazione specifica, così come nei confronti del singolo nella sua particolarità, trova un riscontro in Dio stesso. Ci sono in Dio diversi modi di essere, e a essi, facciamo qui già una piccola anticipazione, viene attribuita una certa autonomia. Negli scritti rabbinici troviamo, tra gli altri, i seguenti modi di essere di Dio.

– *Gli attributi di Dio*

Mi limiterò qui a due attributi principali di Dio: la sua misericordia e la sua giustizia. A detta dei rabbini, la Scrittura parla di questi due attributi in particolare là dove designa Dio come *Elohim* (Dio) o come *JHWH* (Signore).

> Ovunque nella Scrittura è scritto "Signore", viene affermato l'attributo divino della misericordia; dove c'è "Dio", l'attributo divino della giustizia. Il mondo fu creato con l'uno e con l'altro, come è detto: "il giorno che il Signore, Dio fece terra e cielo" (Gn 2,4). Poiché il

mondo ha bisogno sia dell'attributo della giustizia sia dell'attributo della misericordia. Anche la Torah fu data con l'uno e con l'altro, com'è detto: "Io sono il Signore tuo Dio" (Es 20,2), poiché essa implica ricompensa e punizione. (*MHG, Waethannan 5,6* [p. 104])

Come già mostrano alcuni testi citati in precedenza (per esempio, la preghiera che Dio stesso pronuncia), gli attributi divini della misericordia e della giustizia appaiono talvolta in una certa autonomia rispetto a Dio. Due esempi illustreranno ancora una volta questo aspetto:

Rabbi Johanan dice a Dio con una preghiera: "Possa comparire dinanzi a te l'attributo della tua bontà e della tua mansuetudine!" (*bBer 16b*)

In un commento di Rabbi Jonatan ben Eleazar a Is 30,18 ("Eppure il Signore attende di mostrarvi la sua grazia") è detto: "Ma allora, dal momento che noi attendiamo [la sua grazia] e che anche Lui l'attende, chi dunque la ritarda? È l'attributo della giustizia che la ritarda." (*bSan 97b*)

– La Shekinah: presenza di Dio in mezzo agli uomini

Come molte altre rappresentazioni dell'Haggadah, anche quella della Shekinah è caratterizzata da affermazioni che talora si differenziano, tal altra appaiono addirittura tra loro contrapposte.[3] Ma bisogna tener presente che l'Haggadah non conosce concetti astratti, metafisici.

La *Shekinah,* già da noi incontrata in alcuni testi, dovrebbe designare in un primo momento il luogo in cui Dio normalmente "abita" (*shakan*) o dovrebbe abitare, perciò in particolare il Tempio. Essa abita però anche sui monti come il Sinai, sugli alberi e sugli arbusti come il roveto. "Non v'è luogo sulla terra in cui

---

[3] Cfr. A. M. Goldberg, *Untersuchungen über die Vorstellung von der Schekhinah in der frühen rabbinischen Literatur* (Berlin 1969).

non ci sia la Shekinah" (NmR 12,4). In modo particolare tuttavia essa riposa su Israele e sugli uomini.

Talvolta la Shekinah compare al posto di Dio. Così è detto, per esempio, in un'affermazione di rabbi Hama bar Hanina a proposito di Dt 13,5 ("Seguirete il Signore, vostro Dio"):

> Ma è possibile per l'uomo seguire la Shekinah? Non è forse detto: "Poiché il Signore, tuo Dio, è un fuoco divorante" (Dt 4,24)? Il senso è che si devono seguire le azioni del Santo, benedetto Egli sia, come egli veste gli ignudi, vesti anche tu gli ignudi [...]. (*bSot 14a*)

A volte poi la Shekinah si presenta in una certa autonomia rispetto a Dio. Così si può dire, per esempio: Dio manda la sua Shekinah sugli israeliti, Dio ritira da loro la sua Shekinah, Dio fa abitare la sua Shekinah quaggiù sulla terra, Dio esilia la sua Shekinah dal santuario, ecc. È detto persino che la Shekinah conversa con Dio:

> Nel momento in cui il sinedrio voleva contarlo (il re Salomone) insieme con i tre re e quattro altre persone (che non hanno parte al mondo a venire), la Shekinah comparve dinanzi al Santo, Egli sia benedetto, e gli disse: "Signore dei mondi, 'là vedi un uomo abile nel suo lavoro'! (Pr 22,29). Lo vogliono contare insieme con le [quattro] persone oscure!" In quel momento risuonò una voce dal cielo che disse loro (Pr 22,29): "Egli stia dinanzi ai re, non stia dinanzi a gente oscura!" (*MPr 22 fine; bSan 104b*)

– *Lo Spirito santo*

Lo Spirito santo *(Ruah ha-Qodesh),* così come lo intendono i rabbini, è una realtà postbiblica come la Shekinah.[4] Esso proviene da Dio ed è sperimentato come ispirazione divina, che si esprime

---

[4] Cfr. P. Schäfer, *Die Vorstellung vom heiligen Geist in der rabbinischen Literatur* (München 1972).

soprattutto nella profezia. Secondo un'opinione diffusa, l'efficacia dello Spirito santo come ispirazione profetica a un certo punto ha avuto fine. Secondo alcuni rabbini precisamente con la distruzione del primo Tempio (bJom 21b), secondo altri dopo la morte degli ultimi profeti: Aggeo, Zaccaria e Malachia (tSot 13,2). Solo per il tempo escatologico lo Spirito santo è atteso di nuovo (NmR 15,25).

Accanto allo Spirito santo inteso come ispirazione profetica, c'è lo Spirito santo che è all'opera come particolare dono di grazia anche dopo la cessazione della profezia. Esso è accordato ai giusti: "Tutto ciò che i giusti fanno, lo fanno nello Spirito santo" (Tan Gn Wajjehi 13). Come la Shekinah, anche lo Spirito santo può talora essere distinto da Dio e acquisire una certa autonomia. È detto, per esempio: Dio fa riposare lo Spirito santo su una persona oppure su un luogo, Dio manda lo Spirito santo, Dio ritira lo Spirito santo. Dopo la distruzione del Tempio, lo Spirito santo da Gerusalemme fa ritorno a Dio (QoR 12,7). Ma vi è di più: Dio parla allo Spirito santo e lo Spirito santo parla a Dio. Eccone due esempi:

Giacobbe volle benedire i figli di Giuseppe, ma lo Spirito santo non riposava su di lui. Allora Giuseppe cadde sulla sua faccia e chiese pietà a Dio. "Subito il Santo, benedetto Egli sia, disse allo Spirito santo: 'Per quanto tempo Giuseppe deve ancora affliggersi? Manifestati in fretta ed entra in Giacobbe, così che li possa benedire!'" (*PesR 3,4* [p. 12a])

Lo Spirito santo, così rabbi Aha spiega Pr 24,28-29, compare tra Israele e Dio in qualità di avvocato. Rivolto a Israele dice: "Non testimoniare alla leggera contro il tuo amico (Dio)!" E rivolto a Dio dice: "Non dire: Come egli (Israele) ha fatto a me, così anch'io voglio fare a lui!" (LevR 6,1).

– *La voce dal cielo*

Dalla morte degli ultimi profeti Dio si serve talora della voce dal cielo *(Bat qol)* per comunicare agli uomini la sua volontà oppure il suo giudizio (tSot 13,2).[5] Anche questa voce viene a volte distinta da Dio. In un testo che risale a Bar Kappara è detto:

> Il Santo, benedetto Egli sia, volle fare di Ezechia il Messia e di Sennacherib, Gog e Magog.[6] Allora l'attributo della giustizia disse al Santo, benedetto Egli sia: "Signore del mondo, tu non hai fatto di Davide, re d'Israele, il Messia, lui che ha composto in tuo onore così tanti inni e canti; come puoi dunque fare di Ezechia il Messia, lui che, nonostante tutti i prodigi che hai fatto per lui, non ti ha mai intonato un solo canto di lode?" [...] Subito la terra prese a dirgli: "Signore del mondo, canterò io un inno in tuo onore al posto di questo giusto; fà di lui dunque il Messia!" E si mise a intonare un canto in suo onore, com'è detto: "Dall'estremità della terra abbiamo udito cantare: Gloria al giusto!" (Is 24,16). Allora il principe del mondo gli disse: "Signore del mondo, agisci in favore di questo giusto!" Risuonò allora una voce dal cielo che disse: "Mio è il mio segreto, mio è il mio segreto!" (Is *ivi*). E il profeta disse: "'Guai a me, guai a me!' (*ivi*) Fino a quando ancora [dobbiamo attendere]?". Allora risuonò una voce dal cielo che disse: "Finché i perfidi sono perfidi." (*ivi*) (*bSan 94a*)

È evidente che, dinanzi a tali manifestazioni o personificazioni divine quasi autonome, non abbiamo a che fare con un linguaggio teologico a noi familiare. Si tratta di attributi o manifestazioni che fungono in certo qual modo da interlocutori nel consiglio celeste. Tuttavia con queste personificazioni haggadiche – e ciò vale ugualmente per la Shekinah e lo Spirito santo – non viene messa assolutamente in discussione l'unità di Dio.[7] Esse, invece,

---

[5] Cfr. P. Kuhn, *Offenbarungsstimmen im Antiken Judentum: Untersuchungen zur Bat Qol und verwandten Phänomenen* (Tübingen 1989); Id., *Bat Qol: Die Offenbarungsstimme in der rabbinischen Literatur* (Regensburg 1990).

[6] Sono gli avversari del Messia.

[7] Questa nota, che contribuisce poco alla comprensione del tema trattato nel testo principale, si indirizza alle lettrici e ai lettori che vogliono riflettere su ulteriori dimensioni del modo di essere e di rivelarsi di Dio.
Se l'unità e la sovrimenenza di Dio non sono in alcun modo poste in discussione, ciò vale *a fortiori* quando, per esempio, in una sorta di movimento contrario

evidenziano che gli uomini in genere sperimentano Dio come una realtà molteplice; lo sperimentano nei suoi svariati modi di essere e nei molti volti con cui si manifesta, ed è proprio questa esperienza che essi vogliono esprimere.

A questo punto si potrebbero considerare concluse le riflessioni riguardo ai molteplici volti del Dio unico. Così facendo non terrò però conto di tutta la letteratura rabbinica sul tema dell'esperienza di Dio. Quasi come contrappunto è doveroso far notare che

---

all'assimilazione di Dio agli uomini, alcuni uomini eletti vengono visti in una particolare prossimità con Dio. Questo è vero soprattutto del progenitore di Israele, Giacobbe (= Israele, cfr. Gn 32,28). Così, in un commento, Gn 33,20 viene tradotto e interpretato in questo modo:

"Ed egli (Giacobbe) eresse lì un altare e chiamò se stesso Dio, Dio di Israele". Egli (Giacobbe) gli (a Dio) disse: "Tu sei Dio nella sfera celeste, ed io sono Dio nella sfera terrestre." (*GnR 79,8*)

Questa interpretazione in GnR viene respinta da rabbi Simeon ben Lakish come atto di presunzione, però nel Talmud babilonese viene giustificata da rabbi Eleazar ben Pedat (cfr. W. Bacher, *Die Agada der palästinensischen Amoräer* II, p. 39, nota 5). Qui è detto addirittura:

Donde sappiamo che il Santo, benedetto Egli sia, ha chiamato Giacobbe Dio? È detto (Gn 33,20): "E il Dio di Israele lo chiamò Dio." (*bMeg 18a*)

Alla base di questi testi è anche il concetto del merito dei padri (cfr. Rm 11,28). In questo senso Giacobbe, a detta di rabbi Pinhas, prima della morte disse ai suoi figli (Gn 49,2):

"'Radunatevi e ascoltate, figli di Giacobbe; sì, ascoltate: un Dio è Israele vostro padre'. Come il Santo, Egli sia benedetto, crea i mondi, così anche vostro padre crea i mondi. Come il Santo, benedetto Egli sia, spartisce i mondi, così anche vostro padre spartisce i mondi." (*GnR 98,3*)

Rabbi Ruben così traduce e spiega Is 43,1:

"Ma ora così dice il Signore: Chi ti ha creato è Giacobbe, chi ti ha plasmato è Israele" [...] Il Santo, benedetto Egli sia, disse al suo mondo: "O mondo mio, mondo mio, devo dirti chi ti ha creato? Devo dirti chi ti ha plasmato? Giacobbe è colui che ti ha creato, Israele colui che ti ha plasmato!" (*LevR 36,4; cfr. Tan Gn Toledot 11*)

vi è un grado dell'esperienza di Dio in cui vengono superate le varie immagini e i vari volti di Dio.

> I profeti lo (Dio) descrivono nei modi più svariati. Per esempio, in un testo è detto: "Il suo vestito era bianco come la neve" (Dn 7,9). Un altro testo dice: "Perché è rossa la tua veste?" (Is 63,2) – Ma tu riesci a immaginarti che egli fosse di volta in volta diverso, quando essi lo vedevano? Per questo è detto in Ezechiele: "Ebbi visioni di Dio" (Ez 1,1). Con questo Ezechiele voleva dire: Molti volti diversi io vidi, finché ottenni di ricevere il volto della Shekinah. (*MekS Jitro* [p. 147])

Un'esperienza mistica di Dio altrettanto profonda soggiace anche ad alcuni testi che sono stati citati nei capitoli sulla sofferenza di Dio e sulla dipendenza di Dio dagli uomini.

La maggior parte dei testi che ho preso in considerazione, tuttavia, così come la maggior parte dell'immensa ricchezza di altre testimonianze contenute nella letteratura rabbinica, riflettono un'esperienza di Dio che si potrebbe definire, con M. Kadushin, "mistica normale".[8] Questa si è sviluppata nel semplice camminare alla presenza di Dio, alla luce della Torah data da Dio. In altre parole, laddove i rabbini – e sotto la loro guida anche il popolo ebraico – vivevano sotto gli occhi di Dio e secondo l'insegnamento di Dio, laddove fin da bambini venivano educati da genitori e maestri, si occupavano della Torah, agivano secondo i comandamenti di Dio, si guadagnavano l'esistenza con il duro lavoro, sperimentavano pienamente gioia, dolore e morte e quanto la vita porta con sé, proprio allora Dio si rivelava loro in maniera sempre nuova, con molti volti.

Non dobbiamo pensare che tutto questo sia riservato ai nostri interlocutori, agli ebrei. Noi tutti siamo invitati a fare tali o simili esperienze. Il Dio dei rabbini non è un Dio nazionale. Non mancano nella letteratura rabbinica splendide testimonianze del

---

[8] *The Rabbinic Mind* (New York [3]1972), 194-272.

fatto che anche i non ebrei possano aver parte all'esperienza religiosa degli ebrei; addirittura essi possono stare alla pari del sommo sacerdote. Il testo che segue è attestato più volte:

> Da dove sappiamo che anche un non ebreo che agisce secondo la Torah è equiparato al sommo sacerdote? C'è a questo riguardo un insegnamento della Scrittura, quando dice: "L'uomo che le metterà in pratica (le leggi e le prescrizioni di Dio), vivrà per esse" (Lv 18,5). Non è detto: "sacerdoti, leviti e israeliti", bensì: "l'uomo". Inoltre la Scrittura dice: "Questa è la Torah dell'uomo" (2Sam 7,19). Non è detto: "Questa è la Torah dei sacerdoti, dei leviti e degli israeliti", bensì: "Questa è la Torah dell'uomo." (*Sifra, Ahare Mot 13,13* [p. 86b]; *bSan 59a*)[9]

---

[9] Nel Talmud (bSan 59a), la Torah viene limitata ai "precetti noachidi" per i non-ebrei (cfr. Atti 15,28-29). Vedi Urbach, *The Sages — Their Concepts and Beliefs*, 932, nota 71.

VI. Conclusione

L'ho detto già nell'introduzione e l'ho ribadito a più riprese nel corso dell'opera: ebrei e cristiani sono figli e figlie di uno stesso Padre e, dunque, fratelli e sorelle. Possa questo fatto diventare sempre più una realtà vissuta. Non è semplice, certo! Perché se due fratelli non si sono parlati da troppo tempo ma hanno solo litigato, si sono insultati, si sono fatti del male e sono andati per strade diverse, il cammino di riavvicinamento risulta lungo e difficoltoso. E se poi il fratello minore, su cui ricade la colpa principale di quanto è accaduto, vuole di nuovo parlare con il maggiore, non ci si può attendere che questi si mostri subito lietissimo. Vi è piuttosto da mettere in conto che il fratello maggiore, un po' diffidente, si chieda se nell'altro sia davvero avvenuto un mutamento del cuore o se lo muovano motivi meno nobili.

Tuttavia, per restare a questo paragone, non è che si possa tranquillamente equiparare il fratello minore, che vuole riprendere il dialogo, con il cristiano, così come il fratello maggiore non è semplicemente l'ebreo. Ci sono diversi tipi di cristiani. Per non pochi, il Concilio ha portato un miglioramento e un rinnovamento delle relazioni con l'ebraismo, da lungo desiderati. Altri, nonostante il Concilio e le conferenze episcopali nazionali, hanno accolto finora solo timidamente l'invito al dialogo.[1] Certi altri hanno opposto al dialogo tutte le riserve possibili. Altri ancora hanno semplicemente scarso interesse a riconciliarsi con il fratello, a cambiare se stessi, a riconoscere l'altro come fratello, a prenderlo sul serio, a imparare da lui.

---

[1] Anche chi non ha amici o vicini ebrei, può partecipare attraverso libri e internet al dialogo ebraico-cristiano. E alla fin fine è anche da considerare che un incontro con Gesù significa al contempo un incontro con l'ebraismo (cfr. la dichiarazione dei vescovi tedeschi del 28 aprile 1980; *Le Chiese cristiane e l'ebraismo*, 301; Rendtorff – Henrix, 261). L'incontro con Gesù come ebreo apre sotto molteplici aspetti prospettive nuove e affascinanti in riferimento alla sua persona e ai suoi desideri.

Anche il fratello ebreo non è sempre uguale. Ci sono diversi tipi di ebrei e diverse posizioni; inoltre, nell'ebraismo non c'è un magistero che possa in qualche modo essere paragonato alle conferenze episcopali nazionali o all'autorità papale o conciliare. Ci sono ebrei che, non appena hanno anche solo percepito che il fratello minore poneva un segno di mutamento, subito gli sono andati incontro con fiducia e benevolenza. Samuel Sandmel, al quale nel primo capitolo è stata data ampiamente voce, è solo uno dei molti. Altri hanno acettato il dialogo con esitazione; prima di voler parlare dei misteri della propria vocazione e del proprio cammino, vorrebbero innanzitutto discutere una buona volta sui punti controversi e sulle colpe del passato per arrivare in questo modo pian piano ad una relazione di fiducia. Altri aspettano ancora, perché l'improvviso mutamento del fratello pare loro sospetto, oppure perché dinanzi al passato hanno difficoltà a riconoscere nell'altro il fratello - uno dei molteplici volti del dio unico.

Così cristiani ed ebrei vivono l'attesa. Essi attendono, però, anche il giorno in cui ci vedranno chiaro, in piena sintonia con quanto esprime una preghiera della liturgia ebraica, il cui intento risuona anche nelle prime tre preghiere del padrenostro (Mt 6,9-10):

> Preghiamo con insistenza che venga il giorno in cui tutti gli uomini invocheranno il tuo Nome [...]. Tutti coloro che sono stati creati a tua immagine possano riconoscere di essere fratelli, così che, una cosa sola nello Spirito e una cosa sola nella comunione reciproca, possano essere uniti per sempre dinanzi a te. Allora sarà instaurato il tuo Regno sulla terra e si adempirà la parola del tuo antico profeta: "Il Signore regnerà per sempre e in eterno [Es 15,18]!".[2]

---

[2] The Central Conference of American Rabbis (ed.), *The Union Prayerbook for Jewish Worship* I (New York 1961), 150-151, 365-366. Questa antica preghiera, che esprime la speranza ebraica di una umanità unita nel riconoscere l'unico Dio, è stata modificata a seconda dei tempi e dei riti. J.J. Petuchowski, *Gottesdienst des Herzens: eine Auswahl aus dem Gebetsschatz des Judentums* (Freiburg-Basel-Wien 1981), 80-81 riporta una traduzione che si riferisce al libro di preghiera edito nel 1868 da S. Baer.

Appendice

Documenti

LA DICHIARAZIONE CONCILIARE NOSTRA AETATE (NR. 4)

LA RELIGIONE EBRAICA

4. Scrutando il mistero della Chiesa, il sacro Concilio ricorda il vincolo con cui il popolo del Nuovo Testamento è spiritualmente legato con la stirpe di Abramo.

La Chiesa di Cristo infatti riconosce che gli inizi della sua fede e della sua elezione si trovano già, secondo il mistero divino della salvezza, nei patriarchi, in Mosè e nei profeti.

Essa confessa che tutti i fedeli di Cristo, figli di Abramo secondo la fede[1], sono inclusi nella vocazione di questo patriarca e che la salvezza ecclesiale è misteriosamente prefigurata nell'esodo del popolo eletto dalla terra di schiavitù. Per questo non può dimenticare che ha ricevuto la rivelazione dell'Antico Testamento per mezzo di quel popolo con cui Dio, nella sua ineffabile misericordia, si è degnato di stringere l'Antica Alleanza, e che essa stessa si nutre dalla radice dell'ulivo buono su cui sono stati innestati i rami dell'ulivo selvatico che sono i gentili.[2] La Chiesa crede, infatti, che Cristo, nostra pace, ha riconciliato gli Ebrei e i gentili per mezzo della sua croce e dei due ha fatto una sola cosa in se stesso.[3] Inoltre la Chiesa ha sempre davanti agli occhi le parole dell'apostolo Paolo riguardo agli uomini della sua razza: «ai quali appartiene l'adozione a figli e la gloria e i patti di alleanza e la legge e il culto e le promesse, ai quali appartengono i Padri e dai quali è nato Cristo secondo la carne» (Rm 9,4-5), Figlio di Maria Vergine.

---

[1] Cfr. Gal 3,7.
[2] Cfr. Rm 11,17-24.
[3] Cfr. Ef 2,14-16.

Essa ricorda anche che dal popolo ebraico sono nati gli apostoli, fondamenta e colonne della Chiesa, e così quei molti primi discepoli che hanno annunciato al mondo il Vangelo di Cristo.

Come attesta la sacra Scrittura, Gerusalemme non ha conosciuto il tempo in cui è stata visitata[4]; gli Ebrei in gran parte non hanno accettato il Vangelo, ed anzi non pochi si sono opposti alla sua diffusione.[5] Tuttavia secondo l'Apostolo, gli Ebrei, in grazia dei Padri, rimangono ancora carissimi a Dio, i cui doni e la cui vocazione sono senza pentimento.[6] Con i profeti e con lo stesso Apostolo, la Chiesa attende il giorno, che solo Dio conosce, in cui tutti i popoli acclameranno il Signore con una sola voce e «lo serviranno sotto uno stesso giogo» (Sof 3,9).[7]

Essendo perciò tanto grande il patrimonio spirituale comune a cristiani e ad ebrei, questo sacro Concilio vuole promuovere e raccomandare tra loro la mutua conoscenza e stima, che si ottengono soprattutto con gli studi biblici e teologici e con un fraterno dialogo.

E se autorità ebraiche con i propri seguaci si sono adoperate per la morte di Cristo[8], tuttavia quanto è stato commesso durante la sua passione, non può essere imputato né indistintamente a tutti gli Ebrei allora viventi, né agli Ebrei del nostro tempo.

E se è vero che la Chiesa è il nuovo popolo di Dio, gli Ebrei tuttavia non devono essere presentati come rigettati da Dio, né come maledetti, quasi che ciò scaturisse dalla sacra Scrittura. Curino pertanto tutti che nella catechesi e nella predicazione della parola di Dio non si insegni alcunché che non sia conforme alla verità del Vangelo e dello Spirito di Cristo.

---

[4] Cfr. Lc 19,44.
[5] Cfr. Rm 11,28.
[6] Cfr. Rm 11,28-29; CONC. VAT. II, Cost. dogm. sulla Chiesa *Lumen Gentium*: AAS 57 (1965), 20 [cfr. *supra*, pp. 22, 23 e 178 n. 7].
[7] Cfr. *Is* 66,23; *Sal* 64,4; *Rm* 11,11-32.
[8] Cfr. *Gv* 19,6.

La Chiesa inoltre, che esecra tutte le persecuzioni contro qualsiasi uomo, memore del patrimonio che essa ha in comune con gli Ebrei, e spinta non da motivi politici, ma da religiosa carità evangelica, deplora gli odi, le persecuzioni e tutte le manifestazioni dell'antisemitismo dirette contro gli Ebrei in ogni tempo e da chiunque. In realtà il Cristo, come la Chiesa ha sempre sostenuto e sostiene, in virtù del suo immenso amore, si è volontariamente sottomesso alla sua passione e morte a causa dei peccati di tutti gli uomini e affinché tutti gli uomini conseguano la salvezza. Il dovere della Chiesa, nella sua predicazione, è dunque di annunciare la croce di Cristo come segno dell'amore universale di Dio e come fonte di ogni grazia.[9]

---

[9] Testo latino in AAS 58 (1966) 740-744. Traduzione italiana in *Enchirìdion Vaticanum* 1/861-868; *Le Chiese cristiane e l'ebraismo*, 73-75.

Orientamenti e suggerimenti per l'applicazione della dichiarazione conciliare Nostra Aetate (nr. 4)

La dichiarazione del Concilio Vaticano II, *Nostra Aetate* (28 ottobre 1965), *Sulle relazioni della Chiesa con le religioni non cristiane* (nr. 4), segna una svolta nella storia dei rapporti tra ebrei e cattolici.

Inoltre l'iniziativa conciliare è situata in un contesto profondamente modificato dal ricordo delle persecuzioni e dei massacri subiti dagli ebrei in Europa immediatamente prima e durante la seconda guerra mondiale.

Benché il cristianesimo sia nato nell'ebraismo e abbia ricevuto da esso alcuni elementi essenziali della sua fede e del suo culto, la frattura tra le due religioni è divenuta sempre più profonda, fino a giungere quasi ad una reciproca incomprensione.

Dopo duemila anni, troppo spesso segnati da ignoranza reciproca e da frequenti urti, la dichiarazione *Nostra Aetate* dava l'occasione di instaurare o proseguire un dialogo rivolto ad una migliore conoscenza reciproca. Durante i nove anni trascorsi dalla promulgazione della dichiarazione, numerose iniziative sono state prese in diversi Paesi. Tali iniziative hanno permesso di enucleare più chiaramente le condizioni nelle quali le nuove relazioni tra ebrei e cristiani possono essere elaborate e sviluppate. Sembra dunque giunto il momento di proporre, secondo gli orientamenti del Concilio, dei suggerimenti concreti, basati sull'esperienza, nella speranza che essi aiutino ad attuare nella vita della Chiesa le intenzioni esposte nel documento conciliare.

Sulla base del documento bisogna qui ricordare semplicemente che i legami spirituali e le relazioni storiche che ricollegano la Chiesa all'ebraismo, condannano, come avversi, allo spirito stesso del cristianesimo, tutte le forme di antisemitismo e di discriminazione che, d'altra parte, la dignità della persona umana è per se stessa sufficiente a condannare. Non solo, ma questi legami e queste relazioni impongono il dovere di una migliore comprensione reciproca e di una rinnovata mutua stima. Praticamente è dunque necessario, in particolare, che i cristiani cerchino di capire meglio le componenti fondamentali della tradizione religiosa ebraica e apprendano le caratteristiche essenziali con le quali gli ebrei stessi si definiscono alla luce della loro attuale realtà religiosa.

Sulla base di queste considerazioni di principio, proponiamo semplicemente alcune prime applicazioni pratiche in campi essenziali della vita della Chiesa, al fine di instaurare o sviluppare in modo sano le relazioni tra i cattolici e i loro fratelli ebrei.

1. Il dialogo

C'è da dire, in verità, che le relazioni tra ebrei e cristiani, quando ce ne sono state, non hanno generalmente mai superato lo stadio di monologo. Ciò che ora importa è stabilire un vero dialogo.

Il dialogo presuppone il desiderio di conoscersi, e di sviluppare e approfondire tale conoscenza. Esso costituisce un mezzo privilegiato per favorire una più profonda conoscenza reciproca e, particolarmente per quanto riguarda il dialogo tra ebrei e cristiani, un mezzo per approfondire la ricchezza della propria tradizione. Condizione del dialogo è il rispetto dell'altro, così come egli è, e soprattutto rispetto della sua fede e delle sue convinzioni religiose.

In virtù della sua missione divina la Chiesa, per la sua stessa natura, deve annunciare Gesù Cristo al mondo *(Ad Gentes,* nr. 2). Per evitare che questa testimonianza resa a Gesù Cristo appaia agli ebrei come una violenza, i cattolici dovranno aver cura di vivere e di annunciare la loro fede nel più rigoroso rispetto della libertà religiosa, così come essa è insegnata dal Concilio Vaticano II *(Dignitatis humanae).* Essi si sforzeranno altresì di comprendere le difficoltà che l'anima ebraica prova davanti al mistero del Verbo incarnato, data la nozione molto alta e molto pura che essa possiede della trascendenza divina.

Se è vero che in questo campo regna, ed è ancora abbastanza diffuso, un clima di sospetto dovuto all'influenza di un passato da deplorare, i cristiani, da parte loro, dovranno saper riconoscere la loro parte di responsabilità e trarre le conseguenze pratiche per l'avvenire.

Oltre che i colloqui fraterni, dovranno essere incoraggiati anche gli incontri di esperti per studiare i molteplici problemi connessi alle convinzioni fondamentali dell'ebraismo e del cristianesimo. Grande apertura spirituale, diffidenza verso i propri pregiudizi, tatto, sono le qualità indispensabili per non ferire, seppure involontariamente, l'interlocutore.

Se le circostanze lo permettessero e se reciprocamente auspicato, si potrebbe favorire un incontro in comune, davanti a Dio, in preghiera e meditazione silenziosa, poiché esso è molto efficace per far nascere quell'umiltà, quell'apertura dello spirito e del cuore, così necessarie per la conoscenza profonda di se stessi e degli altri. Grandi cause, come quelle della giustizia e della pace, potrebbero essere gli spunti per suscitare tali incontri.

2. LA LITURGIA

Dovranno essere ricordati i legami esistenti tra la liturgia cristiana e la liturgia ebraica. La comunità di vita al servizio di Dio e dell'umanità per amore di Dio, così come tale servizio si realizza nella liturgia, è una caratteristica sia della liturgia ebraica che di quella cristiana. Per le relazioni ebreo-cristiane è necessario conoscere gli elementi comuni della vita liturgica (formule, feste, riti ecc.) nei quali la Bibbia ha un posto essenziale.

Ci si sforzerà di comprendere meglio tutto ciò che, nell'Antico Testamento, conserva un valore proprio e perpetuo (cfr. *Dei*

Verbum, nr. 14-15), poiché questo valore non è stato obliterato dalle ulteriore interpretazione del Nuovo Testamento, la quale, al contrario, ha dato all'Antico il suo significato più compiuto così che, reciprocamente, il Nuovo riceve dall'Antico luce e spiegazione *(ivi,* nr. 16). Ciò è tanto più importante in quanto la riforma liturgica mette sempre più spesso i cristiani in contatto con i testi dell'Antico Testamento.

Nel commento dei testi biblici, senza minimizzare in alcun modo gli elementi originari del cristianesimo, si metterà in rilievo la continuità della nostra fede in rapporto a quella dell'Antica Alleanza, alla luce delle promesse. Noi crediamo che queste promesse si sono realizzate con la prima venuta del Cristo; è anche vero, però, che siamo ancora nell'attesa del loro perfetto compimento, che si realizzerà con il ritorno glorioso di lui, alla fine di tutti i tempi.

Per quanto riguarda le letture liturgiche, nelle omelie si dovrà dare ad esse una giusta interpretazione, soprattutto quando si tratti di brani che sembrano porre il popolo ebraico, come tale, in una luce sfavorevole. Ci si sforzerà di istruire il popolo cristiano in modo tale che esso comprenda tutti i testi nel loro giusto senso, e nel loro significato per il credente di oggigiorno.

Le commissioni incaricate delle traduzioni liturgiche porranno particolare cura al modo di rendere quelle espressioni e quei brani che possono essere interpretati tendenziosamente dai cristiani non sufficientemente informati. È evidente che i testi biblici non possono essere cambiati, ma si può, in una versione destinata all'uso liturgico, rendere esplicito il significato di questo testo[1], tenendo conto degli studi esegetici.

---

[1] Per esempio, il termine «i giudei» nel Vangelo di Giovanni designa a volte, a seconda del contesto, «i capi dei giudei» oppure «gli avversari di Gesù», espressioni che meglio esprimono il pensiero dell'evangelista; con esse si evita l'impressione che sia il popolo ebraico come tale a essere chiamato in causa. Un altro esempio è dato dall'uso delle parole «fariseo» e «fariseismo», che hanno assunto una valenza chiaramente peggiorativa.

Le considerazioni espresse sopra sono da applicarsi anche alle introduzioni delle letture bibliche, alla *Preghiera dei fedeli* e ai commentari inseriti nei messali destinati ai fedeli.

3. INSEGNAMENTO ED EDUCAZIONE

Sebbene vi sia ancora un vasto lavoro da svolgere, negli anni appena trascorsi si è giunti ad una migliore comprensione dell'ebraismo in sé e della sua relazione col cristianesimo, grazie agli insegnamenti della Chiesa, agli studi e alle ricerche degli esperti e al dialogo che si è potuto instaurare.

A tale proposito meritano di essere ricordati i seguenti punti:

– È lo stesso Dio, «il quale ha ispirato i libri dell'uno e dell'altro Testamento» *(Dei Verbum,* n. 16), che parla nell'Antica e nella Nuova Alleanza.

– Il giudaismo del tempo di Cristo e degli apostoli era una realtà complessa che assorbiva in sé tutto un mondo di tendenze, di valori spirituali, religiosi, sociali e culturali.

– L'Antico Testamento e la tradizione ebraica su di esso fondata non debbono essere considerati in opposizione al Nuovo Testamento, come se essi costituissero una religione della sola giustizia, del timore e del legalismo senza appello all'amore di Dio e del prossimo (cfr. Dt 6,5; Lv 19,18; Mt 22, 34-40).

– Gesù, come i suoi apostoli e un gran numero dei suoi primi discepoli, è nato dal popolo ebraico. Egli stesso, rivelandosi come Messia e Figlio di Dio (cfr. Mt 16,16), portatore di un nuovo messaggio, quello del vangelo, si è presentato come il compimento e il perfezionamento della precedente rivelazione. E benché l'insegnamento di Cristo abbia un carattere profondamente nuovo, esso tuttavia si fonda, a più riprese, sull'insegnamento dell'Antico Testamento. Il Nuovo Testamento è intimamente contrassegnato dalla sua relazione all'Antico. Come ha dichiarato il Concilio Vaticano II: «Dio, il quale ha ispirato i libri dell'uno e dell'altro Testamento e ne è l'autore, ha sapientemente disposto che il Nuovo fosse nascosto nell'Antico e l'Antico diventasse chiaro nel Nuovo» *(Dei Verbum,* nr. 16). E inoltre Gesù fa uso dei metodi di insegnamento analoghi a quelli usati dai rabbini del suo tempo.

– Per quanto riguarda il processo e la morte di Gesù, il Concilio ha ricordato che «quanto è stato commesso durante la passione, non può essere imputato né indistintamente a tutti gli ebrei allora viventi, né agli ebrei del nostro tempo» *(Nostra Aetate,* nr. 4).

– La storia dell'ebraismo non si è conclusa con la distruzione di Gerusalemme. Questa storia ha continuato a svolgersi sviluppando una tradizione religiosa la cui portata, pur assumendo, crediamo noi, un significato profondamente diverso dopo il Cristo, resta tuttavia ricca di valori religiosi.

– Con i profeti e con l'apostolo Paolo «la Chiesa attende il giorno, che solo Dio conosce, in cui tutti i popoli acclameranno il Signore con una sola voce e "lo serviranno sotto lo stesso giogo" (Sof 3,9)» *(Nostra Aetate,* nr. 4).

L'informazione su queste questioni deve riguardare tutti i livelli d'insegnamento e di educazione del cristiano. Tra i mezzi di informazione, una particolare importanza rivestono quelli qui di seguito elencati: manuali di catechesi; libri di storia; mezzi di comunicazione sociale (stampa, radio, cinema, televisione).

L'uso efficace di tali mezzi presuppone una specifica formazione degli insegnanti e degli educatori nelle scuole, come pure nei seminari e nelle università.

Si stimolerà la ricerca degli specialisti sui problemi relativi all'ebraismo e alle relazioni ebreo-cristiane specialmente nei campi dell'esegesi, della teologia, della storia e della sociologia. Gli istituti superiori cattolici di ricerca, possibilmente in collaborazione con altri istituti cristiani ad essi analoghi, come pure gli specialisti, sono invitati a dare il loro contributo per la soluzione di tali problemi.

Si istituiranno poi, dove ciò sia possibile, delle cattedre per studi ebraici, e si incoraggerà una collaborazione con studiosi ebrei.

4. Azione sociale e comune

La tradizione ebraica e cristiana, fondata sulla parola di Dio, è cosciente del valore della persona umana, immagine di Dio. L'amore per un medesimo Dio deve tradursi in una concreta azione in favore dell'uomo. In accordo con lo spirito dei profeti, ebrei e cristiani collaboreranno di buon grado nella ricerca della giustizia sociale e della pace, a livello locale, nazionale e internazionale.

Questa azione comune può allo stesso tempo favorire largamente una stima e una conoscenza reciproche.

Conclusione

Il Concilio Vaticano II ha indicato la via da seguire per promuovere una profonda fraternità tra ebrei e cristiani. Ma un lungo cammino resta ancora da percorrere.

Il problema dei rapporti tra ebrei e cristiani riguarda la Chiesa come tale, poiché è «scrutando il suo proprio mistero» che essa fronteggia il mistero di Israele. Questo problema conserva dunque tutta la sua importanza anche in quelle regioni dove non esistono comunità ebraiche. Esso ha inoltre una implicazione ecumenica: il ritorno dei cristiani alle sorgenti e alle origini della loro fede, innestata sull'Antica Alleanza, contribuisce alla ricerca dell'unità in Cristo, pietra angolare.

A questo proposito, nel quadro della disciplina generale della Chiesa e dell'insegnamento comunemente professato per mezzo del suo magistero, i vescovi sapranno prendere le opportune iniziative pastorali. Essi istituiranno, ad esempio, a livello nazionale o regionale delle commissioni o segretariati appositi, o nomineranno persone competenti con l'incarico di promuovere la messa in atto delle direttive conciliari e dei suggerimenti qui esposti.

A livello della Chiesa universale il Santo Padre ha istituito, in data del 22 ottobre 1974, questa Commissione per le relazioni religiose con l'ebraismo, collegata al Segretariato per l'unione dei cristiani. Creata allo scopo di promuovere e stimolare i rapporti religiosi tra ebrei e cattolici, con l'eventuale collaborazione di altri cristiani, questa Commissione speciale, nei limiti delle sue competenze, è a disposizione di tutti gli organismi interessati per informarli ed aiutarli a realizzare i loro compiti in conformità alle direttive della Santa Sede.

La Commissione auspica di sviluppare tale collaborazione per una realizzazione efficace e giusta degli orientamenti del Concilio.[2]

Johannes card. Willebrands
Presidente della commissione

P. Pierre Marie De Contenson O.P.
Segretario

---

[2] Testo francese in AAS 67 (1975) 73-79. Traduzione italiana in *L'Osservatore Romano*, 4 gennaio 1975, 2; *Enchiridion Vaticanum* 5/772-793; *Le Chiese cristiane e l'ebraismo*, 196-203.

Sussidi per una corretta presentazione degli ebrei e dell'ebraismo
nella predicazione e nella catechesi della Chiesa Cattolica

Considerazioni preliminari

Il 6 marzo 1982 papa Giovanni Paolo II rivolgeva le seguenti parole ai delegati delle conferenze episcopali e agli altri esperti riuniti a Roma per studiare le relazioni tra Chiesa ed ebraismo: «voi vi siete preoccupati, durante la vostra sessione, dell'insegnamento cattolico e della catechesi in rapporto agli ebrei e all'ebraismo. [...] Occorrerà fare in modo che questo insegnamento, ai diversi livelli di formazione religiosa, nella catechesi fatta ai bambini e agli adolescenti, presenti gli ebrei e l'ebraismo non solo in maniera onesta ed obiettiva, senza alcun pregiudizio e senza offendere nessuno, ma ancor più con una viva coscienza del patrimonio comune agli ebrei e ai cristiani».

In questo testo, dal contenuto tanto denso, il Santo Padre si ispirava chiaramente alla dichiarazione conciliare *Nostra Aetate* (nr. 4), dove si afferma: «Curino pertanto tutti che nella catechesi e nella predicazione della parola di Dio non insegnino alcunché che non sia conforme alla verità del Vangelo e allo Spirito di Cristo»; come anche: «Essendo perciò tanto grande il patrimonio spirituale comune ai cristiani e agli ebrei, questo sacro Concilio vuole promuovere e raccomandare loro la mutua conoscenza e stima ...».

Allo stesso modo, gli *Orientamenti e suggerimenti per l'applicazione della dichiarazione conciliare Nostra Aetate* (nr. 4), concludono con la seguente raccomandazione il loro capitolo 3, intitolato *Insegnamento ed educazione,* dove è enumerata una serie di dati concreti da mettere in atto: «L'informazione su queste questioni deve riguardare tutti i livelli d'insegnamento e di educazione. Tra i mezzi di informazione, una particolare importanza rivestono quelli qui di seguito elencati: manuali di catechesi; libri di storia; mezzi di comunicazione sociale (stampa, radio, cinema, televisione)».

«L'uso efficace di tali mezzi presuppone una specifica formazione degli insegnanti e degli educatori nelle scuole, come pure nei seminari e nelle università». I paragrafi che seguono intendono servire proprio questo fine.

1. Insegnamento religioso ed ebraismo

1) Nella dichiarazione *Nostra Aetate* (nr. 4), il Concilio parla del «vincolo che lega spiritualmente» cristiani ed ebrei, del «grande patrimonio spirituale comune» agli uni e agli altri e afferma anche che la Chiesa «riconosce che gli inizi della sua fede e della sua elezione si trovano già, secondo il mistero divino della salvezza, nei patriarchi, in Mosè e nei profeti».

2) In considerazione di questi rapporti unici esistenti tra il cristianesimo e l'ebraismo, «legati al livello stesso della loro identità» (Giovanni Paolo II, 6.3.1982), rapporti «fondati sul disegno di Dio dell'alleanza» *(ivi)*, gli ebrei e l'ebraismo non dovrebbero occupare un posto occasionale e marginale nella catechesi e nella predicazione, ma la loro indispensabile presenza deve esservi organicamente integrata.

3) Questo interesse per l'ebraismo nell'insegnamento cattolico non ha solo un fondamento storico o archeologico. Il Santo Padre, nel discorso sopra citato e dopo aver di nuovo menzionato il «patrimonio comune» tra Chiesa ed ebraismo, patrimonio «considerevole», affermava che, «farne l'inventario in se stesso, tenendo però anche conto della fede e della vita religiosa del popolo ebraico, così come esse sono professate e vissute ancora adesso, può aiutare a comprendere meglio alcuni aspetti della vita della Chiesa». Si tratta dunque di una preoccupazione pastorale per una realtà

sempre viva, in stretto rapporto con la Chiesa. Il Santo Padre ha presentato questa realtà permanente del popolo ebraico con una formula teologica particolarmente felice, nell'allocuzione pronunciata per i rappresentanti della comunità ebraica della Germania Federale (Magonza, 17.11.1980): «... il popolo ebraico dell'Antica Alleanza, che non è mai stata revocata...».

4) Si deve sin da ora ricordare il testo nel quale gli *Orientamenti e suggerimenti* (nr. 1) hanno cercato di definire la condizione fondamentale del dialogo: «il rispetto dell'altro, così come egli è»; la conoscenza delle «componenti fondamentali della tradizione religiosa ebraica», e ancora l'apprendimento delle «caratteristiche essenziali con le quali gli ebrei stessi si definiscono alla luce della realtà religiosa, così come essi la vivono» *(ivi, Introduzione)*.

5) La singolarità e la difficoltà dell'insegnamento cristiano riguardante gli ebrei e l'ebraismo derivano soprattutto dal fatto che in tale insegnamento è necessario adoperare contemporaneamente, e accoppiandoli insieme, vari termini in cui si esprime il rapporto tra le due economie, dell'Antico e del Nuovo Testamento; promessa e adempimento, continuità e novità, singolarità e universalità, unicità ed esemplarità.

Ciò comporta per il teologo o il catechista, che tratta questi argomenti, la preoccupazione di mostrare, nell'insegnamento pratico, che:

– la promessa e l'adempimento si chiariscono reciprocamente;
– la novità consiste in una metamorfosi di ciò che era prima;
– la singolarità del popolo dell'Antico Testamento non è esclusiva, ma aperta, nella visione divina, ad una dilatazione universale;
  l'unicità del popolo ebraico è in vista di una esemplarità.

6) Finalmente, «in questo campo, l'imprecisione e la mediocrità nuocerebbero enormemente» al dialogo ebraico-cristiano (Giovanni Paolo II, 6.3.1982). Ma, trattandosi di insegnamento e di educazione, esse nuocerebbero soprattutto alla «propria identità» cristiana *(ivi)*.

7) «In virtù della sua missione divina, la Chiesa», che è «strumento universale di salvezza» e che è la sola nella quale si trova «tutta la pienezza dei mezzi di salvezza» *(Unitatis Redintegratio,* nr. 3), «per la sua stessa natura deve annunciare Gesù Cristo al mondo» *(Orientamenti e suggerimenti,* nr. 1). Noi crediamo infatti che è per mezzo di Gesù Cristo che andiamo al Padre (cfr. Gv 14,6) e che «questa è la vita eterna: che conoscano te, l'unico vero Dio, e colui che hai mandato, Gesù Cristo» (Gv 17,3).

Gesù afferma (Gv 10,16) che vi sarà «un solo gregge ed un solo pastore». Chiesa ed ebraismo non possono essere presentati dunque come due vie parallele di salvezza e la Chiesa deve testimoniare il Cristo redentore a tutti, «nel più rigoroso rispetto della libertà religiosa, così come essa è insegnata dal Concilio Vaticano II *(Dignitatis Humanae)*» *(Orientamenti e suggerimenti,* nr. 1).

8) L'urgenza e l'importanza di un insegnamento da impartire ai nostri fedeli sull'ebraismo, e che sia preciso, obiettivo e rigorosamente esatto, si deduce anche dalla minaccia di un antisemitismo sempre pronto a riaffiorare in diverse forme. Non si tratta solo di sradicare, dalla mente dei nostri fedeli, i residui di antisemitismo che si trovano ancora qua e là, ma ancor più di suscitare tra loro, attraverso questo sforzo educativo, una conoscenza esatta del «vincolo» (cfr. *Nostra Aetate,* nr. 4) singolare che, in quanto Chiesa, ci lega agli ebrei e all'ebraismo, e in tal modo insegnare loro ad apprezzarli e ad amarli, poiché essi sono stati scelti da Dio per preparare la venuta di Cristo e hanno conservato tutto ciò che è stato progressivamente rivelato e donato nel corso di tale preparazione, nonostante la loro difficoltà a riconoscere in lui il loro Messia.

2. Rapporti tra Antico e Nuovo Testamento

1) Si tratta di presentare l'unità della rivelazione biblica (Antico[1] e Nuovo Testamento) e del disegno divino, prima di affrontare ciascuno degli avvenimenti storici, per sottolineare che ogni evento ha senso solo se considerato nella totalità di questa storia, dalla creazione al compimento. Essa riguarda tutto il genere umano e in particolare i credenti. In tal modo, il senso definitivo dell'elezione di Israele appare solo alla luce dell'adempimento totale (Rm 9-11) e l'elezione di Gesù Cristo si comprende ancora meglio in riferimento all'annuncio e alla promessa (cfr. Eb 4, 1-11).

2) Si tratta di avvenimenti singolari che riguardano una sola nazione, ma che, nella visione di Dio che rivela i suoi propositi, sono destinati ad assumere un significato universale ed esemplare.

Si tratta inoltre di presentare gli avvenimenti dell'Antico Testamento non come avvenimenti che riguardano soltanto gli ebrei, ma anche noi personalmente. Abramo è veramente il padre della nostra fede (cfr. Rm 4,11-12; canone romano: *patriarchae nostri Abrahae*). Ed è detto (1Cor 10,1): «I nostri padri furono tutti sotto la nuvola, tutti attraversarono il mare». I patriarchi, i profeti e altre figure dell'Antico Testamento sono stati e saranno sempre venerati come santi nella tradizione liturgica sia della Chiesa orientale che della Chiesa latina.

3) Dall'unità del piano divino deriva il problema del rapporto tra Antico e Nuovo Testamento. La Chiesa, sin dai tempi apostolici (cfr. 1Cor 10,11; Eb 10,1), e poi ininterrottamente nella sua tradizione, ha risolto questo problema soprattutto attraverso la tipologia, che sottolinea il valore fondamentale dell'Antico Testamento

---

[1] Nel testo si continua a utilizzare l'espressione «Antico Testamento» perché tradizionale (cfr. già 2Cor 3,14), ma anche perché «antico» non significa né «scaduto» né «sorpassato». In ogni caso ciò che si vuole sottolineare è il valore *permanente* dell'Antico Testamento quale sorgente della rivelazione cristiana (cfr. *Dei Verbum*, nr. 3).

nella visione cristiana. Ma la tipologia suscita in molti un senso di disagio che è forse l'indizio di un problema non risolto.

4) Pertanto, nell'uso della tipologia, il cui insegnamento e la cui pratica ci derivano dalla liturgia e dai Padri della Chiesa, occorre evitare ogni passaggio tra Antico e Nuovo Testamento che sia esclusivamente considerato come una rottura. La Chiesa, nella spontaneità dello Spirito che la anima, ha vigorosamente condannato l'atteggiamento di Marcione[2] e si è sempre opposta al suo dualismo.

5) È importante anche sottolineare che l'interpretazione tipologica consiste nel leggere l'Antico Testamento come preparazione e, sotto certi aspetti, come il primo delinearsi e come l'annuncio del Nuovo (cfr. per esempio Eb 5, 5-10; ecc.). Cristo è oramai il riferimento-chiave delle Scritture: «quella roccia era il Cristo» (1Cor 10,4).

6) È dunque vero, ed è bene sottolinearlo, che la Chiesa e i cristiani leggono l'Antico Testamento alla luce dell'avvenimento del Cristo morto e risorto e che, a questo titolo, esiste una lettura cristiana dell'Antico Testamento che non coincide necessariamente con la lettura ebraica. Identità cristiana e identità ebraica debbono essere pertanto accuratamente distinte nella loro rispettiva lettura della Bibbia. Ciò, tuttavia, nulla sottrae al valore dell'Antico Testamento nella Chiesa e non vieta che i cristiani possano, a loro volta, utilizzare con discernimento le tradizioni di lettura ebraica.

7) La lettura tipologica non fa altro che manifestare le insondabili ricchezze dell'Antico Testamento, il suo contenuto inesauribile, il mistero che lo pervade, ed essa non deve far dimenticare che l'Antico Testamento mantiene il proprio valore di rivelazione, che spesso il Nuovo Testamento non farà che riprendere (cfr. Mc 12,

---

[2] Personaggio di tendenza gnostica del II secolo, che rigettò l'Antico Testamento e una parte del Nuovo in quanto opera di un dio malvagio (un demiurgo). La Chiesa ha reagito con forza contro questa eresia (cfr. Ireneo).

29-31). Del resto, lo stesso Nuovo Testamento esige parimenti di essere letto alla luce dell'Antico. La catechesi cristiana primitiva vi farà costantemente ricorso (cfr. ad esempio 1Cor 5, 6-8; 10, 1-11).

8) La tipologia significa inoltre proiezione verso il compimento del piano divino, quando «Dio sarà tutto in tutti» (1Cor 15,28). Questo fatto vale anche per la Chiesa che, già realizzata in Cristo, non di meno attende la sua perfezione definitiva come corpo di Cristo. Il fatto che il corpo di Cristo tenda ancora verso la sua statura perfetta (cfr. Ef 4, 12-13), nulla sottrae al valore dell'essere cristiano. Così la vocazione dei patriarchi e l'esodo dall'Egitto non perdono la loro importanza e il loro valore proprio nel piano di Dio per il fatto che esse sono al tempo stesso delle tappe intermedie (cfr. per esempio *Nostra Aetate,* nr. 4).

9) L'esodo, ad esempio, rappresenta una esperienza di salvezza e di liberazione che non si conclude in se stessa. Oltre al suo senso proprio, essa ha in sé la capacità di svilupparsi ulteriormente. La salvezza e la liberazione sono già compiute in Cristo e si realizzano gradualmente attraverso i sacramenti nella Chiesa. Si prepara così il compimento del piano di Dio, che attende la sua consumazione definitiva, con il ritorno di Gesù come Messia, ritorno per il quale noi ogni giorno preghiamo. Il Regno, per il cui avvento preghiamo ugualmente ogni giorno, sarà alla fine instaurato. E allora, la salvezza e la liberazione avranno trasformato in Cristo gli eletti e tutta la creazione (cfr. Rm 8, 19-23).

10) Inoltre, sottolineando la dimensione escatologica del cristianesimo, si giungerà ad una maggiore consapevolezza del fatto che quando il popolo di Dio dell'Antica e della Nuova Alleanza considera l'avvenire, esso tende, anche se partendo da due punti di vista diversi, verso fini analoghi: la venuta o il ritorno del Messia. Ci si renderà conto più chiaramente che la persona del Messia, sulla quale il popolo di Dio è diviso, costituisce per questo popolo anche un punto di convergenza (cfr. *Sussidi per l'ecumenismo della diocesi di Roma,* nr. 140). Si può dire pertanto che ebrei e cri-

stiani si incontrano in un'esperienza simile, fondata sulla stessa promessa fatta ad Abramo (cfr. Gn 12, 1-3; Eb 6, 13-18).

11) Attenti allo stesso Dio che ha parlato, tesi all'ascolto di questa medesima parola, dobbiamo rendere testimonianza di una stessa memoria e di una comune speranza in colui che è il Signore della Storia. Sarebbe parimenti necessario che assumessimo la nostra responsabilità di preparare il mondo alla venuta del Messia, operando insieme per la giustizia sociale, per il rispetto dei diritti della persona umana e delle nazioni, per la riconciliazione sociale e internazionale. Noi, ebrei e cristiani, siamo sollecitati a questo dal precetto dell'amore per il prossimo, da una comune speranza del regno di Dio e dalla grande eredità dei profeti. Trasmessa già nei primi anni di formazione attraverso la catechesi, una tale concezione educherebbe concretamente i giovani cristiani ad intrattenere relazioni di collaborazione con gli ebrei, al di là del semplice dialogo (cfr. *Orientamenti e suggerimenti,* nr. 4).

3. RADICI EBRAICHE DEL CRISTIANESIMO

1) Gesù è ebreo e lo è per sempre; il suo ministero si è volontariamente limitato «alle pecore perdute della casa d'Israele» (Mt 15, 24). Gesù è pienamente un uomo del suo tempo e del suo ambiente ebraico palestinese del I secolo, di cui ha condiviso angosce e speranze. Ciò sottolinea, come ci è stato rivelato nella Bibbia (cfr. Rm 1, 3-4; Gal 4, 4-5), sia la realtà dell'incarnazione che il significato stesso della storia della salvezza.

2) Le relazioni di Gesù con la legge biblica e con le sue interpretazioni più o meno tradizionali sono indubbiamente complesse ed egli ha dimostrato al riguardo una grande libertà (cfr. le «antitesi» del Discorso della montagna, in Mt 5, 21-48, tenendo conto delle difficoltà esegetiche; l'atteggiamento di Gesù di fronte all'osservanza rigorosa del sabato: Mc 3, 1-6; ecc.).

Non vi è alcun dubbio, tuttavia, che egli voglia sottomettersi alla legge (cfr. Gal 4,4), che sia stato circonciso e presentato al Tempio, come qualunque altro ebreo del suo tempo (cfr. Lc 2, 21-24), e che sia stato formato all'osservanza della legge. Egli ha raccomandato il rispetto della legge (cfr. Mt 5, 17-20) e l'obbedienza ad essa (cfr. Mt 8,4). Il ritmo della sua vita è scandito, sin dall'infanzia, dai pellegrinaggi in occasione delle grandi feste (cfr. Lc 2, 41-52; Gv 2,13; 7,10; ecc.). Si è rilevata spesso l'importanza, nel Vangelo di Giovanni, del ciclo delle feste ebraiche (cfr. 2,13; 5,1; 7,2. 10. 37; 10,22; 12,1; 13,1; 18,28; 19,42; ecc.).

3) Si deve anche notare che Gesù insegna spesso nelle Sinagoghe (cfr. Mt 4,23; 9,35; Lc 4, 15-18; Gv 18,20; ecc.) e nel Tempio (cfr. Gv 18,20; ecc.), che egli frequentava, come lo facevano i suoi discepoli, anche dopo la risurrezione (cfr. per esempio, At 2,46; 3, 1; 21,26; ecc.). Egli ha voluto inserire nel contesto del culto della Sinagoga l'annuncio della sua messianità (cfr. Lc 4, 16-21). Ma soprattutto ha voluto realizzare l'atto supremo del dono di sé nel quadro della liturgia domestica della pasqua, o almeno nel quadro della festività pasquale (cfr. Mc 14, 1-12 e par.; Gv 18,28). E ciò permette di comprendere meglio il carattere di «memoriale» dell'eucaristia.

4) Così il Figlio di Dio si è incarnato in un popolo e in una famiglia umana (cfr. Gal 4,4; Rm 9,5) . Ciò che per nulla sminuisce, anzi al contrario, il fatto che egli sia nato per tutti gli uomini (attorno alla sua culla si raccolgono pastori ebrei e magi pagani: Lc 2, 8-20; Mt 2, 1-12), e che sia morto per tutti (ai piedi della croce si ritrovano ancora degli ebrei, tra i quali Maria e Giovanni: Gv 19, 25-27; e dei pagani come il centurione: Mc 15,39 e par.). Egli ha fatto così, nella sua carne, di due popoli un popolo solo (cfr. Ef 2, 14-17). Il che spiega anche la presenza, in Palestina ed altrove, accanto alla *Ecclesia ex gentibus,* di una *Ecclesia ex circumcisione* di cui parla, ad esempio, Eusebio (*Historia Ecclesiastica,* IV, 5).

5) I suoi rapporti con i farisei non furono né del tutto né sempre polemici, come lo illustrano numerosi esempi tra i quali i seguenti:

– sono dei farisei che avvertono Gesù del pericolo che corre (Lc 13,31);

– alcuni farisei vengono lodati, come lo «scriba» di Mc 12,34;

– Gesù mangia assieme ai farisei (Lc 7,36; 14,1).

6) Gesù condivide, con la maggioranza degli ebrei palestinesi di quel tempo, alcune dottrine farisaiche: la risurrezione dei corpi; le forme di pietà: elemosina, preghiera, digiuno (cfr. Mt 6, 1-18), e l'abitudine liturgica di rivolgersi a Dio come Padre; la priorità del comandamento dell'amore di Dio e del prossimo (cfr. Mc 12, 28-34). Lo stesso si può dire di Paolo (cfr. per esempio At 23,8), il quale ha sempre considerato come un titolo d'onore la sua appartenenza al gruppo farisaico (cfr. At 23,6; 26,5; Fil 3,5).

7) Anche Paolo, come del resto Gesù stesso, hanno adoperato metodi di lettura e d'interpretazione della Scrittura e metodi d'insegnamento ai discepoli che erano comuni ai farisei del loro tempo. Il che si riscontra ad esempio nell'uso delle parabole nel ministero di Gesù, o nel metodo seguito da Gesù e da Paolo, quello cioè di valersi di una citazione biblica per dare fondamento ad una loro conclusione.

8) Si deve anche notare che i farisei non sono menzionati nei racconti della passione. Gamaliele (cfr. At 5, 34-39) difende gli apostoli in una riunione del sinedrio. Una presentazione solo negativa dei farisei corre il rischio di essere inesatta e ingiusta (cfr. *Orientamenti e suggerimenti*, nota 1). Sebbene si riscontrino nei Vangeli e in altre parti del Nuovo Testamento ogni sorta di riferimenti a loro sfavorevoli, essi debbono essere colti nello sfondo di un movimento complesso e diversificato. Le critiche mosse a vari tipi di farisei non mancano d'altra parte nelle fonti rabbiniche (cfr. *Talmud di Babilonia,* Trattato *Sotah* 22b ecc.). Il «fariseismo», nel senso peggiorativo del termine, può imperversare in ogni religione. Si può

anche sottolineare che la severità mostrata da Gesù nei confronti dei farisei deriva dal fatto che egli è più vicino a loro di quanto non lo sia ad altri gruppi ebraici a lui contemporanei (cfr. il punto 7).

9) Tutto questo dovrebbe aiutare a comprendere meglio l'affermazione di san Paolo (Rm 11,16 ss.) su «la radice» e «i rami». La Chiesa e il cristianesimo, in tutta la loro novità, hanno origine nell'ambiente ebraico del primo secolo della nostra era e, ancora più profondamente, nel «disegno di Dio» *(Nostra Aetate,* nr. 4), realizzato nei Patriarchi, in Mosè e nei Profeti *(ivi),* fino alla consumazione in Cristo Gesù.

4. GLI EBREI NEL NUOVO TESTAMENTO

1) Gli *Orientamenti e suggerimenti* affermavano già (nota 1) che: «la formula "gli ebrei" nel Vangelo di Giovanni designa a volte, e secondo il contesto, "i capi degli ebrei" e "gli avversari di Gesù", espressioni queste che meglio esprimono il pensiero dell'evangelista ed evitano di sembrare di mettere in causa il popolo ebreo come tale».

Una presentazione obiettiva del ruolo del popolo ebraico nel Nuovo Testamento deve tener conto di questi diversi dati concreti:

a) I Vangeli sono il frutto di un lavoro redazionale lungo e complesso. La costituzione dogmatica *Dei Verbum,* a seguito dell'istruzione *Sancta mater Ecclesia,* della Pontificia commissione biblica, vi distingue tre tappe: «Gli autori sacri hanno composto i quattro Vangeli scegliendo alcune parti tra molte di quelle che la parola o già la scrittura avevano trasmesso, facendone entrare alcune in una sintesi o esponendole tenendo conto della situazione della Chiesa, curando infine la forma di una proclamazione allo scopo di poterci così sempre comunicare cose vere ed autentiche su Gesù» (nr. 19).

Non è quindi escluso che alcuni riferimenti ostili o poco favorevoli agli ebrei abbiano come contesto storico i conflitti tra la Chiesa nascente e la comunità ebraica. Alcune polemiche riflettono le condizioni dei rapporti tra ebrei e cristiani, che, cronologicamente, sono molto posteriori a Gesù. Per i cristiani di oggi questa costatazione resta fondamentale se si vuole cogliere il senso di alcuni testi dei Vangeli.

È necessario tener conto di tutto questo nella preparazione della catechesi e delle omelie per le ultime settimane di quaresima e per la settimana santa (cfr. gli *Orientamenti e suggerimenti,* nr. 2, e ora anche *Sussidi per l'ecumenismo della diocesi di Roma,* 1982, 144b).

b) È chiaro d'altra parte che, sin dall'inizio del suo ministero, vi siano stati conflitti tra Gesù ed alcune categorie di ebrei del suo tempo, tra i quali anche i farisei (cfr. Mc 2, 1-11. 24; 3,6; ecc.).

c) Vi è inoltre il fatto doloroso che la maggioranza del popolo ebraico e le sue autorità non hanno creduto in Gesù, un fatto che non è soltanto storico, ma che ha una portata teologica di cui san Paolo si sforza di porre in evidenza il senso (Rm 9-11).

d) Questo fatto, che si è andato accentuando con lo svilupparsi della missione cristiana, soprattutto tra i pagani, ha condotto ad una inevitabile rottura tra l'ebraismo e la giovane Chiesa, oramai irriducibilmente separati e divergenti al livello stesso della fede; questa situazione si riflette nella redazione dei testi del Nuovo Testamento, in particolare dei Vangeli. Non è il caso di sminuire o dissimulare tale rottura, perché si nuocerebbe così facendo all'identità degli uni e degli altri. Tuttavia essa non cancella minimamente quel «legame» spirituale di cui parla il Concilio *(Nostra Aetate,* nr. 4) e di cui questo studio vuole elaborare alcune dimensioni.

e) Riflettendo su questo fatto, alla luce della Scrittura e in particolare dei capitoli citati dell'epistola ai Romani, i cristiani non debbono mai dimenticare che la fede è un dono libero di Dio (cfr. Rm 9,12) e che la coscienza degli altri non deve essere giudicata. L'esortazione di san Paolo a non «gloriarsi» della «radice» (Rm 11, 18), assume in questo contesto tutto il suo rilievo.

f) Non si possono mettere sullo stesso piano gli ebrei che hanno conosciuto Gesù e non hanno creduto in lui, o che si sono opposti alla predicazione degli apostoli, e gli ebrei delle epoche successive o gli ebrei del nostro tempo. Se la responsabilità dei primi nel loro atteggiamento verso Gesù resta un mistero di Dio (cfr. Rm 11,25), i secondi si trovano in una situazione ben diversa. Il Concilio Vaticano II insegna (dichiarazione *Dignitatis humanæ*, sulla libertà religiosa) che «tutti gli uomini devono essere immuni dalla coercizione [...] in modo tale che, in materia religiosa, nessuno sia forzato ad agire contro la sua coscienza né sia impedito, entro debiti limiti, ad agire in conformità ad essa» *(Dignitatis Humanae*, nr. 2). Questa è una delle basi su cui poggia il dialogo ebraico-cristiano promosso dal Concilio.

2) La delicata questione della responsabilità della morte di Cristo deve essere vista nell'ottica della dichiarazione conciliare *Nostra Aetate* (nr. 4), e degli *Orientamenti e suggerimenti* (nr. 3). «Quanto è stato commesso durante la sua passione non può essere imputato né indistintamente a tutti gli ebrei allora viventi, né agli ebrei del nostro tempo», sebbene «autorità ebraiche con i propri seguaci si siano adoperate per la morte di Cristo». E più avanti: «Il Cristo [...] in virtù del suo immenso amore, si è volontariamente sottomesso alla passione e morte a causa dei peccati di tutti gli uomini e affinché tutti gli uomini conseguano la salvezza» *(Nostra Aetate*, nr. 4). Il catechismo del Concilio di Trento insegna inoltre che i cristiani peccatori sono più colpevoli della morte del Cristo, rispetto ad alcuni ebrei che vi presero parte: questi ultimi, infatti, «non sapevano quello che facevano» (Lc 23, 24), mentre noi lo sappiamo sin troppo bene *(Pars I, caput V, quaest. XI)*. Nella stessa linea e per la medesima ragione, «gli ebrei non devono essere presentati come rigettati da Dio, né come maledetti, quasi che ciò scaturisse dalla sacra Scrittura» *(Nostra Aetate*, nr. 4), anche se è vero che «la Chiesa è il nuovo popolo di Dio» *(ivi)*.

5. La liturgia

1) Ebrei e cristiani fanno della Bibbia la sostanza della loro liturgia: per la proclamazione della parola di Dio, la risposta a questa parola, la preghiera di lode e d'intercessione per i vivi e per i morti, il ricorso alla misericordia divina. La liturgia della Parola, nella sua struttura specifica, ha origine nell'ebraismo. La preghiera delle Ore ed altri testi e formulari liturgici si riscontrano parallelamente anche nell'ebraismo come le formule stesse delle nostre preghiere più sacre, così, ad esempio, il *Padre nostro*. Anche le preghiere eucaristiche si ispirano a modelli della tradizione ebraica. Citiamo in proposito le parole di papa Giovanni Paolo II (6.3.1982): «La fede e la vita del popolo ebraico, così come sono professate e vissute ancora oggi, [possono] aiutare a comprendere meglio alcuni aspetti della vita della Chiesa. E il caso della liturgia...».

2) Tutto ciò affiora soprattutto in occasione delle grandi feste dell'anno liturgico, come la pasqua. I cristiani e gli ebrei celebrano la pasqua: pasqua della storia, protesa verso l'avvenire, per gli ebrei; pasqua realizzata nella morte e nella risurrezione di Cristo, per i cristiani, anche se ancora in attesa della consumazione definitiva (cfr. parte 2, nr. 9). E ancora il «memoriale», che ci viene dalla tradizione ebraica, con un contenuto specifico, diverso in ciascun caso. Esiste dunque, dall'una e dall'altra parte, un dinamismo parallelo: per i cristiani, esso da senso alla celebrazione eucaristica (cfr. Antifona O *sacrum convivium*), celebrazione pasquale e, in quanto tale, attualizzazione del passato, vissuto nell'attesa «della sua venuta» (1Cor 11,26).

6. Ebraismo e cristianesimo nella storia

1) La storia d'Israele non si conclude nel 70 (cfr. gli *Orientamenti e suggerimenti*, nr. 2). Essa continuerà, in particolare, nella vasta diaspora che permetterà ad Israele di portare in tutto il mondo la testimonianza, spesso eroica, della sua fedeltà all'unico Dio e di «esaltarlo di fronte a tutti i viventi» (Tb 13,4), conservando sempre nel cuore delle sue speranze il ricordo della terra degli avi *(Seder* pasquale).

I cristiani sono invitati a comprendere questo vincolo religioso che affonda le sue radici nella tradizione biblica, pur non dovendo far propria un'interpretazione religiosa particolare di tale relazione (cfr. la *Dichiarazione della conferenza dei vescovi cattolici degli Stati Uniti*, 20.11.1975).

Per quanto si riferisce all'esistenza dello Stato di Israele e alle sue scelte politiche, esse vanno viste in un'ottica che non è di per sé religiosa, ma che si richiama ai principi comuni del diritto internazionale.

Il permanere di Israele (laddove tanti antichi popoli sono scomparsi senza lasciare traccia) è un fatto storico e segno da interpretare nel piano di Dio. Occorre in ogni modo abbandonare la concezione tradizionale del popolo punito, conservato come argomento vivente per l'apologetica cristiana. Esso resta il popolo prescelto, «l'olivo buono sul quale sono stati innestati i rami dell'olivo selvatico che sono i gentili» (alludendo a Rm 11, 17-24, nel discorso sopra citato di papa Giovanni Paolo II, 6.3.1982). Si ricorderà quanto sia stato negativo il bilancio dei rapporti tra ebrei e cristiani durante due millenni. Si rileverà come questo permanere di Israele si accompagni ad un'ininterrotta creatività spirituale, nel periodo rabbinico, nel medioevo e nel tempo moderno, a partire da un patrimonio che ci fu a lungo comune, tanto che «la fede e la vita religiosa del popolo ebraico, così come sono professate e vissute ancora oggi, [possono] aiutare a comprendere meglio alcuni aspetti della vita della Chiesa» (Giovanni Paolo II, 6.3.1982). La catechesi, d'altra parte, dovrà aiutare a comprendere il significato che ha per gli ebrei il loro sterminio negli anni 1939-1945 e le sue conseguenze.

2) La formazione e la catechesi debbono occuparsi del problema del razzismo, sempre attivo nelle diverse forme di antisemitismo. Il Concilio lo presenta nel modo seguente:

«La Chiesa inoltre, che condanna tutte le persecuzioni contro qualsiasi uomo, memore del patrimonio che essa ha in comune con gli ebrei, e spinta non da motivi politici, ma da religiosa carità evangelica, deplora gli odi, le persecuzioni e tutte le manifestazioni di antisemitismo dirette contro gli ebrei in ogni tempo e da chiunque» *(Nostra Aetate,* nr. 4). E gli *Orientamenti e suggerimenti* commentano: «I legami spirituali e le relazioni storiche che ricollegano la Chiesa all'ebraismo condannano, come avversi allo spirito stesso del cristianesimo, tutte le forme di antisemitismo e di discriminazione che, d'altra parte, la dignità della persona umana è per se stessa sufficiente a condannare» *(preambolo).*

Conclusione

L'insegnamento religioso, la catechesi e la predicazione debbono formare non solo all'obiettività, alla giustizia, alla tolleranza, ma anche alla comprensione e al dialogo. Le nostre due tradizioni sono troppo apparentate per ignorarsi. È necessario incoraggiare una reciproca conoscenza a tutti i livelli. Si constata, in particolare, una penosa ignoranza della storia e delle tradizioni dell'ebraismo e sembra a volte che solo gli aspetti negativi e spesso caricaturali facciano parte della conoscenza comune di molti cristiani.

Questi *Sussidi* aspirano a porre rimedio ad una tale situazione, in modo che il testo del Concilio e gli *Orientamenti e suggerimenti* siano più facilmente e fedelmente realizzati.[3]

Card. Giovanni Willebrands
Presidente

Pierre Duprey
Vice Presidente

Jorge Mejfa
Segretario

---

[3] Testo francese in *La Documentation Catholique,* 67 (1985), 733-738. Traduzione italiana in *L'Osservatore Romano,* 24-25 giugno 1985, 6s.; *Enchiridion Vaticanum,* 9/1615-1658.

Noi ricordiamo:
una riflessione sulla Shoah
Commissione per i rapporti religiosi con l'Ebraismo

Al Signor Cardinale
EDWARD IDRIS CASSIDY
Presidente della Commissione
per i Rapporti Religiosi con l'Ebraismo

In numerose occasioni durante il mio Pontificato ho richiamato con senso di profondo rammarico le sofferenze del popolo ebreo durante la Seconda Guerra Mondiale.

Il crimine che è diventato noto come la Shoah rimane un'indelebile macchia nella storia del secolo che si sta concludendo.

Preparandoci ad iniziare il terzo millennio dell'era cristiana, la Chiesa è consapevole che la gioia di un Giubileo è soprattutto una gioia fondata sul perdono dei peccati e sulla riconciliazione con Dio e con il prossimo. Perciò Essa incoraggia i suoi figli e figlie a purificare i loro cuori, attraverso il pentimento per gli errori e le infedeltà del passato. Essa li chiama a mettersi umilmente di fronte a Dio e ad esaminarsi sulla responsabilità che anch'essi hanno per i mali del nostro tempo.

È mia fervida speranza che il documento: "Noi ricordiamo: una Riflessione sulla Shoah", che la Commissione per i Rapporti Religiosi con l'Ebraismo ha preparato sotto la Sua guida, aiuti veramente a guarire le ferite delle incomprensioni ed ingiustizie del passato. Possa esso abilitare la memoria a svolgere il suo necessario ruolo nel processo di costruzione di un futuro nel quale l'indicibile iniquità della Shoah non sia mai più possibile. Possa il Signore della storia guidare gli sforzi di Cattolici ed Ebrei e di tutti gli uomini e donne di buona volontà così che lavorino insieme per un mondo di autentico rispetto per la vita e la dignità di ogni essere umano, poiché tutti sono stati creati ad immagine e somiglianza di Dio.[1]

Dal Vaticano, 12 marzo 1998
Giovanni Paolo II

---

[1] Testo pubblicato in: *L'Osservatore Romano*, 16-17 marzo 1998, 1.

I. La tragedia della Shoah ed il dovere della memoria

Si sta rapidamente concludendo il XX secolo e spunta ormai l'aurora di un nuovo millennio cristiano. Il Bimillenario della nascita di Gesù Cristo sollecita tutti i cristiani, e invita in realtà ogni uomo e ogni donna, a cercare di scoprire nel fluire della storia i segni della divina Provvidenza all'opera, come pure i modi in cui l'immagine del Creatore presente nell'uomo è stata offesa e sfigurata.

Questa riflessione riguarda uno dei principali settori in cui i cattolici possono seriamente prendere a cuore il richiamo loro rivolto da Giovanni Paolo II nella Lettera apostolica *Tertio millennio adveniente*: «È giusto pertanto che, mentre il secondo Millennio del cristianesimo volge al termine, la Chiesa si faccia carico con più viva consapevolezza del peccato dei suoi figli nel ricordo di tutte quelle circostanze in cui, nell'arco della storia, essi si sono allontanati dallo spirito di Cristo e del suo Vangelo, offrendo al mondo, anziché la testimonianza di una vita ispirata ai valori della fede, lo spettacolo di modi di pensare e di agire che erano vere forme di anti-testimonianza e di scandalo».[2]

Il secolo attuale è stato testimone di un'indicibile tragedia, che non potrà mai essere dimenticata: il tentativo del regime nazista di sterminare il popolo ebraico, con la conseguente uccisione di milioni di ebrei. Uomini e donne, vecchi e giovani, bambini ed infanti, solo perché di origine ebraica, furono perseguitati e deportati. Alcuni furono uccisi immediatamente, altri furono umiliati, maltrattati, torturati e privati completamente della loro dignità umana, e infine uccisi. Pochissimi di quanti furono internati nei campi di concentramento sopravvissero, e i superstiti rimasero terrorizzati per tutta la vita. Questa fu la *Shoah*: uno dei principali drammi della storia di questo secolo, un fatto che ci riguarda ancora oggi.

---

[2] Giovanni Paolo II, Lett. ap. *Tertio millennio adveniente* (10 novembre 1994), 33: *AAS* 87 (1995), 25.
Testo pubblicato in: *L'Osservatore Romano*, 16-17 marzo 1998, 1

Dinanzi a questo orribile genocidio, che i responsabili delle nazioni e le stesse comunità ebraiche trovarono difficile da credere nel momento in cui veniva perpetrato senza misericordia, nessuno può restare indifferente, meno di tutti la Chiesa, in ragione dei suoi legami strettissimi di parentela spirituale con il popolo ebraico e del ricordo che essa nutre delle ingiustizie del passato. La relazione della Chiesa con il popolo ebraico è diversa da quella che condivide con ogni altra religione.[3] Non è soltanto questione di ritornare al passato. Il futuro comune di ebrei e cristiani esige che noi ricordiamo, perché «non c'è futuro senza memoria».[4] La storia stessa è *memoria futuri*.

Nel rivolgere questa riflessione ai nostri fratelli e sorelle della Chiesa cattolica sparsi nel mondo, chiediamo a tutti i cristiani di unirsi a noi nel riflettere sulla catastrofe che colpì il popolo ebraico, e sull'imperativo morale di far sì che mai più l'egoismo e l'odio abbiano a crescere fino al punto da seminare sofferenze e morte.[5] In modo particolare, chiediamo ai nostri amici ebrei, «il cui terribile destino è divenuto simbolo dell'aberrazione cui può giungere l'uomo, quando si volge contro Dio»,[6] di predisporre il loro cuore ad ascoltarci.

II. CHE COSA DOBBIAMO RICORDARE

Nel dare la sua singolare testimonianza al Santo di Israele ed alla *Torah*, il popolo ebraico ha grandemente patito in diversi tempi ed in molti luoghi. Ma la *Shoah* fu certamente la sofferenza peggiore di tutte. L'inumanità con cui gli ebrei furono perseguitati e massacrati in questo secolo va oltre la capacità di espressione delle parole. E tutto questo fu fatto loro per la sola ragione che erano ebrei.

---

[3] Cfr. Giovanni Paolo II, *Discorso in occasione dell'incontro con la comunità ebraica della città di Roma* (13 aprile 1986), 4: *AAS* 78 (1986), 1120.

[4] Giovanni Paolo II, *Angelus* dell'11 giugno 1995: *Insegnamenti* 181, 1995, 1712.

[5] Cfr. Giovanni Paolo II, *Discorso alla Comunità ebraica di Budapest* (18 agosto 1991), 4: *Insegnamenti* 142, 1991), 349.

[6] Giovanni Paolo II, Lett. enc. *Centesimus annus* (1 maggio 1991), 17: *AAS* 83 (1991), 814-815.

La stessa enormità del crimine suscita molte domande. Storici, sociologi, filosofi politici, psicologi e teologi tentano di conoscere di più circa la realtà e le cause della *Shoah*. Molti studi specialistici rimangono ancora da compiere. Ma un simile evento non può essere pienamente misurato attraverso i soli criteri ordinari della ricerca storica. Esso richiama ad una «memoria morale e religiosa» e, in particolare tra i cristiani, ad una riflessione molto seria sulle cause che lo provocarono. Il fatto che la *Shoah* abbia avuto luogo in Europa, cioè in paesi di lunga civilizzazione cristiana, pone la questione della relazione tra la persecuzione nazista e gli atteggiamenti dei cristiani, lungo i secoli, nei confronti degli ebrei.

III. LE RELAZIONI TRA EBREI E CRISTIANI

La storia delle relazioni tra ebrei e cristiani è una storia tormentata. Lo ha riconosciuto il Santo Padre Giovanni Paolo II nei suoi ripetuti appelli ai cattolici a considerare il nostro atteggiamento nei confronti delle nostre relazioni con il popolo ebraico.[7] In effetti il bilancio di queste relazioni durante i due millenni è stato piuttosto negativo.[8]

Agli albori del cristianesimo, dopo la crocifissione di Gesù, sorsero contrasti tra la Chiesa primitiva ed i capi dei giudei ed il popolo ebraico i quali, per ossequio alla Legge, a volte si opposero violentemente ai predicatori del Vangelo e ai primi cristiani. Nell'impero romano, che era pagano, gli ebrei erano legalmente protetti dai privilegi garantiti loro dall'Imperatore e le autorità in un primo tempo non fecero distinzione tra le comunità giudee e cristiane. Ben presto, tuttavia, i cristiani incorsero nella persecuzione dello Stato. Quando, in seguito, gli imperatori stessi si convertirono al cristianesimo, dap-

---

[7] Cfr. Giovanni Paolo II, *Discorso ai Delegati delle Conferenze Episcopali per i rapporti con l'Ebraismo* (6 marzo 1982): *Insegnamenti* 51, 1982, 743-747.

[8] Cfr. Commissione della Santa Sede per le Relazioni religiose con gli ebrei, *Note sul corretto modo di presentare gli ebrei e l'ebraismo nella predicazione e nella catechesi nella Chiesa cattolica romana* (24 giugno 1985) VI, 1: *Ench. Vat.* 9, 1656.

prima continuarono a garantire i privilegi degli ebrei. Ma gruppi esagitati di cristiani che assalivano i templi pagani, fecero in alcuni casi lo stesso nei confronti delle sinagoghe, non senza subire l'influsso di certe erronee interpretazioni del Nuovo Testamento concernenti il popolo ebraico nel suo insieme. «Nel mondo cristiano – non dico da parte della Chiesa in quanto tale – interpretazioni erronee e ingiuste del Nuovo Testamento riguardanti il popolo ebreo e la sua presunta colpevolezza sono circolate per troppo tempo, generando sentimenti di ostilità nei confronti di questo popolo».[9] Tali interpretazioni del Nuovo Testamento sono state totalmente e definitivamente rigettate dal Concilio Vaticano II.[10]

Nonostante la predicazione cristiana dell'amore verso tutti, compresi gli stessi nemici, la mentalità prevalente lungo i secoli ha penalizzato le minoranze e quanti erano in qualche modo «differenti». Sentimenti di antigiudaismo in alcuni ambienti cristiani e la divergenza che esisteva tra la Chiesa ed il popolo ebraico, condussero a una discriminazione generalizzata, che sfociava a volte in espulsioni o in tentativi di conversioni forzate. In una larga parte del mondo «cristiano», fino alla fine del XVIII secolo, quanti non erano cristiani non sempre godettero di uno *status* giuridico pienamente garantito. Nonostante ciò, gli ebrei diffusi in tutto il mondo cristiano rimasero fedeli alle loro tradizioni religiose ed ai costumi loro propri. Furono per questo considerati con un certo sospetto e diffidenza. In tempi di crisi come carestie, guerre e pestilenze o di tensioni sociali, la minoranza ebraica fu più volte presa come capro espiatorio, divenendo così vittima di violenze, saccheggi e persino di massacri.

Tra la fine del XVIII secolo e l'inizio del XIX secolo, gli ebrei avevano generalmente raggiunto una posizione di uguaglianza nei confronti degli altri cittadini nella maggioranza degli Stati, e un certo numero di loro giunse a ricoprire ruoli influenti nella società. Ma in

---

[9] Giovanni Paolo II, *Discorso ai partecipanti all'incontro di studio su «Radici dell'antigiudaismo in ambiente cristiano»* (31 ottobre 1997), 1: *L'Osservatore Romano*, 1 novembre 1997, 6.
[10] Cfr *Nostra aetate*, 4.

questo stesso contesto storico, in particolare nel XIX secolo, prese piede un nazionalismo esasperato e falso. In un clima di rapido cambiamento sociale, gli ebrei furono spesso accusati di esercitare un'influenza sproporzionata rispetto al loro numero. Allora cominciò a diffondersi in vario grado, attraverso la maggior parte d'Europa, un antigiudaismo che era essenzialmente più sociopolitico che religioso.

Nello stesso periodo, cominciarono ad apparire delle teorie che negavano l'unità della razza umana, affermando una originaria differenza delle razze. Nel XX secolo, il nazionalsocialismo in Germania usò tali idee come base pseudo-scientifica per una distinzione tra le così dette razze nordico-ariane e presunte razze inferiori. Inoltre, una forma estremistica di nazionalismo fu stimolata in Germania dalla sconfitta del 1918 e dalle condizioni umilianti imposte dai vincitori, con la conseguenza che molti videro nel nazionalsocialismo una soluzione ai problemi del Paese e perciò cooperarono politicamente con questo movimento.

La Chiesa in Germania rispose condannando il razzismo. Tale condanna apparve per la prima volta nella predicazione di alcuni tra il clero, nell'insegnamento pubblico dei Vescovi cattolici e negli scritti di giornalisti cattolici. Già nel febbraio e marzo 1931, il Cardinale Bertram di Breslavia, il Cardinale Faulhaber ed i Vescovi della Baviera, i Vescovi della Provincia di Colonia e quelli della provincia di Friburgo pubblicarono lettere pastorali che condannavano il nazionalsocialismo, con la sua idolatria della razza e dello Stato.[11] L'anno stesso in cui il nazionalsocialismo giunse al potere, il 1933, i ben noti sermoni d'Avvento del Cardinale Faulhaber, ai quali assistettero non soltanto cattolici, ma anche protestanti ed ebrei, ebbero espressioni di chiaro ripudio della propaganda nazista antisemitica.[12] A seguito della *Kristallnacht,* Bernard Lichtenberg, prevosto della

---

[11] Cfr B. Statiewski (Ed.), *Akten deutscher Bischöfe über die Lage der Kirche,* 1933-1945, vol. I, 1933-1934 (Mainz 1968), Appendix.

[12] Cfr L. Volk, *Der Bayerische Episkopat und der Nationalsozialismus 1930-1934* (Mainz 1966), 170-174.

Cattedrale di Berlino, elevò pubbliche preghiere per gli ebrei. Egli morì poi a Dachau ed è stato dichiarato Beato.

Anche il Papa Pio XI condannò il razzismo nazista in modo solenne nell'Enciclica *Mit brennender Sorge*[13], che fu letta nelle chiese di Germania nella Domenica di Passione del 1937, iniziativa che procurò attacchi e sanzioni contro membri del clero. Il 6 settembre 1938, rivolgendosi ad un gruppo di pellegrini belgi, Pio XI asserì: «L'antisemitismo è inaccettabile. Spiritualmente siamo tutti semiti».[14] Pio XII, fin dalla sua prima enciclica, *Summi Pontificatus*[15], del 20 ottobre 1939, mise in guardia contro le teorie che negavano l'unità della razza umana e contro la deificazione dello Stato, tutte cose che egli prevedeva avrebbero condotto ad una vera «ora delle tenebre».[16]

IV. ANTISEMITISMO NAZISTA E LA *SHOAH*

Non si può ignorare la differenza che esiste tra l'antisemitismo, basato su teorie contrarie al costante insegnamento della Chiesa circa l'unità del genere umano e l'uguale dignità di tutte le razze e di tutti i popoli, ed i sentimenti di sospetto e di ostilità perduranti da secoli che chiamiamo antigiudaismo, dei quali, purtroppo, anche dei cristiani sono stati colpevoli.

L'ideologia nazionalsocialista andò anche oltre, nel senso che rifiutò di riconoscere qualsiasi realtà trascendente quale fonte della vita e criterio del bene morale. Di conseguenza, un gruppo umano, e lo Stato con il quale esso si era identificato, si arrogò un valore assoluto e decise di cancellare l'esistenza stessa del popolo ebraico, popolo chiamato a rendere testimonianza all'unico Dio e alla Legge dell'Alleanza. A livello teologico non possiamo ignorare il fatto che non pochi aderenti al partito nazista non solo mostrarono avversio-

---

[13] Del 14 marzo 1937: *AAS* 29 (1937), 145-167.
[14] *La Documentation Catholique*, 29 (1938), col. 1460.
[15] *AAS* 31 (1939), 413-453.
[16] *Ibid.*, 449.

ne all'idea di una divina Provvidenza all'opera nelle vicende umane, ma diedero pure prova di un preciso odio nei confronti di Dio stesso. Logicamente, un simile atteggiamento condusse pure al rigetto del cristianesimo, e al desiderio di vedere distrutta la Chiesa o per lo meno sottomessa agli interessi dello Stato nazista.

Fu questa ideologia estrema che divenne la base delle misure intraprese, prima per sradicare gli ebrei dalle loro case e poi per sterminarli. La *Shoah* fu l'opera di un tipico regime moderno neopagano. Il suo antisemitismo aveva le proprie radici fuori del cristianesimo e, nel perseguire i propri scopi, non esitò ad opporsi alla Chiesa perseguitandone pure i membri.

Ma ci si deve chiedere se la persecuzione del nazismo nei confronti degli ebrei non sia stata facilitata dai pregiudizi antigiudaici presenti nelle menti e nei cuori di alcuni cristiani. Il sentimento antigiudaico rese forse i cristiani meno sensibili, o perfino indifferenti, alle persecuzioni lanciate contro gli ebrei dal nazionalsocialismo quando raggiunse il potere?

Ogni risposta a questa domanda deve tener conto del fatto che stiamo trattando della storia di atteggiamenti e modi di pensare di gente soggetta a molteplici influenze. Ancor più, molti furono totalmente ignari della «soluzione finale» che stava per essere presa contro un intero popolo; altri ebbero paura per se stessi e per i loro cari; alcuni trassero vantaggio dalla situazione; altri infine furono mossi dall'invidia. Una risposta va data caso per caso e, per farlo, è necessario conoscere ciò che precisamente motivò le persone in una specifica situazione.

All'inizio, i capi del Terzo Reich cercarono di espellere gli ebrei. Sfortunatamente, i Governi di alcuni Paesi occidentali di tradizione cristiana, inclusi alcuni del Nord e Sud America, furono più che esitanti ad aprire i loro confini agli ebrei perseguitati. Anche se non potevano prevedere quanto lontano sarebbero andati i gerarchi nazisti nelle loro intenzioni criminali, i capi di tali nazioni erano a conoscenza delle difficoltà e dei pericoli a cui erano esposti gli ebrei che vivevano nei territori del Terzo Reich. In quelle circostanze, la chiusura delle frontiere all'immigrazione ebraica, sia che fosse dovuta all'ostilità antigiudaica o al sospetto antigiudaico, a codardia o limitatezza di visione politica o a egoismo nazionale, costituisce un grave peso di coscienza per le autorità in questione.

Nelle terre dove il nazismo intraprese la deportazione di massa, la brutalità che accompagnò questi movimenti forzati di gente inerme, avrebbe dovuto suscitare il sospetto del peggio. I cristiani offrirono ogni possibile assistenza ai perseguitati, e in particolare agli ebrei?

Molti lo fecero, ma altri no. Coloro che aiutarono a salvare quanti più ebrei fu loro possibile, sino al punto di mettere le loro vite in pericolo mortale, non devono essere dimenticati. Durante e dopo la guerra, comunità e personalità ebraiche espressero la loro gratitudine per quanto era stato fatto per loro, compreso anche ciò che Pio XII aveva fatto personalmente o attraverso suoi rappresentanti per salvare centinaia di migliaia di vite di ebrei.[17] Molti Vescovi, preti, religiosi e laici, sono stati per tale ragione onorati dallo Stato di Israele.

Nonostante ciò, come Papa Giovanni Paolo II ha riconosciuto, accanto a tali coraggiosi uomini e donne, la resistenza spirituale e l'azione concreta di altri cristiani non fu quella che ci si sarebbe potuto aspettare da discepoli di Cristo. Non possiamo conoscere quanti cristiani in paesi occupati o governati dalle potenze naziste o dai loro alleati, constatarono con orrore la scomparsa dei loro vicini ebrei, ma non furono tuttavia forti abbastanza per alzare le loro voci di protesta. Per i cristiani questo grave peso di coscienza

---

[17] Organizzazioni e personalità ebraiche rappresentative riconobbero varie volte ufficialmente la saggezza della diplomazia di Papa Pio XII. Ad esempio, il giovedì 7 settembre 1945 Giuseppe Nathan, Commissario dell'Unione delle Comunità Israelitiche Italiane, dichiarò: «Per primo rivolgiamo un reverente omaggio di riconoscenza al Sommo Pontefice, ai religiosi e alle religiose che, attuando le direttive del Santo Padre, non hanno veduto nei perseguitati che dei fratelli, e con slancio e abnegazione hanno prestato la loro opera intelligente e fattiva per soccorrerci, noncuranti dei gravissimi pericoli ai quali si esponevano» (*L'Osservatore Romano*, 8 settembre 1945, 2). Il 21 settembre dello stesso anno, Pio XII ricevette il Dott. A. Leo Kubowitzki, Segretario Generale del World Jewish Congress, recatosi in Udienza per presentare «al Santo Padre, a nome della Unione delle Comunità

di loro fratelli e sorelle durante l'ultima guerra mondiale deve essere un richiamo al pentimento.[18]

Deploriamo profondamente gli errori e le colpe di questi figli e figlie della Chiesa. Facciamo nostro ciò che disse il Concilio Vaticano II con la Dichiarazione *Nostra aetate*, che inequivocabilmente afferma: «La Chiesa... memore del patrimonio che essa ha in comune con gli Ebrei, e spinta non da motivi politici, ma da religiosa carità evangelica, deplora gli odi, le persecuzioni e tutte le manifestazioni dell'antisemitismo dirette contro gli ebrei in ogni tempo e da chiunque».[19]

Ricordiamo e facciamo nostro quanto Papa Giovanni Paolo II, nel rivolgersi ai capi della comunità ebraica di Strasburgo nel 1988 affermò: «Ribadisco nuovamente insieme con voi la più ferma condanna di ogni antisemitismo e di ogni razzismo, che si oppongono ai principi del cristianesimo».[20] La Chiesa cattolica, pertanto, ripudia ogni persecuzione, in qualsiasi luogo e in qualsiasi tempo, perpetrata contro un popolo o un gruppo umano. Essa condanna nel modo più fermo tutte le forme di genocidio, come pure le ideologie razziste che l'hanno reso possibile. Volgendo lo sguardo su questo secolo, siamo profondamente addolorati per la violenza che ha colpito gruppi interi di popoli e di nazioni. Ricordiamo in modo particolare il massa-

---

Israelitiche, i più sentiti ringraziamenti per l'opera svolta dalla Chiesa Cattolica a favore della popolazione ebraica in tutta l'Europa durante la guerra» (*L'Osservatore Romano*, 23 settembre 1945, 1). Il giovedì 29 novembre 1945 il Papa ricevette circa 80 delegati di profughi ebrei, provenienti dai campi di concentramento in Germania, giunti a manifestargli «il sommo onore di poter ringraziare personalmente il Santo Padre per la sua generosità dimostrata verso di loro, perseguitati durante il terribile periodo di nazifascismo» (*L'Osservatore Romano*, 30 novembre 1945, 1). Nel 1958, alla morte di Papa Pio XII, Golda Meir inviò un eloquente messaggio: «Condividiamo il dolore dell'umanità... Quando il terribile martirio si abbatté sul nostro popolo, la voce del Papa si elevò per le sue vittime. La vita del nostro tempo fu arricchita da una voce che chiaramente parlò circa le grandi verità morali al di sopra del tumulto del conflitto quotidiano. Piangiamo un grande servitore della pace».
[18] Cfr Giovanni Paolo II, *Discorso al nuovo Ambasciatore della Repubblica Federale di Germania* (8 novembre 1990), 2: *AAS* 83 (1991), 587-588.
[19] N. 4.
[20] N. 8: *Insegnamenti* 113, 1988, 1134.

cro degli armeni, le vittime innumerevoli nell'Ucraina degli anni '30, il genocidio degli zingari, frutto anch'esso di idee razziste, e tragedie simili accadute in America, in Africa e nei Balcani. Né vogliamo dimenticare i milioni di vittime dell'ideologia totalitaria nell'Unione Sovietica, in Cina, in Cambogia ed altrove. Neppure possiamo dimenticare il dramma del Medio Oriente, i cui termini sono ben noti. Anche mentre noi facciamo la presente riflessione, «troppi uomini continuano ad essere vittime dei propri fratelli».[21]

V. GUARDANDO INSIEME AD UN FUTURO COMUNE

Guardando al futuro delle relazioni tra ebrei e cristiani, in primo luogo chiediamo ai nostri fratelli e sorelle cattolici di rinnovare la consapevolezza delle radici ebraiche della loro fede. Chiediamo loro di ricordare che Gesù era un discendente di Davide; che dal popolo ebraico nacquero la Vergine Maria e gli Apostoli; che la Chiesa trae sostentamento dalle radici di quel buon ulivo a cui sono stati innestati i rami dell'ulivo selvatico dei gentili (cfr *Rm* 11,17-24); che gli ebrei sono nostri cari ed amati fratelli, e che, in un certo senso, sono veramente i «nostri fratelli maggiori».[22]

Al termine di questo Millennio la Chiesa cattolica desidera esprimere il suo profondo rammarico per le mancanze dei suoi figli e delle sue figlie in ogni epoca. Si tratta di un atto di pentimento (*teshuva*): come membri della Chiesa, condividiamo infatti sia i peccati che i meriti di tutti i suoi figli. La Chiesa si accosta con profondo rispetto e grande compassione all'esperienza dello sterminio, la *Shoah*, sofferta dal popolo ebraico durante la seconda Guerra Mondiale. Non si tratta di semplici parole, bensì di un impegno vincolante. «Rischieremmo di far morire nuovamente le vittime delle più atroci morti, se non avessimo la passione della

---

[21] Giovanni Paolo II, *Discorso ai membri del Corpo diplomatico* (15 gennaio 1994), 9: *AAS* 86 (1994), 816.
[22] Giovanni Paolo II, *Discorso in occasione dell'incontro con la comunità ebraica della città di Roma* (13 aprile 1986), 4: *AAS* 78 (1986), 1120.

giustizia e se non ci impegnassimo, ciascuno secondo le proprie capacità, a far sì che il male non prevalga sul bene, come è accaduto nei confronti di milioni di figli del popolo ebraico... L'umanità non può permettere che ciò accada di nuovo».[23]

Preghiamo che il nostro dolore per le tragedie che il popolo ebraico ha sofferto nel nostro secolo conduca a nuove relazioni con il popolo ebraico. Desideriamo trasformare la consapevolezza dei peccati del passato in fermo impegno per un nuovo futuro nel quale non ci sia più sentimento antigiudaico tra i cristiani e sentimento anticristiano tra gli ebrei, ma piuttosto un rispetto reciproco condiviso, come conviene a coloro che adorano l'unico Creatore e Signore ed hanno un comune padre nella fede, Abramo.

Infine, invitiamo gli uomini e le donne di buona volontà a riflettere profondamente sul significato della *Shoah*. Le vittime dalle loro tombe, e i sopravvissuti attraverso la vivida testimonianza di quanto hanno sofferto, sono diventati un forte grido che richiama l'attenzione di tutta l'umanità. Ricordare questo terribile dramma significa prendere piena coscienza del salutare monito che esso comporta: ai semi infetti dell'antigiudaismo e dell'antisemitismo non si deve mai più consentire di mettere radice nel cuore dell'uomo.[24]

16 Marzo 1998

Cardinale Edward Idris Cassidy
Presidente

Pierre Duprey
Vescovo tit. di Thibar
Vice-Presidente

Remi Hoeckman O.P.
Segretario

---

[23] Giovanni Paolo II, *Discorso in occasione della commemorazione dell'Olocausto* (7 aprile 1994), 3: *Insegnamenti* XVII, 1, 1994, 897 e 893.

[24] Testo inglese in: The Pontifical Council for Promoting Christian Unity: Information Service No. 97 (1998/I-II) 18-22. Testo italiano in *L'Osservatore Romano*, 16-17 marzo 1998, 4; *Enchiridion Vaticanum* 17/520-550.

INDICE DELLE ABBREVIAZIONI

1. LIBRI DELL'ANTICO E DEL NUOVO TESTAMENTO
   Le abbreviazioni sono quelle della Bibbia di Gerusalemme (ed. Dehoniane Bologna).

2. OPERE PRINCIPALI DELLA LETTERATURA RABBINICA
   b   *Talmud babilonese*
   j   *Talmud di Gerusalemme (o palestinese)*
   m   *Mishnah*
   M   *Midrash*
   t   *Tosefta*

3. TRATTATI DELLA MISHNAH, TOSEFTA, DEL TALMUD B E J

Ab	*Abot*	Meg	*Megillah*
AZ	*Abodah Zarah*	MQ	*Moed Qatan*
Ber	*Berakot*	Ned	*Nedarim*
BM	*Baba Meṣia*	Qid	*Qiddushin*
Er	*Erubin*	RhSh	*Rosh ha-Shanah*
Hag	*Hagigah*	San	*Sanhedrin*
Jad	*Jadajim*	Shab	*Shabbat*
Jom	*Joma*	Sot	*Sotah*
Mak	*Makkot*	Suk	*Sukkah*

4. MIDRASHIM[1]
   ARN   *Abot de-Rabbi Natan (versione A e B)*
   DEZ   *Derek Ereṣ Zuta*

---

[1] Alcuni testi sono citati secondo i titoli della sezione settimanale (*Sidrah* o *Parashah*) nella lettura sinagogale della Torah; cfr. ad es. *Encyclopaedia Judaica* sotto la voce "Torah: The Reading of the Torah Today"; G. Stemberger, *Introduzione al Talmud e al Midrash* (Roma 1995), 497.

MekJ	*Mekilta de-Rabbi Jishmael*
MekS	*Mekilta de-Rabbi Simeon ben Johai*
MHG	*Midrash ha-Gadol* (ad es. MHG Dt)
PesK	*Pesiqta de-Rab Kahana*
PesR	*Pesiqta Rabbati*
R	*Midrash Rabbah (*ad es. GnR*)*
SER	*Seder Elijahu Rabbah*
SifDt	*Sifre Deuteronomio*
SifNm	*Sifre Numeri*
TanB	*Tanhuma* (ed. Buber)
Z	*Midrash Zuta (ad es. LamZ)*

5. Edizioni

ARN	*Schechter*
b	*Romm, Vilna-Jerusalem*
DEZ	*in b (Romm, Vilna-Jerusalem)*
j	*Krotoshin*
m	*Albeck*
MekJ	*Horovitz-Rabin*
MekS	*Epstein-Melamed*
MHG	*Fisch (Dt)*
MSal	*Buber*
MPro	*Buber*
PesK	*Mandelbaum*
PesR	*Friedmann*
R	*Vilna*
SER	*Friedmann*
SifDt	*Finkelstein*
SifNm	*Horovitz*
Sifra	*Weiß*
t	*Zuckermandel*
TanB	*Buber*
Z	*Buber*

INDICE ESSENZIALE DELLE PERSONE E DEI TEMI

Alleanza
- mai revocata, ebrei come popolo dell'alleanza 22, 41, 48, 85[114], 136-137, 138
- nuova, rinnovata 41[7], 77

Ammissione di colpa della Chiesa e preghiera di perdono 26-27, 121-122, 125, 136-137

Amore
- del prossimo e del nemico 57, 141[12]
- del prossimo in confronto ad ebrei perseguitati 86, 104-105, 124-125, 134-135, 138
- di Dio e del prossimo 140-141

Angelus Silesius 165

Antico Testamento
- all'epoca del NT 24, 48, 51-52
- interpretazione tipologica 22, 43-45, 47-48, 50, 85
- ricevuto dal popolo ebraico 22, 23-24
- valore proprio e permanente 33, 42[8], 44
- ermeneutica storico-critica 44[11], 49
- in dialogo con la propria esperienza 24, 69, 158
- in una comprensione adeguata ad ogni persona 50-51, 173-174
- in una comprensione adeguata ad ogni popolo 51
- interpretazione ebraica 45-46, 46-47, 49, 139
- mai "vecchio" 45-46, 112, 151; vedi anche Gesù come interprete della Scrittura
- interpretazione rabbinica 68-70, 151-152; v. anche Haggadah, Halakhah, letteratura rabbinica

Antigiudaismo 85-86, 87, 117
- nel Nuovo Testamento 76-77, 83; vedi anche Ebrei nel Nuovo Testamento; farisei, giudizi negativi

Antisemitismo 17, 22, 26, 31, 102, 107
- nazionalsocialista 87-89, 119-120, 137-138
- nel mondo greco-romano 83

Antitesi del discorso della montagna 57
Antropomorfismo 155
Attesa escatologica 22, 24-25, 29, 102-103, 184
Aut-aut, pensiero che non ammette vie di mezzo 85

Baraita (Plurale: Beraitot) 64[60]
Bea, A., Cardinale 19, 20, 22, 27, 30, 84, 89[122]
Benedetto XVI 8, 10[2], 25[13], 131-142
"Benedizione degli eretici" 78-79

Celebrazione religiosa comune 33[4], 101-102
Chiesa, *Extra ecclesiam nulla salus* 41
Colpa, concorso di colpa dei Cristiani riguardo all'antisemitismo e all'Olocausto 88-90, 114, 117-120, 156[7]
Colpa, ammissione della Chiesa e preghiera di perdono 26-27, 121-122, 125, 136-137
Colpa per la morte di Gesù 22-23, 26, 80, 104, 139
Comandamenti
– centro di tutti i comandamenti 140-141
– i dieci comandamenti 139-140
– 613 comandamenti 141[12]

Cristianesimo
– da un punto di vista ebraico 27-29
– partecipazione all'elezione d'Israele 41[7]
– radici ebraiche 51-75, 87, 104
"Cristiani non-ebrei" 76-77, 83

Dialogo ebraico-cristiano 32, 104
– a livello dell'esperienza spirituale 143-144, 147
– a livello di discipline teologiche e altre discipline 9[1], 91[125]
– come incontro nella meditazione e nel silenzio 33, 144, 152
– dialogo teologico 22, 91-95
– documenti 18[1]
– possibile a ciascuno 183[1]

– tra la lettura cristiana ed ebraica degli Scritti biblici 45, 46-47, 49, 139-140

Dio
– ama gli uomini 153-159, 175
– attributi 154, 168, 174-175, 180
– è istruito da Mosè e cambia la sua decisione 158-159
– ha bisogno degli uomini 165-170
– molteplici volti 171-181
– Mosè lo libera da un giuramento 169-170
– necessita di redenzione 163-164
– nomi 153, 172-173, 174
– oltre a tutte le immagini e i volti 180
– padre 67-68, 153-154
– partner di padre e madre 73[71]
– prega 154
– segue un ordine del giorno 155
– si orienta secondo l'uomo 168-170
– soffre con gli uomini 159-164
– soffre con i peccatori 159
– "visita la colpa dei padri nei figli" 156-157

Ebrei
– nel Nuovo Testamento 33, 76-79
– posizione al cospetto di Dio dopo la venuta di Cristo 21-22, 85[114], 104; v. anche Alleanza
– preghiera del Venerdì Santo per gli ebrei 19, 25[13], 129
– storia successiva al 70 dopo Cristo 83-87

Ebraismo come via legittima di salvezza 25[13], 40-41

Ecologia 139

Ecumenismo
– cristiano 35
– mondiale 17-18, 21-22, 25-26, 29, 30[23], 184; v. anche Attesa escatologica

Elezione degli ebrei, popolo eletto 29, 30[23], 41, 92-93

Esperienza spirituale, mistica 143-144, 149-152, 160
– "mistica normale" 180

Farisei 64-66, 77-79; v. anche Gesù e i farisei
– giudizi negativi nel Nuovo Testamento e nella letteratura rabbinica 33, 54, 55, 74-75
– "seduti sulla cattedra di Mosè" 73
– sette tipi 75

Gerusalemme 99, 112, 114

Gesù
– alla festa delle capanne 60-61
– e Hillel 61, 141[12]
– e i farisei 53-54, 55, 57-59, 73-75; v. anche Farisei
– e il sabato 57-59
– ebreo 54-55
– interprete della Scrittura 23, 53, 68-70
– lava i piedi ai suoi discepoli 73
– maestro dei suoi discepoli 53, 70-73
– predicatore 62-64

Giovanni XXIII 7, 19

Giovanni Crisostomo 85

Giovanni Paolo II *passim*
– allocuzione allo *Yad wa-Shem* 123-124
– apprezzamento da parte ebraica 127-128
– preghiera per gli ebrei 129

Giudeo-cristiani 76-79
– rottura con la Sinagoga 76-79; v. anche "benedizione degli eretici"

Haggadah 149-152, 155, 158

Halakhah 149-150

Iperbole (esagerazione linguistica) 71

Israele, terra e stato 36, 80-82, 102-103, 110-111, 133-134
– diritto all'esistenza dello Stato 80-82

Letteratura rabbinica 47, 65-66, 149-151

– datazione 47[17]
Liturgia 33, 42[8], 79-80
Messia 64[58], 95[134], 103, 178
"merito dei Padri" 22, 23[10], 178[7], 179
Missione fra gli ebrei 25, 36, 85, 91
Mosè
– fa sì che Dio ritiri le sue parole di minaccia 177-178
– in contrasto con Gesù? v. Neusner, "contrasto tra Mosè e Gesù"
– libera Dio dal giuramento di annientare i servi degli idoli 169-170
– quattro profeti ritirano i suoi insegnamenti 157
– sulla sua sedia sono seduti gli scribi e i farisei 73

Neudecker, R. 11[4]
Neusner, *Un rabbino parla con Gesù* 55
– Neusner, "contrasto tra Mosè e Gesù" 55-56; v. anche Antitesi
Nuovo Testamento
– Antigiudaismo, v. Antigiudaismo nel Nuovo Testamento
– contesto giudaico 49, 51-54; v. anche Cristianesimo, radici ebraiche
– rapporti con l'Antico Testamento, v. Antico Testamento al tempo del Nuovo Testamento; "Unità della rivelazione"

"oggi" 62-64
Olocausto 88-90, 102, 115-121, 115[8] (concetto), 123-124, 134-135, 137-138, v. anche colpa/concorso di colpa dei cristiani

Palestinesi 81[102], 107, 134, 143[15]
Paolo
– immagine dell'olivo 10[2]
– v. anche Attesa escatologica
Paolo VI 20, 27, 30, 86[117]
Parabola dei due figli 24, 104, 183-184
perfidus, perfidia iudaica 19
Pio X 109[1]

233

Pio XI 87, 220
Pio XII 8, 134, 138, 220, 223
Preghiera comune 33, 102 v. anche Celebrazione religiosa comune
Prologo del vangelo secondo Giovanni 68[70]

Regola d'oro 141[12]
Risurrezione dei morti 66-67

Scriba 66, 68-70
Sinagoga come testimonianza di fede per la lode di Dio 106
Shoah v. Olocausto
Shekinah (presenza divina) 159, 161, 162, 163, 164, 175-176, 177-178, 180
Spirito santo 176-177
(Strack –) Billerbeck 52[35]
Sterminio v. Olocausto

teshuwa (conversione e rinnovamento) 121, 128
Teologia
– dal punto di vista ebraico 91-92
– narrativa (haggadica) 151-152
Testimonianza
– comune, collaborazione 35, 97, 116, 135, 140, 141, 142
– per Cristo 25, 31
Torah 149 (concetto)
– orale 47[18], 93, 149
– scritta 149
– studio della Torah e lavoro 72
"Tradizione dei Padri" 65, 74

"Unità della rivelazione" (Antico e Nuovo Testamento) 42, 48-49

Voce dal cielo 152[3], 168, 177-181

INDICE GENERALE

PREFAZIONE 7

INTRODUZIONE 9

PRIMA PARTE
Tappe del dialogo ebraico-cristiano
alla luce dei documenti vaticani 13

GUARDARE A CIÒ CHE HANNO IN COMUNE CRISTIANI ED EBREI
LA DICHIARAZIONE CONCILIARE *NOSTRA AETATE* (NR. 4) 17

    1. I PRODROMI DELLA DICHIARAZIONE CONCILIARE 17
    2. IL CONTENUTO DELLA DICHIARAZIONE CONCILIARE 21
    3. OSSERVAZIONI E INTERROGATIVI ALLA DICHIARAZIONE CONCILIARE 22
    4. UNA RISPOSTA EBRAICA ALLA DICHIARAZIONE CONCILIARE 27
    5. LA DICHIARAZIONE CONCILIARE:
       INIZIO DI UN PERCORSO PROMETTENTE 30

GUARDARE A CIÒ CHE PER GLI EBREI È ESSENZIALE SECONDO IL LORO PUNTO
DI VISTA. ORIENTAMENTI E SUGGERIMENTI PER L'APPLICAZIONE
DELLA DICHIARAZIONE CONCILIARE NOSTRA AETATE (NR. 4) 31

    1. UN PROGRAMMA IN QUATTRO PUNTI 32
    2. VALUTAZIONE CRITICA DEGLI *ORIENTAMENTI* 35

MEDIAZIONE PER LA BASE. SUSSIDI PER UNA CORRETTA
PRESENTAZIONE DEGLI EBREI E DELL'EBRAISMO
NELLA PREDICAZIONE E NELLA CATECHESI DELLA CHIESA CATTOLICA 39

    1. INSEGNAMENTO DELLA RELIGIONE ED EBRAISMO 40
    2. RAPPORTI TRA ANTICO E NUOVO TESTAMENTO 42
       2.1. "Unità della rivelazione biblica" 42
       2.2. L'interpretazione tipologica dell'Antico Testamento 43
       2.3. Due documenti della Pontificia Commissione Biblica 45
       2.4. Orizzonti di comprensione molto personali
           e adatti a ogni popolo 50

APPENDICE – DOCUMENTI

3. Radici ebraiche del cristianesimo 51
   3.1. Gesù è ebreo e lo è per sempre 54
   3.2. Il rapporto di Gesù con la legge biblica
        e le sue interpretazioni 56
        3.2.1. *Le antitesi* 57
        3.2.2 *Gesù e il sabato* 57
   3.3. Gesù e le feste ebraiche 60
   3.4. L'omelia a Nazareth 62
   3.5. Chi erano i farisei? 64
   3.6. Risurrezione dei morti 66
   3.7. Dio come padre 67
   3.8. L'interpretazione della Scrittura secondo Mt 13,52 68
   3.9. Formazione dei discepoli 70
   3.10. I farisei nel Nuovo Testamento 73
4. Gli Ebrei nel Nuovo Testamento 76
5. La liturgia 79
6. Ebraismo e cristianesimo nella storia 80
   6.1. Terra e Stato di Israele 80
   6.2. La storia degli ebrei dopo la distruzione
        del Tempio (70 d. C.) 83
   6.3. Sull'Olocausto (Shoah) 88
7. Osservazioni finali 90

Excursus. Il valore del diaologo teologico 91

Seconda Parte
Iniziative di Giovanni Paolo II e Benedetto XVI 97

"Quando i fratelli vivono insieme."
La visita di Giovanni Paolo II alla Grande Sinagoga di Roma 101

1. Voci pro e contro la visita del papa alla Sinagoga 101
2. Temi e atmosfera dell'incontro in Sinagoga 102
3. Il papa e la Sinagoga romana – un legame che continua 106

Ripresa dei rapporti diplomatici con Israele 109

1. L'accordo fondamentale 110
2. L'incontro di Giovanni Paolo II
   con il primo ambasciatore d'Israele 111

Il Grande Giubileo e le relazioni ebraico-cristiane   113

   1. Preparativi del Giubileo   113
      1.1. "Noi ricordiamo: una riflessione sulla Shoah"   115
   2. Ammissione di colpa e preghiera di perdono   121
   3. La visita in Terra Santa di Giovanni Paolo II   122

Riconoscimento ebraico dei meriti di Giovanni Paolo II   127

Preghiera di Giovanni Paolo II per il popolo ebraico   129

"Confermare e rafforzare il percorso tracciato"
La visita di Benedetto XVI alla Grande Sinagoga di Roma   131

   1. I discorsi della comunità ebraica   132
   2. L'allocuzione di papa Benedetto XVI   135
   Prospettive   143

Terza Parte
I molteplici volti del Dio unico
La concezione di Dio nel giudaismo rabbinico   145

Testi ricolmi di esperienza   149

Dio ama gli uomini   153

Dio soffre con gli uomini   159

Dio ha bisogno degli uomini   165

Dio si rivela con molteplici volti   171

Conclusione   183

APPENDICE – DOCUMENTI

APPENDICE
Documenti   185

LA DICHIARAZIONE CONCILIARE NOSTRA AETATE (NR. 4)   187
 LA RELIGIONE EBRAICA   187

ORIENTAMENTI E SUGGERIMENTI PER L'APPLICAZIONE
DELLA DICHIARAZIONE CONCILIARE NOSTRA AETATE (NR. 4)   191
 1. IL DIALOGO   192
 2. LA LITURGIA   193
 3. INSEGNAMENTO ED EDUCAZIONE   195
 4. AZIONE SOCIALE E COMUNE   197
 CONCLUSIONE   197

SUSSIDI PER UNA CORRETTA PRESENTAZIONE DEGLI EBREI
E DELL'EBRAISMO NELLA PREDICAZIONE
E NELLA CATECHESI DELLA CHIESA CATTOLICA   199
 CONSIDERAZIONI PRELIMINARI   199
 1. INSEGNAMENTO RELIGIOSO ED EBRAISMO   200
 2. RAPPORTI TRA ANTICO E NUOVO TESTAMENTO   203
 3. RADICI EBRAICHE DEL CRISTIANESIMO   206
 4. GLI EBREI NEL NUOVO TESTAMENTO   209
 5. LA LITURGIA   212
 6. EBRAISMO E CRISTIANESIMO NELLA STORIA   212
 CONCLUSIONE   214

NOI RICORDIAMO: UNA RIFLESSIONE SULLA SHOAH
COMMISSIONE PER I RAPPORTI RELIGIOSI CON 'EBRAISMO   215
 I. LA TRAGEDIA DELLA SHOAH ED IL DOVERE DELLA MEMORIA   216
 II. CHE COSA DOBBIAMO RICORDARE   217
 III. LE RELAZIONI TRA EBREI E CRISTIANI   218
 IV. ANTISEMITISMO NAZISTA E LA *SHOAH*   221
 V. GUARDANDO INSIEME AD UN FUTURO COMUNE   225

INDICE DELLE ABBREVIAZIONI — 227

INDICE DELLE PERSONE E DEI TEMI — 229

INDICE GENERALE — 235

Finito di stampare nel mese di giugno 2012
presso Mediagraf Spa - Monterotondo (Rm)